办公室人员培训规划教材 | 总主编 ◆ 周蓓新

新编办公室工作实务

案例导入+知识点介绍+案例分析

主　编 ◎ 赵爱华　周蓓新
副主编 ◎ 王　平　赵　蕾　郝江波

Xinbian Bangongshi
Gongzuo Shiwu

中国纺织出版社

内 容 提 要

本书由多年从事文秘教学的高校教师和具有多年办公室工作经验的秘书人员联合编写。全书按照"案例导入+工作知识介绍+案例分析与点评"的模式,一方面介绍办公室"硬件"——设备的配置和使用,如办公环境的布置,现代办公设备的使用等;另一方面介绍办公室"软件"——各种文体的写作、信息处理、文书与档案、会务与接待等,内容基本涵盖了办公室工作的各个方面。

本书既可作为各类学校文秘专业的教材,也可作为办公室工作人员的参考书。

图书在版编目(CIP)数据

新编办公室工作实务 / 赵爱华,周蓓新主编.—北京:中国纺织出版社,2015.1(2024.7重印)

ISBN 978-7-5180-1173-5

Ⅰ.①新… Ⅱ.①赵… ②周… Ⅲ.①办公室工作—基本知识 Ⅳ.①C931.4

中国版本图书馆 CIP 数据核字(2014)第 247369 号

策划编辑:刘 丹   特约编辑:俞坚沁   责任印制:储志伟

中国纺织出版社出版发行
地址:北京市朝阳区百子湾东里A407号楼 邮政编码:100124
销售电话:010—67004422 传真:010—87155801
http://www.c-textilep.com
E-mail:faxing@c-textilep.com
中国纺织出版社天猫旗舰店
官方微博 http://weibo.com/2119887771
永清县晔盛亚胶印有限公司印刷 各地新华书店经销
2015年1月第1版 2024年7月第11次印刷
开本:710×1000 1/16 印张:22.25
字数:361千字 定价:88.00元

凡购本书,如有缺页、倒页、脱页,由本社图书营销中心调换

前言 preface

在大学毕业生就业形势越来越严峻的今天，能否具有一技之长已经成为用人单位招聘的一个重要指标，而初入职场的人能否快速熟悉工作岗位、尽快掌握工作技能则是单位决定去留的一个重要参考内容。面对上述问题，本书也许能为你提供一些有效的帮助。

本书由多年从事文秘教学的高校教师和具有多年办公室工作经验的秘书人员联合编写而成。它的内容不同于传统的秘书学教材，也不同于单纯的办公室工作手册，而是融合了二者的长处，既有对秘书工作知识的讲解，也有对办公室实际工作内容的分析和总结。

本书的体例是"案例导入＋工作知识介绍＋案例分析与点评"模式，每一章、每一节都根据该章节的知识设计了具体的案例，在知识讲解之后，再结合所讲知识对案例进行详细的分析和探讨。力求通过这样的方式，让准备从事或刚刚从事办公室工作的人能够在了解秘书工作基本知识的基础上，很快熟悉和掌握办公室的工作技能，从而在竞争中站稳脚跟。

本书共设十章，其中既包括对办公室"硬件"设备的配置和使用，如办公环境的布置，现代办公设备的使用等的介绍，也包括对办公室"软件"内容的传授，如各种文体的写作、信息处理、文书与档案、会务与接待等，内容基本上涵盖了办公室工作的各个方面。因此，本书既可以作为各类学校文秘专业的教材，也可以作为办公室工作人员的参考书。

本书由华北科技学院赵爱华、周蓓新主编，王平、赵蕾、保定学院郝江波副主编。具体编写分工如下：赵爱华编写第二章、第八章，周蓓新编写第三章，王平编写第六章、第九章、第十章，郝江波编写第一章、第四章、第五章，赵蕾编写第七章。周蓓新提出编写思路，设计编写大纲；赵爱华设计具体编写体例并负责全书统稿。

本书在编写过程中，参考了大量的秘书学教材和办公室实务方面的专业书籍和资料，吸收、借鉴、引用了其中的一些观点、材料和案例，并融入了我们的一些认识和理解，为行文方便，未能在书中一一注明。在此，谨向相关作者表示由衷的感谢！

由于时间的仓促和编者水平的限制，本书在编写过程中难免存在一些疏漏和错误。不当之处，恳请各位专家学者指正，也希望广大读者不吝赐教。

编　者

2014 年 11 月

目录 contents

第一章 办公室工作概述

第一节 办公室工作的内容……………………………………2

第二节 办公室工作的特点……………………………………6

第三节 办公室工作人员应具备的素质与技能………………11

第四节 办公室工作人员的工作方法与技巧…………………19

第二章 办公室常用文书写作

第一节 常用行政公文写作……………………………………30

第二节 常用事务文书写作……………………………………41

第三节 常用财经文书写作……………………………………53

第四节 常用公关文书写作……………………………………64

第三章 办公室日常文书处理

第一节 办公室日常文书处理工作……………………………76

第二节 办公室日常收文处理…………………………………82

第三节 办公室日常发文处理…………………………………103

第四节 办公室日常文书管理…………………………………114

第四章　办公室会务工作

第一节　会务工作概述……………………………………128
第二节　会议前期的筹备工作……………………………134
第三节　会议中期的服务工作……………………………141
第四节　会议后期的整理工作……………………………147

第五章　办公室日常接待工作

第一节　接待工作概述……………………………………152
第二节　接待工作程序……………………………………159
第三节　接待方法与技巧…………………………………166
第四节　接待礼仪…………………………………………172

第六章　商务活动实务

第一节　商务会谈与签约仪式……………………………178
第二节　庆典活动与剪彩仪式……………………………184
第三节　新闻发布会………………………………………190
第四节　开放参观与商务宴请……………………………195
第五节　商务旅行…………………………………………203

第七章　办公室信息工作实务

第一节　信息的收集………………………………………210
第二节　信息资料加工……………………………………218
第三节　信息传递与反馈…………………………………225
第四节　调查研究工作……………………………………232

第八章　办公室日常事务工作

第一节　办公环境的设置与管理 ………………………… 242
第二节　办公室时间管理 ………………………………… 249
第三节　接打电话与处理邮件 …………………………… 256
第四节　印信与值班工作 ………………………………… 263

第九章　办公室档案管理

第一节　档案收集工作 …………………………………… 274
第二节　档案整理工作 …………………………………… 278
第三节　电子档案的管理 ………………………………… 293

第十章　常见办公设备的使用

第一节　打印机的使用 …………………………………… 302
第二节　复印机的使用 …………………………………… 313
第三节　传真机的使用 …………………………………… 319
第四节　扫描仪的使用 …………………………………… 326
第五节　刻录机的使用 …………………………………… 336

参考文献 ………………………………………………… 346

第一章 办公室工作概述

办公室的含义有两种：一指办公的屋子，是工作人员完成任务、执行其职务时的工作地点，是党政机关或企事业单位为完成管理目标而进行工作的场所；二指工作机构，是党政机关、社会团体和企事业单位内设的办理行政事务的办事机构，是直接为领导群体管理与决策服务的综合部门，是领导层日常工作的重要辅助性机构，具有沟通上下、联系左右的枢纽和桥梁作用。本书所阐述的办公室自然是指后者。

办公室的具体名称、人员的多少，会因单位、部门情况的不同而有所差异，但其职能和性质大体上是相同的。办公室工作内容具体包括：文书及档案管理工作、会务工作、接待工作、信息工作、商务活动安排工作和事务性工作等。

本章内容主要包括：办公室工作的内容及其特点，办公室工作人员应具备的素质与技能，同时介绍办公室工作人员的工作方法与技巧。

第一节　办公室工作的内容

案例导入

江彬大学毕业后，应聘于某公司的行政办公室工作，在试用期间，行政总监李明没有给他安排具体工作，而是让他熟悉熟悉公司的情况再说。江彬每天在办公室复印文件、接打电话、为其他工作人员帮忙，有客户来访时端茶送水，迎来送往。在江彬看来，自己每天杂事不断，但是正事没有，工作内容与自己所学的计算机专业不搭边。一段时间后，江彬的情绪非常低落，工作也常出纰漏，多次受到部门经理的批评。

办公室作为党政机关、社会团体和企事业单位内设的办理行政事务的办事机构，是直接为领导群体管理与决策服务，是领导层日常工作的重要辅助性机构，其规模、名称，因级别、地方及单位不同而不尽相同，大的称办公厅，小的一般叫办公室。我国办公厅（室）的类型，按照办公室的性质，可分为党政机关系统办公室、群众团体系统办公室、事业单位系统办公室、企业单位系统办公室等。办公室无论名称、大小如何，其职能和性质大体上是相同的，都是为本单位、本部门领导的管理决策工作直接服务，承担着承上启下、协调左右的重要任务。办公室工作的内容因其所属组织、所承担的中心任务的不同而略有不同，可以概括地分为以下几类。

一、文书及档案管理工作

（一）文书工作

文书工作是办公室的一项经常性的基础工作，文书工作包括文书写作及文书处理工作。

1. 文书写作

办公室工作人员要负责常用的行政公文、事务文书、公关文书的起草和写作。

（1）行政公文：是公务文书的简称，是人类在治理社会、管理国家的公务实践中使用的、具有法定权威和规范格式的应用文。国家行政公文有命令（令）、议案、决定、意见、公告、通告、通知、通报、报告、请示、批复、函、会议纪要。

（2）事务文书：是指党政机关、社会团体和企事业单位用于处理日常事务的实用文书，包括计划、总结、调查报告、简报、规章制度、讲话稿、会议记录、述职报告等。

（3）公关文书：是政府机关、企事业单位、人民团体等组织用来汇报、反映、沟通情况和交流经验的一种应用文，包括邀请函、企划书、新闻稿、广告、祝词、答谢词等。

2. 文书处理工作

文书处理工作包括收文处理、发文处理和办毕文处置三项内容。

（1）收文处理：是指对来自本机关之外的文书所实施的处置与管理活动，包括签收、登记、拟办、批办、承办等环节。

（2）发文处理：是指机关内部为制发文书所进行的创制、处置和管理活动，包括交拟、议拟、撰拟、审核、签发、印制、用印、登记、发文等环节。

（3）办毕文处置：是对所收文和所发文进行的后续处理工作，包括立卷、清退销毁等环节。

（二）档案管理工作

档案管理工作是指档案的收集、整理、保管和提供利用等事务，随着办公自动化的普及，电子文档的收集、整理、存档工作也应运而生。

二、会务工作

开会议事是机关、企业、事业单位最常采用的重要工作方法之一，办公室是会议的主要组织部门和承办部门。办公室工作人员要做好会前准备工作，包括发送会议通知、预订会议室、拟订会议议程和日程、确定会址、安排食宿、会前检查等；做好会议报到、会议记录、会议期间的信息沟通、会议值班、保卫、娱乐等会中服务工作；做好安排参会人员离场返程、会议文件资料的清退和立卷归档、会议经费的结算、会议总结等善后工作。

三、接待工作

办公室是一个单位的"窗口"，经常负责接待各级各类的来访者，来访对象内容也涉及方方面面，接待工作也是办公室常规的基础工作。办公室工作人员必须熟悉接待规定，掌握接待规格与接待工作的基本程序及事务内容，做好接待前的准备工作，接待过程中要遵循平等待人、礼貌周到、热情细致、勤俭节约、严守机密、确保安全的接待原则。对于无约来访的不速之客，更要注意接待的方法和技巧。

四、商务活动安排工作

随着经济的发展，企事业单位的商务活动日益频繁，商务活动的安排也构成了办公室重要的工作内容，主要包括商务会谈、签约仪式、庆典活动、剪彩仪式、新闻发布会的筹办，相关商务活动文件的拟制，商务宴请、商务旅行的设计、安排，以及开放参观活动的统筹规划和落实等。

五、信息工作

信息工作是办公室工作的一项重要内容，办公室信息工作包括信息的收集、整理、加工、传递和反馈。办公室工作人员要注意信息收集的方法，注意围绕中心工作、重点工作开展调查研究，提供高质量信息，并能够把握报送信息的最佳时机。

六、事务性工作

办公室事务性工作非常繁杂，却也构成办公室工作非常重要的一环。办公室事务性工作主要包括如下内容。

（一）办公环境管理

营造良好的工作环境，有利于提高工作效率和树立组织良好的对外形象，办公室环境要时刻保持清洁、有序。办公室工作人员要合理布置办公室，使设备、物品放置适当、整洁，取用方便，维护办公场所和办公设备的安全，并做好紧急情况的应对和事故记录工作。

（二）工作日程安排

办公室工作人员要科学合理地安排和管理领导的工作日程。编制日程表时需要区分工作的性质，分流工作的轻重缓急，判断工作的先后次序，恰当运用时间管理的方法，合理分配精力，有效地利用时间，提高工作效率，科学有序地完成工作任务。同时，还要负责日程表的落实，处理工作安排的变更与调整。

（三）通信联络工作

电话和电子邮件是办公室内外联系的重要工具，办公室工作人员要懂得电话礼仪和通话技巧，正确接听和拨打电话，正确处理通话中出现的问题；能够制作电话记录表，并简洁、完整、准确地记录电话，及时送达领导和有关人员；能够使用网络收发电子邮件和高效利用网络。

（四）印信工作

印章是一个机关、一个单位合法存在的标志和职权的象征，具有标志作用、凭证作用和权威作用。印章一般由办公室工作人员保管，要刻制标准化的印章，严格管理、使用好印章，建立严格的用印制度；盖有印章的信证材料是一个机关、一个单位对外联系交流的凭证，印章使用要严格遵循程序。

（五）值班工作

值班工作是办公室为了保证组织及时获得准确信息，进行正确决策以及出于安全防范的需要而开展的经常性工作。值班时，要做到随时接受、传达上级领导的指示，处理相关突发性事件，完成领导临时交办的事项，并关注和落实防火、防盗等安全保卫事项等。

（六）现代办公设备的维护与保养

随着办公自动化的推广，现代办公设备成为开展办公室工作不可或缺的工具，办公室工作人员在使用现代办公设备的同时，也要注意现代办公设备的维护与保养。现代办公设备包括计算机、打印机、计算机网络设备、传真机、复印机、数码复印机、多功能一体机、数码相机、数码摄像机、激光影碟机、扫描仪、光盘刻录机、投影仪、电子白板、碎纸机、刻字机等。要制定相关的使用及维护制度，制作相关的登记表格。要能够处理简单的设备故障，保证设备的正常运行。

七、其他工作

除了以上工作之外，办公室还要承担大量的其他工作，凡是其他部门或职责不清的工作，办公室都要主动承担起来，堪称"不管部"，如活动或事务的协调工作，受命的督察、检查工作等。办公室因职务层次、工作职责和服务对象的不同，工作内容还会包含其他内容。

案例分析与点评

本节"案例导入"中的江彬应该正确认识办公室的工作。

办公室是为本单位、本部门领导直接服务，承上启下、协调左右的综合办事机构。

办公室工作的内容因其所属组织、所承担的中心任务的不同而略有不同，大致包括文书及档案管理工作，会务工作，接待工作，商务活动安排工作，信息工作，办公环境管理、工作日程安排、通信联络工作、现代办公设备的维护与保养等办公室事务工作。对于刚刚入职的办公室工作人员，必须要先从熟悉工作环境开始。办公室工作虽然琐碎，但这些杂事却是维持组织正常运转不可缺少的，一丝的疏忽与纰漏都有可能产生严重的不良后果。熟悉办公室环境和组织工作情况后，办公室还是可以成为年轻人施展才能的空间的，像办公室工作中的信息工作、通信联络工作、办公设备维护与保养等都需具备计算机相关专业知识才能完成得更好。江彬作为刚入职的办公室新人，应该充分了解办公室工作的内容，明确办公室工作的重要意义，从做好最基本的事务性工作开始，将理想和自我价值的实现与做好本职工作结合在一起。

第二节 办公室工作的特点

案例导入

入职一年多来，秘书小王觉得自己态度端正，工作认真，即使加班加点也要把领导交办的事项完成，可是这么努力的工作，却总是得不到领导的认可。小王回想自己的工作状态：事务一项接着一项，有时及时快捷完成的工作，上报给领导，领导却看都不看；有时严格遵照领导的话来处理事情，结果反而不合领导的意思。总之，说话办事好像总是不在点上，由此造成了工作中的很多疏漏和失误。

办公室是一个单位或组织工作运转的轴心，是领导联系各方的纽带，是上下级之间沟通的桥梁，是一个单位或组织的对内、对外的窗口和门面，办公室大都具有办文、办会、办事、沟通协调等职能，要参与政务、协调事务、做好服务，繁杂的工作内容决定了办公室工作具有辅助性、服务性、综合性、机要性、事务性等特点。

一、辅助性

领导或领导机构的决定、决议从出台到落实，需要一系列的配套辅助工作，这是办公室存在的重要原因。换言之，办公室工作是从属于领导工作的一部分，办公室自身不能独立存在，它是为了保证领导机关和领导顺利进行工作而设立的。本质上说，办公室的全部活动内容都是对领导工作起辅助作用。所以，办公室工作人员只能根据领导的决定和指示精神办理事务，而不能代替领导做决定。对本单位工作中的问题可以提出解决的方案，但这些方案只有经过领导研究决定采用后，才可以作为领导机构的决定、决议去执行，而不是作为办公室的决定去执行。即使是办公室本身的某些工作制度也是如此。例如，文书处理制度、档案管理制度、群众来信、来访制度等，办公室可以作出决定让下级部门执行，但在正式决定之前，必须由分管办公室工作的领导审批。有些重大问题，还须经过领导班子集体研究决定，以保证这些决定便于各级领导工作，而不是妨碍领导工作。办公室虽然要参与领导班子研究各种工作问题，但是只有发言权，没有表决权。对于领导工作中的问题，决定只能由领导者个人或领导班子集体作出，办公室不能越权决定。

领导需要办公室辅助工作主要源于三个方面：

（1）管理所面对的对象规模大、因素众多、结构复杂、功能综合，而且这些因素永远处于变化之中，领导仅凭个人知识和经验对重大问题进行决策，其失误的可能性很大。因此，领导需要办公室做好相关的调研辅助工作。

（2）各级领导主要着眼全局，抓大事，制定战略，不必也不可能事必躬亲。而且现代化生产的分工更为精细，由于时间和精力所限，每个管理层中大量繁杂的事务性工作就需要办公室来承担。

（3）现代社会，知识更新的速度加快，一个单位、组织所涉及的知识领域比较多。在这种情况下，单位领导不可能对所有领域的知识都了解，在决策的过程中可能面临知识的不足，从而需要办公室来完成相关的辅助工作。

办公室的工作虽然是辅助性工作，但也不应该是完全被动的，而应该积极主动地配合领导工作。这种主动性体现在两个方面：一是在了解情况、掌握信息方面要积极主动。凡是与本机关、本单位工作有关的信息，都要主动地去收集，特别是对领导决策执行情况的反馈信息要及时、准确地掌握，主动向领导汇报，保证领导耳目灵敏、决策正确、指挥得力。二是对工作中的重大问题要主动提出解决方案。对于一个问题，要尽可能提出几个可行方案，以便领导选择。当然，办公室工作的内容很多，都应该积极主动地做好，但尤其要关注关键环节，如果其他工作都做得很好，而关键性的工作没有抓住、没有做好，办公室的工作就没有做到位。

二、服务性

办公室不同于其他职能部门，职能部门都有明确而具体的业务工作目标和工作范围，如机关的人事处是管理人事与劳资的，公司的营销部是负责产品销售的，学校的教务处是管理教学的等。办公室不像这些职能部门那样承担具体的业务工作，它是直接为本单位的领导及各部门服务的，因而服务工作的好坏，在一定程度上反映着办公室工作的优劣。服务性是办公室工作的又一重要特性。对于这一点，办公室工作人员一定要有清醒的认识，要忠于职守、恪守职责，全心全力为上级机关、同级单位、下级部门服务。办公室的服务性具体体现在以下四个方面。

1. 充分领会领导意图

所谓的领导意图，是指单位的主要领导、领导层或领导机关在实现其目标的过程中所提意见的实质和目的，是领导提出的工作意见的真意与核心。领导意图蕴含在文件、指示、会议发言和口头交代之中，甚至蕴含在眼神暗示、举手投足之中。要领会领导意图，既要了解上级机关的意见、政策，吃透上级精神，又要了解本单位领导的想法，包括其个性、语言习惯和知识水平等。

2. 准确、深刻地领会各项工作的目的和意义

这是实现优质服务的基础。具体表现为：

（1）要站在宏观的、领导的角度去对待每一件工作，而非站在局部的、个人的角度去考虑问题。

（2）要准确地理解中心工作，既要保证中心工作的开展，又不能延误其他工作的处理，在时间上、精力上合理分配，主次得当。

（3）对领导指示过、交代过的工作，要件件有着落，还要发挥提醒督促的作用。

3. 明确服务对象

这里的明确服务对象，包括明了领导班子成员及其分工，明了中层干部和基层干部的有关情况，明了有关领导的性格特点、工作习惯等，明了服务对象的工作制度、工作方法甚至人员之间的关系、有无矛盾等。只有明确服务对象，才能适时、适度地提供高效优质的服务。

4. 踏实做人，务实干事

办公室工作人员要真正树立服务意识，认清自己的角色位置，端正工作的指导思想，谦虚谨慎，务实干事；绝不能自以为是，自以为高人一等，只在嘴边空喊口号；要树立主动、开拓的责任意识，对工作、对领导不能被动服从、应付了事，要有开创性，想方设法地为领导分忧、为单位办事。

三、综合性

一个单位就是一个有机整体，是由许多职能部门按一定的宗旨和系统构成的一个网络体系。而办公室在其中居于独特的位置，它不同于其他主管某一方面业务职能部门，它是单位的中枢，是网络的中心，在整个系统中起着综合主导的作用。办公室与其他部门最大的区别在于，它虽然不主管单位工作中的任何一项，却与每一项工作都密切相关，这是办公室工作综合性特点的突出表现。具体体现在以下三个方面。

1. 工作范围

办公室工作涉及本单位的全部工作。相比较而言，其他业务部门、职能部门的工作是各有分工、各有侧重的，主要是管理职权范围内的业务活动。而办公室作为领导的参谋与助手部门，就必须对领导工作范围内的各项工作，即各部门的工作都比较熟悉，对各部门的情况有透彻了解，为单位领导决策发挥辅助、协调和督查的作用。

2. 工作特点

办公室实际上是一个"联络部""不管部"。一个部门的工作往往是专一而有所侧重的，而所有部门的工作结合起来就是综合繁复的了，而所有这些工作常常都要经由办公室通达单位领导层，也要经由办公室将领导决议传达至各部门及整个单位，就这个层面而言，以组织会议、起草发布文件、起草讲话稿等为要务的办公室俨然成了整个单位的联络部。而单位的一些突发性工作，一些阶段性或其他部门不管的工作，不能归口到具体职能部门的工作，一些职能部门无法办理需要上级协调的工作，领导也经常交由办公室去办。这时的办公室便成了名副其实的"不管部"。

3. 特殊位置和工作内容

办公室的特殊位置和工作内容也决定了办公室工作的综合性。办公室是单位的桥梁、枢纽，它上传下达、迎来送往，既是对外联系的窗口，又是上下沟通的咽喉。特殊位置和工作内容也就决定了办公室工作的综合性和全面性，要求办公室人员必须了解单位方方面面的情况。

四、机要性

汉语中"秘书"一词的构词成分中，已含有"秘密"的意思，英语中的"Secretary"（秘书）一词中的词干"Secret"，其意义也是"秘密"，这形象地反映出办公室工作的机要性特征。办公室是直接为领导及领导层工作服务的，在协助领导贯彻落实国家的路线、方针与单位的决定、决议方面负有重要的责任，了解和掌握着单位诸多的重要信息。

办公室工作的机要性主要体现在以下几个方面。

（1）办公室是文书处理的主管部门，是各类文电的集散地，而文电是秘密事项的重要载体。

（2）办公室工作人员作为领导的参谋助手，贴近领导，直接参与领导层的会议和一些领导的重要活动，接触机密的机会多。

（3）办公室是信息的综合处理部门，多渠道的信息在该部门集中，其中包括了一些秘密的项目与信息。

总之，办公室工作人员在工作过程中，有机会得知更多、更早的消息，如有关政策规定的修改和人员的任免，这其中有许多信息不适宜在更大范围和更早时间为人所知，这都要求办公室工作人员树立机要意识，自觉严格地保守秘密。

五、事务性

事务性表现在办公室工作的方方面面。从值班、接待、公文运转到后勤服务、人员的迎来送往等，很多工作都是非常具体、繁杂、琐碎的事务，这是不争的事实。

有不少人认为办公室工作无大事，整天为别人忙，工作价值不高，甚者以"一杯茶、一支烟、一张报纸看半天"的刻薄语言来描述办公室的工作。这其实是对办公室工作的误解。事实绝非如此。办公室工作不但繁杂忙碌，而且事关重大，一个小小的纰漏或失误都可能造成很大的影响或带来很严重的后果。办公室工作是维系整个单位、组织正常运转的重要环节，每一次会议安排、每一件文件拟稿、每一次协调通知、每一次迎宾接待都会涉及多个部门甚至是整个单位的工作进程与流向，这些看似平常似乎不引人在意的工作一旦出现差池，就可能引起连锁反应。同样，稳妥、流畅、富有实效的办公室工作，其价值与效果则会通过领导及其他管理人员的工作折射出来。单位或组织的每个成员尤其是办公室工作人员应该对办公室工作的事务性有正确的认识。

案例分析与点评

本节"案例导入"中的秘书小王工作积极肯干，忠于职守，恪守职责，态度端正，对办公室工作认识也较为正确。但是，她处理办公室事务时对原则性和灵活性把握不当。办公室工作虽然是辅助性工作，但也不应该是完全被动的，而应该积极主动、能动地配合领导工作，要围绕中心工作、重点工作来做，还要充分领会领导意图。在实际工作中要讲究变通，灵活操作，既符合领导要求，又真正贯彻了领导意图。

第三节 办公室工作人员应具备的素质与技能

案例导入

2006年4月7日晚，EMC大中华区总裁陆纯初回办公室取东西，到门口才发现自己没带钥匙。此时，他的私人秘书瑞贝卡已经下班。陆总试图联系她未果。数小时后，陆总难抑怒火，于凌晨1时13分通过公司内部的电子邮件系统给瑞贝卡发去了一封措辞严厉且语气生硬的"谴责信"。陆总在这封用英文写就的邮件中说："我曾告诉过你，做事情不要想当然！结果今天晚上你就把我锁在了门外，我要取的东西都还在办公室里。问题在于你自以为是地认为我随身带了钥匙。从现在起，无论是午餐时段还是晚上下班后，你要向你服务的每一名经理都确认无事后才能离开办公室，明白了吗？"（事实上，英文原信的口气比上述译文还要激烈得多）陆总在发送这封邮件的时候，同时传给了公司的几位高管。

两天后，瑞贝卡用邮件回复说，"第一，我做这件事是完全正确的，我锁门是从安全角度上考虑的，如果一旦丢了东西，我无法承担这个责任。第二，你有钥匙，自己忘了带，还要说别人不对。造成这件事的主要原因都是你自己，不要把自己的错误转移到别人的身上。第三，你无权干涉和控制我的私人时间，我一天就8小时工作时间，请你记住中午和晚上下班的时间都是我的私人时间。第四，从到EMC的第一天至现在为止，我工作尽职尽责，也加过很多次的班，我没有任何怨言。但是如果你们要求我加班是为了工作以外的事情，我无法做到。第五，虽然我们是上下级的关系，也请你注意一下你说话的语气，这是做人最基本的礼貌问题。第六，我要在这强调一下，我并没有猜想或者假定什么，因为我没有这个时间也没有这个必要。"同时，瑞贝卡将这封咄咄逼人的回信对象选择了EMC（北京）、EMC（成都）、EMC（广州）、EMC（上海）。这样一来，EMC中国公司的所有人都收到了这封邮件。这封"女秘书PK老板"的火爆邮件被她的同事在中国外企中广泛转发，最终为瑞贝卡在网络上赢得了"史上最牛女秘书"的称号。邮件被转发出EMC后不久，陆总就更换了秘书，瑞贝卡也离开了公司。但此后瑞贝卡意识到："这事儿闹得太厉害，我已经找不到工作了"。

一、办公室工作人员的构成

随着时代的变化和社会的发展，社会化分工日趋细化，办公室工作人员的构成也越来越多元化，对于办公室工作人员的职业素质、知识素养及技能要求也越来越高。

（一）办公室管理人员

办公室管理人员是指办公室主任或称办公室经理、行政经理、行政总监，全面负责办公工作；也包括办公室下设部门的负责人，如科长、组长、主管，具体负责某一方面的工作。办公室管理人员的职责是协调办公室的人力、物力及各项工作，使办公室发挥出最大的效用。

（二）秘书

秘书是协助领导处理日常事务并为决策及实施提供服务的人员。秘书直接服务于领导，为领导提供信息、文字、决策及事务等方面的服务，还包括组织、协调和运作单位（部门）各类综合性活动。

（三）助理

在企业或公司，办公室工作常常被助理承担，助理有行政助理、经理助理及各种专门助理。

1. 行政助理

行政助理的工作类似行政秘书，主要是在行政工作方面给整个组织或团队以支持。

2. 经理助理

经理助理（总裁助理、局长助理、校长助理）的工作是对某个特定的高层管理者提供辅助支持。这类助理经领导授权，可以负责管理某个部门或者某专项工作。

3. 专门助理

专门助理具有专业特长，协助专门领域或部门领导开展工作。如人事助理、市场助理等。

（四）其他文员

办公室还有一些其他工作人员，他们的工作不涉及管理与秘书事务，而从事诸如前台接待、打字复印、设备操作、办公设备使用与网络系统维护、档案管理等专一的技术性工作。

二、办公室工作人员的职业素质

"辅助决策、协调事务、服务全局"的职业角色，决定了办公室工作的重要性，也对办公室工作人员的职业素质提出了相应要求。过去人们要求幕僚、师爷做到"十不"，其实就是对那个时代办公室人员职业素质的要求。今天，人们对办公室工作人员的职业素质提出了更高的要求，主要表现在职业道德和知识素养两个方面。

（一）职业道德

职业道德，就是同人们的职业活动紧密联系的符合职业特点所要求的道德准则、道德情操与道德品质的总和。办公室工作人员"辅助决策、协调事务、服务全局"的角色定位，势必对其职业道德素养及水平提出更高的要求。

1. 爱岗敬业

办公室工作人员要清醒地认识到办公室工作的重要性，热爱本职工作，明确工作职责，对自己所在组织或部门要保有强烈的归属感、高度的认同感，能够从自身的工作中获得荣誉感和成就感。

2. 忠于职守

办公室工作事务性、辅助性、服务性的特点都需要办公室工作人员恪守本分，尽职尽责，忠于自己的岗位、职责，甘当助手、配角，甘当无名英雄，不越权，不滥用职权。

3. 诚恳守信

办公室工作上联领导下接基层，办公室工作人员也常代表领导发布命令、传达信息，受命于领导检查工作。因此，办公室工作人员要脚踏实地，诚恳待人待事，不虚报、不舞弊；办公室工作严谨缜密、责任重大，办公室工作人员在工作交往中应恪守信用，言出必行，遵守时间，不轻易向他人许诺。如果不能按时按约完成工作任务，务必及时沟通，说明情况，诚挚致歉，并想办法补救。

4. 严守机密

办公室工作人员接触领导的机会多，处于知密多、知密早、知秘深的工作状态，因此务必做到守口如瓶，不该说的绝对不说，不该听的绝对不听；熟悉单位或部门的保密工作内容和程序，具有高度的保密意识。

5. 善于合作

办公室工作头绪多、涉及面广、综合性强，又环环相扣，绝非单枪匹马所能完成，因此办公室工作人员必须具有团队精神，善于同他人密切配合，步调一致，才能顺利完成任务，最大限度地发挥办公室的集体力量。

6. 为人正派

办公室是直接为本单位的领导及各部门服务的，不能将为领导服务理解为主仆关系而献媚领导、阿谀奉承、溜须拍马；对待来访者，不论其资历高低、职务大小，都要一视同仁、平等相待。服务其他部门，也要公平公正，讲究原则。切忌因人而异、亲疏有别，要自重自强、不卑不亢、谦虚谨慎、胸襟坦荡、廉洁自律。

7. 文明礼貌

办公室工作接触人员复杂，事务琐碎，又常有紧急或危机事件需处理。办公室工作人员无论碰到何种情况，都应保持文明礼貌的工作状态，举止大方、谈吐文雅、面带微笑。

（二）知识素养

办公室工作人员应具备：基础知识、专业知识和相关知识。

1. 基础知识

办公室工作人员知识的第一个层次，是办公室工作人员必备的知识和前提条件。办公室工作人员的知识面要广，基础知识要扎实。基础知识又可分为：

（1）科学文化知识。基础知识的基础，包括语文、数学、历史、地理、逻辑、外语等。特别要注意语言文字和历史知识的提高，重视历史知识的学习，可以让自己透过历史抓住事物内在的规律和本质的东西。

（2）马列主义理论知识。包括哲学、政治经济学、党的建设、毛泽东思想、邓小平理论等，并在实践中不断地学习，提高理论修养。

（3）政策法规知识。办公室工作人员必备的知识，包括党的路线、方针、政策和国家的宪法、法律法规、法令等相关的知识，特别要注重对平时工作中接触最多的法律法规的学习。

2. 专业知识

专业知识是办公室工作人员知识结构的核心或者主体，也是区别于其他领域知识结构的方面。

（1）理论知识。秘书工作总体的理论知识，是办公室工作人员胜任本职工作的重要前提，也是办公室工作的基本理论知识与指导思想。分门别类的理论，包括文书学、秘书学、秘书史、秘书实务等理论。

（2）业务知识。办公室工作中各个环节的操作常识、基本技能、流程、规范、注意事项等。如信息的搜集、筛选、存储、提取、综合分析处理、利用、反馈以及网络化服务方面的知识；现行文书的特点、作用、体例格式和撰写要求方面的知识；档案的收集、鉴别、整理、加工及利用等方面的知识。

（3）行业知识。所从事的行业要求办公室工作人员必须具备的行业知识，如法律秘书要知悉法学、司法等相关知识，教学秘书要熟悉教育学、学校管理等内容。熟悉本行业专业知识，具备优秀的综合素质，是一名优秀办公室工作人员所应必备的品质。

3. 相关知识

办公室工作人员的辅助知识有助于开阔视野、扩大思路、提高工作效率。

（1）管理学知识。行政管理、领导科学等。

（2）社会交往知识。社会关系学、公共关系学、人际关系学等，以便办公室工作人员在工作时能够提高自身的交际能力、信息沟通能力，也能为塑造组织的社会形象增添光彩。

（3）心理学知识。普通心理学、管理心理学、领导心理学、社会心理学和秘书心理学等，办公室工作大多由与他人之间的交往而实现的，学习和掌握心理学知识，不仅有助于办公室工作人员科学地分析自己的心理过程及其特征，克服自己的心理障碍、提高自己的心理素质，同时也有助于观察和了解领导及他人的心理过程和特征，掌握其心理活动规律，并用这些规律来指导办公室工作人员与之的交往，以提高交往的质量和效果。

（4）经济学知识。办公室工作人员可根据实际需要和具体能力选学会计、货币、证券、市场、外贸等方面的知识，具备良好的经济观念，当好领导的参谋与助手。

此外，在可能的情况下，还应掌握咨询学、预测学、文学、人才学、创造学、情报学、编辑学、新闻学、传播学、社会学等方面的知识。

三、办公室工作人员应具备的技能

（一）语言表达与沟通的能力

办公室工作人员要熟练掌握和使用普通话，说话要语意准确、措辞恰当、通俗易懂；会借用动作、表情来表达情感；沟通时能够从对方的角度考虑问题，认真倾听对方的话语，把握说话的尺度，善于用言辞化解分歧和矛盾。同时，能够使用外语进行对话，掌握外语的基本写作和翻译技巧。

（二）写作能力

办公室工作人员要具备扎实的写作功底，熟知各种应用文的写作，了解各种应用文的写作特点和技巧，能够承担起草文件、拟写报告、发言稿、讲话稿等文字工作。

（三）办事能力

办公室工作很多都是具体的事务性工作，上级指示的、领导交办的、下级请办的、同事委托办的，都要求办公室工作人员具备相应的办事能力，能准确理解办事意图，切实掌握事件发展情况，及时反映问题，找准自己的处事站位；办事要明明白白，雷厉风行，严谨细致，有始有终，严格有序。

（四）社交能力

办公室工作人员处于复杂的人际关系中，拥有良好的人际关系会极大地改善办公室工作的效率和氛围。办公室工作人员要做到平易近人、幽默风趣、谦逊平和；熟悉社会交往中的文化与礼仪知识，能够运用人际交往的技巧，巧妙进行沟通；学会耐心倾听，积极应变，艺术地化解尴尬、误解和猜疑，拥有良好的人际交往风度。

（五）学习能力

办公室工作人员要树立终身学习的观念，只有实时更新自己的知识体系，学理论、学政策、学知识、学业务，提高政治素养，掌握社会政治经济动态，积累新知识，丰富新理念，拓宽新思路，学用结合、学以致用，知行结合、学用相长，才能提高工作的系统性、预见性和创造性，不断适应新的工作环境和组织发展的需要。

（六）创新能力

办公室工作需要不断地拓展创新思维，要勇于探索新事物、新成果、新经验，善于总结日常工作的规律，敢于打破已有的观念，找到提高工作效率的办法。在工作实践中解放思想，胸怀全局，勤于思考，勇于实践，敢于尝试，敢为人先，由此在实际工作中才能实现改革和突破。

（七）协调能力

办公室是一个综合性的管理服务部门，是组织正常运行的桥梁和纽带。办公室工作人员要做好组织的宏观协调，领导关系的协调，也要做好上下左右、部门之间关系的协调，同时还要负责组织内部、外部关系协调，因此办公室工作人员要具有良好的统筹协调能力，能够组织各部门协调配合，营造良好的领导和被领导关系，使组织上下一心、步调一致、齐心协力。

（八）办公自动化操作能力

办公室工作人员要具备计算机、办公自动化设备的操作、使用和基本维护的能力，能快捷地利用互联网获取各种信息，熟悉办公软件的运行，高效利用办公自动化系统；熟练使用传真机、复印机、多功能电话机、缩微机、摄像机、投影仪、多功能一体机等办公设备。

（九）其他技能

办公室工作人员还应具备驾驶技能、书法技能、速录、校对和其他才艺技能，要喜好参与音乐、体育、舞蹈、摄影、交友等积极向上的文体活动，增长各方面的知识和能力，培育健康、良好的身心状态，更好地为组织工作服务。

> **案例分析与点评**

根据本节"案例导入"中的情景，瑞贝卡的正确做法应该是，同样用英文写一封回信，解释当天的原委并接受总裁提出的要求，注意语气要温婉有礼。同时给自己的顶头上司和人力资源部的高管另外去信说明，坦承自己的错误并道歉。

秘书是办公室工作人员的一种，是协助领导处理日常事务并为决策及实施提供服务的人员。秘书要直接服务于领导，为领导提供信息、文字、决策及事务等方面的服务。办公室工作主要是参与政务、协调事务、做好服务，由此决定了办公室工作具有辅助性、服务性、事务性、综合性、机要性等特点，这也要求办公室工作人员要具备一定的专业素养和职业道德。首先要做到爱岗敬业，对自己所在组织或部门要保有强烈的归属感、高度的认同感。其次要忠于职守，办公室工作事务性、辅助性、服务性的特点都需要办公室工作人员要恪守本分，尽职尽责。面对上司的责难，办公室工作人员应从专业的角度出发，认识到办公室工作的实质就是为领导服务、为组织服务，要树立明确的服务意识，站在宏观的、领导的角度去对待每一件工作，而非站在局部的、个人的角度去考虑问题；不应该指责上司的错误，应先坦诚接受批评，看到自己工作上的疏漏。秘书应该与自己的上司建立工作上的默契合作，遇到问题，可以等上司心平气和之后，再找合适的机会与上司就此事进行沟通，获得上司的体谅，变被动服务为主动服务，努力实现优质服务。

第四节 办公室工作人员的工作方法与技巧

案例导入

办公室新来的吴秘书事务非常繁忙，有时甚至要同时处理五六件事情，以至于忙得焦头烂额、丢三落四。一天上午8点30分，吴秘书刚刚在办公桌前坐下，开始起草领导在年度工作总结会上要用的发言报告，因为手头缺少相关的数据和基本信息而让吴秘书不得不停下来。这时，电话铃响起来了，吴秘书赶紧去接，对方要找总经理，因总经理恰巧不在，他了解相关情况和对方协商，处理完毕刚挂机，电话铃又响了，这次是叫部门经理参加会议的通知，此时吴秘书正忙着查看总经理的工作安排表，忘了作记录。这时又来了一名来访者，吴秘书赶忙起身，热情接待，简要了解了对方的身份来意后，将其带到接待室去交谈。正在交谈中，总经理推门而入，要求吴秘书去与某会议中心商谈租用会议室事宜，同时交给他一份文件，要吴秘书复印20份，并要求他尽快将年度工作总结会上要用的发言报告交他审阅。吴秘书急忙安排好来访者后，将需要复印的文件放在办公桌上，就赶忙先去联系租用会议室事宜。等他回来，手忙脚乱地复印完文件，便着手思考发言报告的写作，将部门经理参加会议的通知忘于脑后。等到开会时，组织会议的单位打电话催促，吴秘书才突然想起来还没有通知部门经理开会一事。

一、办公室工作原则

办公室工作千头万绪，只有掌握一定的方法、技巧，遵循相关的工作原则，才能提高办公室工作效率，做好各项服务工作。

（一）服务原则

办公室工作的实质是为领导服务、为组织服务，通过办公室具体工作的展开使上令下达、下情上知，办公室工作人员要树立明确的服务意识，变被动服务为主动服务，努力实现优质服务，并最终达到超前服务。

（二）效率原则

办公室工作琐碎复杂，要优化管理程序，减少工作环节，在保证服务目标的前提下，减少不必要的程序，积极改进工作方法，杜绝工作中的推诿、拖拉现象。

（三）整体性原则

办公室工作是面向全局，围绕中心工作、重点工作，既要着眼于领导，又要兼顾各部门、各成员，从总体上综合部署，充分发挥办公室各成员的积极作用。

（四）务实性原则

办公室工作要注重实践，避讳空谈，严谨认真，实事求是，少讲废话，多干实事，大事不糊涂，小事不糊弄，热心、耐心、细心地处理好每一项工作；唯实求是，不唯书，不唯上，只唯实，扎扎实实、脚踏实地做好每项工作。

（五）灵活性原则

办公室工作的展开要遵循客观规律，既要听从领导指挥，自觉按领导意图和指示行事，又要学会调查研究，拥有对事物的正确认识能力、分析能力和解决能力，在实际工作中既要坚持原则，又要按实际情况灵活处理。

（六）保密原则

办公室工作保密范围非常广泛，文件保密、会议保密、信息保密、情况保密等，办公室工作人员务必自觉遵守保密制度，强化保密观念，贯彻保密措施，不放松警惕，不徇私情。

二、办公室工作方法

掌握一定的办公室工作方法和技巧，可以使办公室工作人员快速、高效地开展工作。

（一）熟悉办公室工作环境

工作环境是对工作效能起着潜在影响的外部力量，包含直接或间接影响办公室工作效率的各种潜在的外部力量的总和。办公室工作环境一般可以划分为自然环境、社会环境，也称为硬环境和软环境。

1. 硬环境

硬环境包括办公室所在地、建筑设计、室内空气、光线、颜色、办公设备及办公室的布置等客观条件。办公室的硬环境是办公室工作人员必须要熟悉、接纳，并且要负起管理职责，合理美化、科学布局，调控光线、空气温度、湿度，精心营造良好的办公氛围。

2. 软环境

软环境包括办公室的社会环境和办公室的职能环境。

（1）办公室的社会环境。是指处于单位之外，并对单位发生影响的外部环境，是办公室工作人员必须监测和适应的不可控制的环境，主要包括政治法律环境、经济物质环境、文化环境等。

①政治法律环境。包括国家的政策、法律和相关法规。办公室工作的展开必须与党、国家的方针政策保持一致，公文的写作、档案的管理、合同的签订都要遵守国家法律，遵照相关规则。办公室工作还会涉及大量的理论问题和政策问题，没有一定的理论水平和政策水平是难以胜任的。

②经济物质环境。主要包括经济体制、经济实力、物质科技条件。办公室工作的内容与性质常随着经济环境的改变而有互动的发展，市场经济的开放性扩大了办公室的工作范围，世界经济一体化的趋势大大增加了跨行业、跨地区、跨国界的经济、文化活动，使得办公室与社会接触的业务日益扩大，交流的渠道增多，各种影响的程度加深，这就决定了办公室工作人员要了解、关注各行业，全国各地乃至世界的经济动向；经济实力决定了办公室的设备、基础设施的配备以及能否为办公室工作人员的个人发展提供经费支持等；物质科技条件决定了办公室工作的具体方式和手段，现代办公自动化设备和技术已经运用于会议管理、文书管理、档案管理、信息沟通、调查研究等事务之中。

③文化环境。是指组织所处的社会结构、社会风俗、习惯信仰和价值观念，包括行为规范、生活方式、人口规模与地理分布等因素的形成和变动，是特定人类社会在其长期发展历史过程中形成的，由特定的价值观念、行为方式、伦理道德规范、审美观念、宗教信仰及风俗习惯等内容构成。任何人都在一定的社会文化环境中生活，是存在于特定社会文化环境中的个体，其认识事物的方式、行为准则和价值观等都会异于生活在其他社会文化环境中的人们，无形的文化因素影响和制约着人们的观念、思想、行为和生活方式。办公室工作人员对文化环境要有清醒的认识，要摆脱文化中落后因素带来的消极影响，用先进的文化精神指导自身的工作。

（2）办公室的职能环境。既包括办公室所在单位内部，也包括办公室自身内部的机构设置、目标划分、运行情况、人际关系和工作方法等因素。办公室在履行自己的职能中，必然要与单位中其他机构发生各种各样的联系，办公活动的正确履行不仅取决于其他机构的支持和配合，还取决于组织内部机构是否合理，各种制度是否完善。办公室的职能环境对办公室工作的具体展开有着重要而又直接的影响，办公室工作人员不仅要知悉办公室自身内部的机构设置、目标划分、运行情况、人际关系和工作方法等内容，还要知悉单位中各部门的职能特征、职责范围、办事程序、人事关系、工作流程、相关制度等内容，只有这样，才能保证办公室基本工作的顺利完成。

办公室工作环境是由众多因素构成的、类型不同而又相互联系的复杂多样的系统，各国、各地、各单位办公室工作环境又有着极大的差异，而社会的变迁又会带来办公室工作环境的改变，办公室工作人员要认识到办公室工作环境影响、制约着办公室工作的开展，办公室工作会随着办公室工作环境的变化而变化。从事办公室工作，首先就是要尽快适应办公室工作环境，同时也可以发挥自身的主观能动性来改善办公室的工作环境。

（二）掌握时间管理的方法

办公室承担着单位或企业的公文处理、会议管理、信息处理、印章管理、公关接待工作以及领导临时交办的工作等日常事务，电话、文件、会议和各种琐事，这些工作常常使办公室工作人员陷入忙碌之中，而烦琐的办公室事务又必须在有限的时间内有条不紊、高质高效地完成。对于办公室工作人员来说，只有掌握时间管理的方法，养成良好的工作习惯，成为驾驭时间的主人，才能真正胜任办公室的工作。

办公室时间管理是指办公室工作人员对自己和领导的时间进行有效的计划和控制，从而在有效的时间内提高工作效率。时间既是一个常数，公平地分配给每一个人，又是一个变数，善用则多，妄用则少。为了有效利用工作时间，办公室人员应该：

1. 学会编制工作时间表

工作时间表是将某一时间段中已经明确的工作任务清晰地记载和表明的表格，以提醒使用人和相关人按照时间表的进程行动，从而保证按时完成任务的有效方法。工作时间表是某一时间段中所有工作、活动或任务的收集汇总，要按照事务的轻重缓急排列其时间顺序。时间表要清晰、明了，以说明性语言进行简明扼要的记录，对完成与未完成的事务要有所标记。时间表要与使用人共同敲定。工作时间表既是领导工作安排的基本依据，也是办公室为其提供相关服务、展开自身工作的基本依据。工作时间表分为年度时间表、月时间表、周时间表、工作日志等，根据工作需要确定编制时间的周期。

（1）年度工作时间表。是单位在新的一年中重要活动的时间安排计划，为各级领导提供一年中主要工作的安排，以便其提前做好准备。办公室工作人员要注意收集新一年的工作计划安排的主要活动，并参照上一年的时间表来具体编制。年度时间表内容要简明概况，一目了然，时间跨度以一月为基准。

（2）月工作时间表。是领导一个月内重要工作、活动的时间安排计划表。办公室要注意收集月工作时间表的相关信息，可以在月底时了解领导下月的工作安排，经过与使用人沟通、调整，合理排序，完成制发。

（3）周工作时间表。是在月工作时间表的基础上制定的，为领导一周之内经常性工作和业务等活动的时间安排计划。内容要详细具体，时间、地点及相关信息要精细、准确。可在周五下午或周一上午与相关人员协调安排，完成制发。

（4）工作日志。是根据周工作时间表编制的一天时间内组织领导与办公室工作人员活动的具体工作安排。内容要尽可能翔实，时间跨度应以具体事务所需的时间为准，灵活机动安排。工作日志要在前一天下班前与相关人员敲定，避免发生事务、人员上的冲突。在原安排发生变化时，要注意做好变更的善后工作。工作日志的编写一定要留有余地，不能将事务安排得过于紧密，一方面便于劳逸结合，一方面留有机动时间，当发生变更时能够从容应对。最好在每项工作原定时间之后，再加上10~15分钟的富余时间作为机动时间。编写领导工作日志要熟悉使用者的工作思维、工作习惯和作息规律，充分尊重其意见，并能够保证节省领导的时间，保证领导高效率的工作。不能只考虑完成自己已制订的小计划而贻误领导的工作和整个单位的大事。

2. 学会区分事务的轻重缓急

办公室从某种意义上说就是组织行政系统的"司令部"，是领导指挥全局和推动各职能部门以及下属单位工作正常运转的纽带，是沟通上下、衔接左右、联系内外的桥梁。办公室的工作量之大、事务之多可想而知，面对一大堆的工作，常常会令人无所适从，或将工作搞得一团糟，甚至产生消极的情绪。所以办公室工作人员必须学会将繁杂的工作条理化。

（1）区分常规工作和非常规工作。工作事项中哪些是日常工作，哪些是无法预料、突然出现的工作，要加以区分，分别对待。对于日常工作其处理过程要实现模式化、标准化，比如每周召开的工作例会，时间、地点、参加人员要相对固定，会议的相关服务以标准化的模式遵照执行即可。非常规工作常常没有规律可循，需要特事特办，如领导临时交办的事务要即刻处理，需要几个部门共同参与完成的事务要通过协商完成。

（2）并行串行兼顾，合并同类工作事务。办公室工作中的有些事项可以并行完成，如赴某地拜访某人，同时可以考察此地的相关业务环境，采购所需用品等。有些事项所需时间较长，中间环节较多，涉及人员复杂，是串行开展的工作，就要事先考虑事项的先后顺序和连续性，做好第一环节的工作，保证前后环节的有效衔接，否则会影响后续工作的进行。如主要领导缺席就形不成会议决议，决议无法下达则不能开展下一步工作。办公室管理人员在安排具体工作流程时，要适应整个组织的正常运转，不能因为单方面原因间断、延误或降低组织的整体效益。有些同类工作任务可以合并，集中起来专心致志一次完成，避免多次重复，以提高效率。如资料整理中的集中复印、电话通知的集中统一处理等，事先考虑清楚，周密部署，一次做好，避免反复，这样可以节约大量时间。

（3）分清工作的轻重缓急和先后次序。每天面对的办公室工作不可能件件都能完成，有些事项是需要长时间的积累才能完成的，这就要求工作人员要分清工作的轻重缓急，判断工作的先后次序，重要的、紧急的工作先做，科学有序地一项一项完成，而不是机械地来一件事干一件事。

办公室工作人员可以借鉴美国管理学家科维提出的时间管理"四象限"法理论，把工作按照重要和紧急两个不同的程度进行划分，基本上可以分为四个"象限"：重要又紧急（如客户投诉、即将到期的任务、财务危机等）、重要但不紧急（如建立人际关系、人员培训、制定防范措施等）、不重要但紧急（如电话铃声、不速之客、部门会议等）、不重要也不紧急（如上网、闲谈、邮件、写博客等）。将时间和注意力放在不同的象限会造成不同的区别，由此造成人与人之间工作绩效的差异。办公室工作人员可以将工作事项列出清单，对于每件事情结合重要性和紧急性判断每件事情的优先级，根据优先级顺序的排序来将各项工作放入四个象限，事件处理顺序为先是既紧急又重要的，接着是重要但不紧急的，再到紧急但不重要的，最后才是既不紧急也不重要的。"四象限"法的关键在于第二类和第三类的事件顺序问题，也要注意划分好第一类和第三类事件，同样是紧急的，区别就在于前者能带来价值，实现某种重要目标，而后者不能。最后，还要认识到事件的紧急和重要程度不是一成不变的。在四个象限当中，第二象限的工作是最重要的也是最体现时间管理的质量的，对于办公室工作人员和整个办公室工作都具有重大的影响和意义，办公室工作人员要将时间的 80% 左右用于处理第二象限的事务。

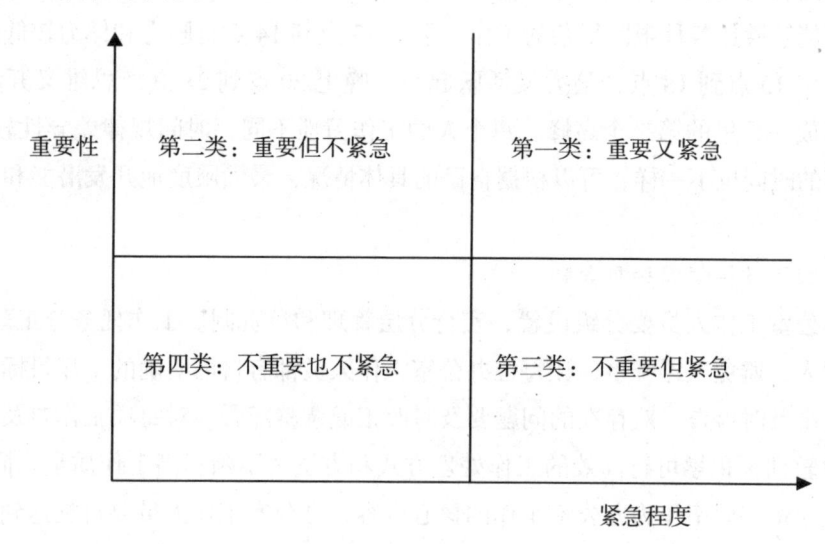

```
重要性 ↑
       │ 第二类：重要但不紧急  │ 第一类：重要又紧急
       │                      │
       ├──────────────────────┼──────────────────────
       │                      │
       │ 第四类：不重要也不紧急│ 第三类：不重要但紧急
       └──────────────────────┴──────────────────────→ 紧急程度
```

（三）统筹兼顾的工作方法

做好办公室的工作必须要统筹兼顾。统筹兼顾既指在具体展开工作时要坚持把服务大局作为办公室工作的根本指针，办公室工作人员要认识大局、胸怀大局、服务大局、立足大局，通过做好本职工作，真正为大局服务。要有合理的分工与协作。办公室是提供服务的综合部门，但限于人员自身的综合素质、知识结构、专业水平等，并不是样样内行、门门精通，因此，办公室工作人员要根据自身和办公室的具体情况统筹兼顾，合理高效地处理工作事务。

1. 明确自己的工作任务和职责

清楚工作任务中，哪些工作应由自己完成，哪些工作应协助他人完成，哪些工作由部门共同参与完成。在工作中与同事建立良好的协作关系，既要懂得如何寻求周围能够协助的人完成工作任务，也要善于协助他人完成工作任务，既不推诿拖延，也不越俎代庖。

2. 合理分配自己的精力和时间

工作中，有时人们精力充沛、动作敏捷、办事效率高，而有时则头脑迟钝、动作呆滞。办公室工作人员要了解自己的时间效率规律，用高效时间去解决最重要、最复杂、最需要创造力的问题；而在低效时间里，去从事周期性、重复性的日常工作。所谓高效时间，是指一天中思维能力、活动能力最旺盛的时间，一般人上午刚走上工作岗位是记忆力最佳的时刻，随着时间的流逝，工作的逐步开展，人的精力逐渐增加。中午12点以前，脑力、精力、体力等活动指标均达到高潮，能够胜任各种艰巨复杂的工作。下午13点到14点是脑力和体力较低的时候。下午15点到18点，脑力又活跃起来。晚上20点到21点，思维又开始活跃，形成一天里的第二个高峰。每个人的工作习惯不同，时间规律差异性较大，高效率的时间也不一样，可以根据自己的具体情况，最大限度地开发潜能和利用时间。

3. 实行分层管理和负责制

办公室工作人员要分级设置，实行分层管理和负责制。工作任务分工落实、责任到人，避免人浮于事，让每位办公室工作人员都有自己明确的工作目标。工作进行中及时检查，对存在的问题要及时改正或调整部署，对每项工作要及时总结经验教训，积累可行高效的工作处理方式和方法，不断提高工作质量。同时，坚持把质量和效率作为办公室工作的核心内容，办公室工作人员要自觉达到事事遵循规范，处处保证衔接，人人讲求质量，做到及时、迅速、精确，产生1+1大于2的整体效果。

三、办公室工作技巧

1. 从小事做起

办公室工作人员只有将小事、琐事办好，认真对待工作中的每一个细节，多思、多想、多准备，养成严谨的作风，建立正规的秩序，才能做好大事，从而获得领导的认可和信任。例如，办公室的文具和易耗品要集中放置，用后归位，随手可拿、可用。

2. 凡事计划在先

办公室工作人员对自己的工作任务一定要做到心中有数，对于处理事务所需要的时间、人员、物质材料要有准备，宁可用不上，也不能不准备。运筹要有备用计划，撰文要有充足材料，遇事多想几个方案，办事要多准备几种方法，这样才能从容应对办公室工作。

3. 求功避过

办公室工作人员对工作要保有热情，有进取心，敢于竞争，不甘落后，积极争取工作上的优秀，但不争功，要明白成绩是大家共同取得的成果。办公室工作人员要竭尽全力做好办公室的每一项工作，尽可能减少失误。如果出现差错，要有责任意识，勇于承担，敢于进行自我批评。避免出现过错，但绝不推诿过错。

4. 善说会说

办公室工作人员要想胜任工作，必须重视说话，注意语言技巧，善于说话。

（1）长话短说，讲求效率。办公室工作人员说话要简明扼要，思路要清晰，概念要准确，层次要分明，逻辑要严谨，主题要集中，重点要突出。在工作中，办公室工作人员要有意锻炼自己说话一语中的、逻辑严密，用最少量的语词传递尽可能多的有用信息，使说话耗费的时间与说话效果成正比，提高效率。要做到这一点，说话时要少用修饰语、倒装句，不用隐喻、晦涩的词句，不要用口头禅，也不要随意使用新词语，多用基本词和常用词，做到通俗易懂，直抒胸臆。

（2）去伪存真，敢言善言。说老实话，办老实事，做老实人，事事以诚相见。但也要注意说话不能过于直白，恰当运用婉转的提示、巧妙地暗示性话语。

（3）把握分寸，谨言慎行。办公室工作人员要认清自己的身份，说话时注意切合身份，注意场合和环境，把握分寸，该说的说，不该说的不说，不得不说的要能运用委婉含蓄的表达方法。

（4）言出必行。不说则已，说过的话务必要言必行，行必果，只有言而有信，才能获得他人的信任。如果实在无法保证结果，则要诚挚向对方解释清楚，请求对方的谅解，并提出其他的解决办法。

5. 善于使用辅助手段

办公室工作人员要善于利用一些办工辅助软件，如 Google 日历、天下桌面秀、网易桌面伴侣等，也可以使用提醒自己的便签，以防止遗漏工作事项。此外，还要坚持记工作日记。工作日记没有固定的格式，主要是通过时间和活动的详细记录，认真分析、评估自己利用时间的有效程度，事务处理和安排有哪些不合理之处，哪些做法给他人带来不便，从而得到启发，继续改进，迅速积累经验教训，提高工作能力。

案例分析与点评

本节"案例导入"中的吴秘书处理办公室事务工作不分轻重缓急、眉毛胡子一把抓，只重视处理紧急事，疏忽处理要紧事，处理事情忙乱而无章法，实际工作没有任何计划和事先的准备，结果小事办不好，大事不好办。

在具体工作中，很多事务是办公室工作人员被动接受的，常常来了文件办文件，放下电话接电话，领导叫办什么事就得办什么事，面对办公室这些"鸡毛蒜皮"的"小事"，如果办不好就会造成极大的影响，给工作造成不可估量的损失。吴秘书的问题主要是重视处理紧急事，疏忽处理要紧事，处理事情忙乱而无章法。比如，他在接听叫部门经理参加会议的电话时，正忙着查看总经理的工作安排表，而未能将通话主要内容作笔录，结果等到处理其他事情后，将此事忘在了脑后，造成工作上的失误。处理日常事务性工作，必须要有主次，在处理时可将这些事项按其紧急和重要的程度划分先后顺序处理，但同时不能忽视对那些小事琐事及时记录和处理，以避免遗忘。事务的紧急和重要程度不是一成不变的，接到会议通知时，毕竟距离开会还有一段时间，其属于重要不紧急事项，但随着会议时间的逼近就会向紧急事项转化，所以办公室工作务必要处理好重要但不紧急的事项。

吴秘书在实际工作中没有任何计划和事先的准备，他开始起草领导在年度工作总结会上要用的发言报告，因为手头缺少相关的数据和基本信息而不得不停下来，后来又手忙脚乱地复印文件，冥思苦想发言报告的写作，将部门经理参加会议的通知忘于脑后。办公室工作虽是辅助性工作，但也不应该是完全被动的，而应该积极主动地配合领导工作。尤其是在了解情况、掌握信息方面要积极主动，凡是与本机关、本单位工作有关的信息，都要主动地去收集，这样才能保证工作的顺利展开。

第二章

办公室常用文书写作

文书写作是办公室工作人员的基本功。办公室常用的文书包括行政公文、事务文书、财经文书以及公关文书等类别，其中比较常见的有通知、通报、请示、报告、函、计划、总结、简报、调查报告、意向书、协议书、各种合同、招投标书、商业广告、介绍信、证明信、感谢信、请柬和讣告等。掌握这些文书写作的方法和技巧，是对办公室工作人员的基本要求。

第一节　常用行政公文写作

案例导入

小陈是刚毕业的大学生，在青山镇政府机关当秘书。青山镇虽然不大，但由于政府机关人手少，每天的工作还是很忙碌的。作为镇政府新来的年轻人，小陈的主要工作是负责日常接待和处理文件资料，有时办公室主任忙不过来，也帮助起草一些通知、报告等文件。这一天，小陈就接到了一个新任务：为镇政府向县里写一份请示。小陈自以为驾轻就熟，马上打开电脑，在标题位置敲下了"请示报告"四个大字，还没等写正文，办公室主任只瞟了一眼屏幕，就把他说了一顿，顺便还给他上了一堂文书写作课。小陈听后，深有感触，觉得这起草文件还真是需要掌握许多知识和技巧呢。

一、通知

通知是使用范围最为广泛的一种常用文书。其主要作用是布置工作，交代任务，传达上级机关的指示或规定，批转或转发公文，任免和聘用干部，发布各种法规和规章，传达需要有关单位周知的事项和印发有关文件等。

（一）通知的类型

1. 布署性通知

布署性通知主要用来向下级单位做出指示或布置工作任务。如果是指示性的通知，内容偏重于阐释工作的指导原则和方针政策；如果是布置性的通知，内容偏重交代具体的工作事项和实施办法。

2. 发布性通知

发布性通知主要用来发布经有关部门制定的章程、条例、办法、细则等各种法规性文件，要求有关单位遵照执行。

3. 转发性通知

转发性通知主要用来批转下级机关具有普遍指导作用的来文或转发上级和不相隶属机关的具有指导或参考价值的公文。

4. 告知性通知

告知性通知主要用来向所属单位传达信息、告知具体事项，如召开会议、人事任免、机构变动等。

（二）通知的写法

通知一般由标题、主送机关、正文、结尾和落款五部分组成。

1. 标题

通知的标题可以是"发文机关＋事由＋文种"的写法，如"北京市关于冬季供暖有关事项的通知"；也可以是"事由＋文种"的写法，如"关于冬季供暖有关事项的通知"；转发性通知的标题，是在"转发"或"批转"二字后面直接写出第一发文机关的标题名称，如"国务院批转国家旅游局关于加强旅游行业管理若干问题请示的通知"。

2. 主送机关

主送机关即通知的承办、执行和应当知晓的主要受文单位或个人，写法有两种：一种是将具体主送机关的名称一一列出；另一种是如果通知内容属于公开发布的普法性信息，则可不写主送机关。

3. 正文

由于通知的种类较多，因而正文的结构和写法也不同。

（1）布署性通知。布署性通知的正文一般由两大部分组成，开头先写明通知的缘由、依据或目的、意义等，主体部分再写具体的通知事项，要写明工作任务、办理方法以及相应的措施和要求等。

（2）发布性通知。发布性通知的正文部分有两种写法：一种是直述印发的文件全称，发布依据，实施时间，发布方式和执行要求。如果发布的文件中已有明确的实施时间，通知中可以不提及此项内容，印发本机关制定的规章制度通常采用这种方式。另一种是开头简述印发通知的依据，缘由或目的，之后表述文件全称，发布方式，并提出执行要求。必要时可强调通知事项的重要性，提出贯彻执行的具体要求，印发实施方案、调查方案等通常采用这种方式。印发领导讲话的通知一般比较简洁，只阐明讲话标题、印发方式和一般要求即可。

（3）转发性通知。转发性通知的正文由转发机关的批语和被转发的文件两部分组成。其中，前一部分要表明对被转发文件的态度和意见，强调它的重要意义，提出贯彻执行的方法和要求等。后一部分即被转发的文件原文，应置于转发语的成文时间之后。

（4）告知性通知。告知性通知如果是会议通知，则正文部分要写明会议的名称、内容、主要议程、召开时间、地点、与会者范围和有关事项（如交通工具、食宿安排、携带用品）等。如果是事项通知，则正文部分主要写明要告知的具体事项或信息。如果是人事任免通知，则正文部分先写任免的时间和依据，再写任免人姓名和任免职务。如果一份通知既有任职又有免职，一般先写任职后写免职。

4. 结尾

通知的结尾常用"特此通知"来收尾。也有的通知事项结束，全文就自然结束。

5. 落款

在正文的最后写明发文机关名称和成文日期。

二、通报

通报是各级各类机关单位用于表彰先进、批评错误、传达重要精神或情况的一种公文。它的应用比较广泛，可以用于表扬好人好事、新风尚；也可以用于批评错误，总结教训，告诫人们警惕类似问题的发生；还可以用来互通情况，传达重要精神，沟通交流信息，指导推动工作。

（一）通报的类型

根据内容不同，通报可以分为表扬性通报、批评性通报和情况通报。

1. 表扬性通报

表扬性通报用于在一定范围内表彰先进单位和个人，介绍先进经验或事迹，树立典型，号召大家学习。

2. 批评性通报

批评性通报用于在一定范围内批评、处分错误行为，分析其错误性质、成因以及不良影响，以示警戒，要求被通报者和有关单位、个人引起警觉，吸取教训。

3. 情况通报

情况通报用于在一定范围内传达本单位的重要情况或上级的重要精神，以便让有关部门和人员了解相关情况或指导本单位的工作。

（二）通报的写法

通报一般由标题、正文和文尾三部分组成。

1. 标题

通报的标题通常有两种构成形式：一种是由发文机关名称、事由和文种组成，如"国务院办公厅关于对少数地方非法集资问题的通报"；另一种是由事由和文种构成，如"关于给王××同志记功表彰的通报"。此外，有少数通报的标题是在文种前冠以机关单位名称，如"中共××市纪律检查委员会通报"；也有的通报标题只有文种名称。

2. 正文

通报正文的结构通常由开头、主体和结尾等部分组成。开头说明通报缘由，主体说明通报决定，结尾提出通报的希望和要求。不同类别的通报，其内容和写法有所不同，分述如下。

（1）表扬、批评性通报。正文一般包括以下四个部分。

①概述事实。主要概括介绍被表扬或被批评者的基本情况和主要事迹，要具体写明单位名称、人物姓名和主要事实（包括事情发生的时间、地点、起因、经过、结果等）。

②分析评价。在上述事实的基础上，对事件本身进行客观、公正的分析评价，对被表扬者重在概括其先进的经验和高尚的精神，对被批评者重在分析其错误的根源、问题的性质和造成的恶劣影响。

③作出决定。即根据事件的性质决定对被通报者予以表扬或批评。其中，对被表扬者要提出表彰方式，写明给予何种表扬、奖励办法；对被批评者要依据错误性质和相关规定，给予适当的处理决定。

④提出要求。表扬性通报的要求一般是号召有关单位和个人向被表扬者学习，共同做好工作；批评性通报的要求一般是希望有关单位和个人要从错误事件中吸取教训，改进工作。

（2）情况通报。正文一般包括以下两个部分。

①情况介绍。要将有关情况、信息全面、具体、准确地反映出来，作为提出要求的背景材料。

②提出要求。在上述情况的基础上有针对性地提出相应的意见、建议和要求，指出解决问题的措施和方法，或表明对相关工作的指导原则。

3. 文尾

通报的尾部包括发文机关署名和成文时间两项内容。有的通报在标题中已经标明发文机关名称，则文尾只写成文日期即可。

（三）通报写作的注意事项

1. 事例要典型

通报是用来以事明理和教育人、指导工作的，因此所选择的事例一定要具有典型性和代表性，这样才能对工作起到普遍的指导作用。

2. 材料要真实

被通报的事件都必须是真实的，所引用的材料必须是准确无误的。动笔前要调查研究，对有关情况和事例要认真进行核对，客观、准确地进行分析和评论。

3. 评价要恰当

无论哪种通报，都要做到态度鲜明，分析中肯，评价实事求是，结论公正准确，用语把握分寸。否则，通报不但会缺乏说服力，而且有可能产生副作用。

4. 语气要庄重

通报中虽然有叙事，不像决定、命令等文件语气强硬，但因其重在弘扬正气或惩戒错误，因而行文要措辞严谨，语气庄重、严肃。

三、报告

报告是下级机关向上级机关汇报工作、反映情况、答复上级机关询问时所使用的公文。报告属于单向上行文，目的是让上级机关及时了解下情，一般不需要回复。报告的内容不受限制，可以一文一事，也可以一文数事。

（一）报告的类型

依据内容可以将报告分为以下三种类型。

1. 汇报性报告

汇报性报告主要是下级机关向上级机关汇报工作、反映情况的报告。这种报告一般可分为综合报告与专题报告两类。

（1）综合报告。综合报告是就工作的全面情况向上级写的报告。其内容大体包括工作的进展情况，成绩或问题，经验或教训以及对今后工作的意见。特点是全面、概括、精炼。

（2）专题报告。专题报告是本单位就某项工作向上级领导部门所写的报告。特点是内容单一，针对性强。

2. 答复性报告

答复性报告主要是针对上级领导部门所提出的问题或某些要求而写出的报告。这种报告的特点是问什么答什么，不涉及询问以外的问题或情况。

3. 呈报性报告

呈报性报告主要用于下级向上级报送文件、物件随文呈报的一种报告。一般用一两句话说明报送文件或物件的根据或目的以及与文件、物件有关的事宜。

（二）报告的写法

报告一般由标题、主送机关、正文和落款四部分组成。

1. 标题

报告的标题一般由发文机关、事由和文种三部分组成，有时发文机关可以省略。

2. 主送机关

一般来说，一份报告只写一个主送机关。如果一份报告要面对两个或两个以上的上级机关，则把其中主要的上级机关列为主送机关，另外的上级机关列为抄送机关。

3. 正文

正文是报告的主体，一般分为以下三个部分。

（1）开头部分。主要用来说明写作报告的依据、缘由和目的，最后用"现将有关情况报告如下"等惯用语过渡到下文。

（2）报告内容。主要是汇报工作、反映情况、提出意见或建议。这是行文的重点，如果是汇报工作，应着重写明工作的内容、进展情况、采取的措施、取得的成绩、存在的问题及下一步的工作打算等；如果是反映情况，要着重写明问题的表现形式、存在的原因及其危害、解决的办法等。

（3）结尾部分。多用"特此报告"或"以上报告请审阅""以上报告如有不妥，请指示"等惯用语独立成段，收束全文。

4. 落款

报告的最后要署上报告单位名称并签署报告日期。

（三）报告写作的注意事项

1. 情况要属实

撰写报告的目的就是为了让上级机关掌握本单位的实际情况，因而报告中所汇报的情况、反映的问题必须实事求是，不能有半点虚假和浮夸的成分。

2. 不得夹带请示内容

报告属于陈述性公文，不要求上级回复，因而不得在报告中夹带请示内容。如需请示，应单独行文。

四、请示

请示是用于向上级机关请求指示、批准的一种上行公文，其行文目的是请求上级机关对本单位权限范围内无法决定的重大事项以及在工作中遇到的无章可循的疑难问题给予答复。

（一）请示的类型

根据不同的内容和写作意图，请示可分为以下三类。

1. 请求指示的请示

此类请示一般是政策性请示，是下级机关需要上级机关对原有政策规定作出明确解释，对如何处理突发事件或新情况、新问题作出明确指示等。

2. 请求批准的请示

此类请示是下级机关针对某些具体事宜向上级机关请求批准的请示，如人事安排、机构变动和资产购置等。

3. 请求解决问题的请示

此类请示是下级在工作中遇到了困难和问题，自己无力解决，请求上级给予具体帮助。

（二）请示的写法

请示一般由标题、主送机关、正文、落款和日期四部分组成。

1. 标题

请示的标题由发文机关、事由和文种三部分组成，有时发文机关可以省略。应注意文种不能写成"请示报告"，事由中也不要重复出现"申请""请求"等词语。

2. 主送机关

请示的主送机关只能写一个，不能多头请示。

3. 正文

请示的正文主要由请示缘由、请示事项和结语三部分组成。

（1）请示缘由。应开门见山地说明请示的原因、理由。这部分内容要实事求是、情况真实、说理充分，这往往是求得上级同意或批准的关键。

（2）请示事项。这一部分常用"为此，特请求……"或"鉴于上述情况，特请示如下"等语句引出所要请示的具体事项。请示的具体事项因请示类型的不同而写法各有侧重，但总的要求是内容具体、表述准确，能使人一目了然。

（3）结语。通常的惯用语有"特此请示""当否，请批示""妥否，请批复""以上请示如无不妥，请批复"等。

4. 落款和日期

在正文的最后署上发文机关的名称和发文的日期。

（三）请示写作的注意事项

1. 一文一事

一份请示只可以写一件事情，不可以在一份请示中请示两个或两个以上的问题或事项。如果有多项事情需要请示，应分别行文。

2. 唯一主送

一份请示只能主送一个上级机关，不能多头请示。若需同时报给其他机关，应当用抄送形式，但不能抄送下级机关。

3. 逐级行文

请示一般情况下不得越级行文，应按隶属关系逐级请示。如确需越级请示，应同时抄送直接主管部门。

4. 方便联系

请示应当在附注处注明联系人的姓名和电话。

五、批复

批复是上级答复下级机关请示事项时所使用的下行公文。它是与请示对应的一个文种，只能用于有直接隶属关系的上下级之间，不相隶属的机关或平级机关之间不能使用。批复的内容主要是对请示事项明确表态，或同意，或不同意，或部分同意，有时还对请示事项作出修正和补充。

（一）批复的特点

1. 行文的被动性

批复的写作以下级的请示为前提，它是专门用于答复下级机关请示事项的公文，先有上报的请示，后有下发的批复，一来一往，被动行文，这一点与其他公文有所不同。

2. 内容的针对性

批复要针对请示事项表明是否同意或是否可行的态度，批复事项必须针对请示内容来答复，而不能另找与请示内容不相关的话题批复。因此，批复的内容必须明确、简洁，以利下级单位贯彻执行。

3. 观点的鲜明性

批复的内容是对请示事项的表态，同意与否、批准与否，表意一定要准确，态度一定要鲜明，不能态度暧昧、模棱两可。

（二）批复的写法

批复通常包括标题、主送机关、正文和落款四个部分。

1. 标题

最常见的批复标题是完全式的标题，即由发文机关、事由和文种构成，如"××省教委对《关于开办乡镇企业大专班的请示》的批复"。也可以由发文机关、事由、受文机关和文种构成，如"教育部关于同意××问题给河北省教委的批复"。上述两种标题有时也可以省略发文机关名称。

2. 主送机关

批复的主送机关与请示一样只有一个。若带有普遍指导意义，需要发给其他下级机关，则用"抄送"形式。

3. 正文

批复的正文一般都很简单，只是答复问题，主要由引叙来文和作出批复两部分构成，有的附加结尾。

（1）引叙来文。批复是被动行文，开头要说明是针对哪份请示所作的答复。因此正文开头要用简练的文字引叙请示的名称或请示的主要事项作为批复的依据，写法多为"××号文收悉"或"××××年×月×日关于××（事项）的请示收悉"，后用惯用语"现批复如下"过渡到下文。

（2）作出批复。即针对下级所请示的问题进行具体的答复，多为同意的意见，也很简短。如果内容较多，也可分项来写。若是不同意的意见，则在表明不同意时，往往还要说明不同意的理由，以便下级明白并接受。

（3）结尾。有些批复正文后再写上"此复""特此批复"一类的结束语。

4. 落款

在正文结束后签署发文机关名称和发文日期。

（三）批复写作的注意事项

1. 回复慎重及时

批复既是上级机关指示性、政策性较强的公文，又是对下级单位请求指示、批准的答复性公文，因此，撰写批复要慎重及时。批复机关收到请示后，要及时进行周密的调查了解，掌握有关情况，根据现行政策法令及办事准则，经认真研究后，及时给予答复。

2. 针对请示作答

请示要求一文一事，批复也应有针对性地一文一批复；请示要求解决什么问题，批复就答复什么问题，上下行文互相对应。

3. 态度明朗确切

批复意见不管同意与否，必须十分清楚明白，态度明朗。不能含糊其辞，模棱两可，以免下级单位无所适从。

六、函

函是用于不相隶属机关之间相互商洽工作、询问和答复问题，请求批准和答复审批事项的公文。就行文关系而言，它属于平行文。

函是公文中运用最为灵活的一个文种，它的适用范围最宽、内容范围最广。作为一种公文，函具有篇幅短小、写作方法灵活的特点。

（一）函的类型

依据行文内容，函可分为以下五类。

1. 商洽函

商洽函主要用于不相隶属机关之间商量洽谈办理某一事项，如联系参观、学习，商洽干部调动，请求帮助支持等。

2. 问答函

问答函主要用于向对方询问或答复某一事项。问答函包括询问函和答复函两种类型。答复函与批复和答复性报告都属答复性公文，但三者又有所区别。答复函的对象，一般是不相隶属机关，属平行文；批复的对象是下级机关，属下行文；答复性报告的对象是上级机关，属上行文。

3. 请批函

请批函用于向有关主管部门请求批准某一事项。请批函与请示都有"请求批准"的意愿，但二者适用对象不同。请示的对象是有隶属关系的直接上级，属上行文；请批函的对象是无隶属关系的主管部门，属平行文。所谓有关主管部门，指对请求批准的事项有决定权和批准权的部门。主管部门多是职能部门。

4. 告知函

告知函主要用于将某些具体事项告知有关单位，不需对方回复。这种函的作用等同于告知性通知，因为平级机关和没有隶属关系的单位之间用通知行文不妥，所以用函行文。

5. 印发、转发函

印发、转发函主要用于向平级机关和不相隶属的机关印发相关文件，转发上级计划或不相隶属机关的公文。

（二）函的写法

函一般由标题、主送机关、正文和落款四部分构成。

1. 标题

函的标题通常有两种结构形式：一是由"发文机关＋事由＋文种"构成，如"××省教委关于划拨跨省招生计划的函"。二是由"发文机关＋事由＋受函机关＋文种"构成，如"国务院关于××问题给湖北省人民政府的复函"。

2. 主送机关

主送机关即需要商洽工作、询问情况或答复问题的有关机关。

3. 正文

函的正文主要由缘由和事项两部分构成，有的附加结尾。

（1）缘由。写明发函的原因、依据。复函的缘由常见写法是"××日来函收悉"，或"关于……的函收悉"。商洽函和请批函的缘由写明商洽、请批某事的原因理由即可。

（2）事项。写明商洽、请批、答复的具体内容。常见写法有两种：一种是篇段合一式，把事项与缘由融合起来；另一种是把事项与缘由分开，事项部分依据内容分条来写。

（3）结尾。有的函事项写完即止，无特殊的结尾标志。有的函在结尾处写上"特此函告"或"盼复""请函复"。若是复函，则写上"特此函复"等惯用语。

4. 落款

在正文结束后写上发函机关名称和发函日期。

(三) 函写作的注意事项

1. 一函一事

无论是哪种类型的函,均要求一文一事,内容单一。

2. 措辞得体

函主要用于平行或不相隶属机关之间行文,因此要特别注意语言的得体,要做到态度诚恳,语气谦和,必要时可以使用一些礼貌用语。

案例分析与点评

本节"案例导入"中的秘书小陈将请示文件标题写成"请示报告"是错误的。

请示的标题通常是"发文机关+事由+文种"的构成方式,就小陈所在的单位而言,应该是"青山镇政府关于××事项的请示",也可以省略发文机关名称,只采用"事由+文种"的形式,即"关于××事项的请示"。

报告是下级机关向上级汇报工作时所用的文种,一般不需要回复,而请示是下级机关向上级请求指示、批准、帮助等所采用的文种,是要求上级机关必须回复的。报告和请示虽然都属于上行文,但二者的使用范围和适用情况是有很大区别的,因此在任何情况下都不能混合使用。

第二节 常用事务文书写作

案例导入

小张是开发区政府办公室的秘书。最近,开发区管委会联合区执法大队开展了一次网吧综合治理专项活动,通过对全区网吧的逐一排查,发现网吧行业存在许多问题,如无照经营、接纳未成年人上网、存在消防安全隐患、管理不到位等。针对这些情况,开发区政府决定制定详细的网吧监管条例,但条例的制定要有依据和可行性,于是,开发区分管此项工作的领导分配给小张一个任务:将排查情况写成一份文稿以供决策时参考。小张新来乍到，接到这项任务可犯了难，不知道这个文稿该怎样写。

一、计划

计划是为完成一定时期的任务而事前对目标、措施和步骤作出简要部署的事务性文书。计划最重要的是要有科学的预见性和切实的可行性，制订计划要对未来一段时间或一个时期作出科学的预见，如基础条件如何、前景如何、目标高低、措施怎样等，对各种可能出现的情况，必须有一个清醒的认识、正确的估量。而且，计划的内容必须切实可行，必须有明确的针对性和指导性，要有实现目标的可行性措施、步骤，能够指导具体的工作实践。

（一）计划的种类

计划的种类很多。"计划"只是个统称，常见的"安排""意见""打算""方案""设想""规划""要点"等都属于计划，但是它们在内容和要求上存在着差异。从总体上看，计划大致可以分成以下几类。

1. 长期性计划

如发展纲要、规划等，这些计划涉及范围广，时间跨度大，内容综合性强，具有全局性、方向性的特点，一般多由高层领导机关制订，没有指令性的具体安排。

2. 短期性计划

如计划、安排、打算等，这些计划的应用范围最为广泛，内容一般具体细致，时间期限较短，多以年度、季度、月度、周为单位。

3. 原则性计划

如方案、要点、意见等，这些计划多为领导机关所用，用于向所属单位布置工作、交代政策、提供方法等，比较偏重于政策性、原则性的指导。

4. 非正式计划

如设想、打算等，这些计划属于初步设想，内容比较粗略，一般需要进一步完善后才能形成正式的计划。

（二）计划的表现形式

计划是一种在表现形式上比较特殊的文书，常见的形式有以下四种。

1. 文章式

即像一般文章一样，以文字叙述为主，由层次和段落构成。这种方式适用于原则要求多而具体指标少的计划，如意见、要点、安排等。

2. 条文式

即将计划内容列成条文，分条逐项来一一写清。它适用于比较具体的计划，一般计划多采用此种形式。

3. 图表式

即把计划项目设计成表格或图形，再把具体计划内容填入其中。一些纯业务性的计划，如财务计划、销售计划等，数据较多，内容单一，多采用此种形式。

4. 综合式

有些内容比较复杂的计划，既要有文字说明，又要分条表述，还要制作填写表格、图示等，多采用此种形式。

（三）计划的写法

计划一般包括标题、正文和落款三个部分。

1. 标题

完整的计划标题由"单位名称＋适用时限＋计划内容＋计划名称"组成，如"昆明市工商局1997—1998年财务工作计划"。一般性计划的标题有时可以省略单位名称或适用时限，如"关于进行公务员考核的初步意见"。

所拟计划如果还需讨论定稿或经上级批准，就应在标题的后面或下方用括号加注"草案"或"初稿"，或"讨论稿"等字样，如"北京市2009年财政预算工作计划（草案）"。

2. 正文

计划的正文一般包括前言、主体和结尾三个部分。

（1）前言。前言主要是概括说明制订计划的依据、缘由和背景。如国家的方针政策、上级的有关规定、面临的现实状况等。

（2）主体。主体是计划的核心，一般分三部分进行阐述，即计划的三要素：目标（做什么）、措施（怎么做）和步骤（分几步做完）。

①目标，即目的任务。它既是计划的起点，又是计划的归宿，要写得具体明确。首先要明确指出总目标和基本任务，随后应根据实际内容进一步详细、具体地写出任务的数量、质量指标，必要时再将各项指标定质、定量分解，以求让总目标、总任务具体化和明确化。

②措施，即为实现目标而要采取的手段与办法。措施是实现目标的保证，必须写得具体、实用、有效。以什么方法，用什么措施确保完成任务，实现目标，

这是有关计划可操作性的关键一环。所谓有办法、有措施就是对完成计划须动员哪些力量，创造哪些条件，排除哪些困难，采取哪些手段，通过哪些途径等心中有数。这既需要熟悉实际工作，又需要有预见性，而关键在于要实事求是。唯有这样制定的措施才是具体的、切实可行的。

③步骤，即要达到目标分几步完成，先做什么，后做什么，怎么做，何时完成等。这是实现目标的程序安排和时间要求，必须切实可行。

"计划三要素"繁简可以不同，但缺一不可。

（3）结尾。可以展望计划实现的情景，给人以鼓舞；也可以提出总的希望或者号召。若无必要，也可以不设结尾。

3. 落款

在计划的最后写明计划的制订者和制订日期。如果在标题下已经写明计划的制订者和制订日期，则可以省略落款不写。

（四）计划写作的注意事项

不论哪种计划，写作中都必须注意以下两点。

1. 切实可行

要从实际情况出发定目标、定任务、定标准，既不要因循守旧，也不要盲目冒进。即使做规划和设想，也应当保证其可行性。

2. 内容具体

计划是用来指导工作的，因此，其中的任务、指标、措施、办法、步骤等必须表述得非常清楚明白，有可操作性，既便于实施，也便于检查。

二、总结

总结是人们对过去一定阶段内的工作、生产、学习等实践活动的回顾、分析和评价，从而得出经验教训，引出规律性认识，指导今后工作的事务性文书。总结的使用范围很广，无论单位或个人都经常用到它。通过总结，可以全面检查工作的完成情况，对工作中的成绩和问题作出符合客观实际的判断，并且能将工作中的体会集中起来，使之条理化、理性化，从而起到指导今后工作的作用。

（一）总结的类型

总结的种类很多，比较常用的是以下两类。

1. 全面总结

全面总结又叫综合性总结，是对一定时期内所做的各项工作进行全面回顾和检查。这类总结多用于向上级汇报工作、向员工报告工作情况等，一般单位的年度总结均属此类。

2. 专题总结

专题总结主要用于对某项特定工作或某一专门问题进行回顾和检查。这类总结多选取带有典型性、倾向性的问题进行分析，内容重点突出，针对性强，常用于推广典型经验和揭露问题。

（二）总结的写法

总结一般由标题、正文和落款三部分组成。

1. 标题

（1）公文式标题。一般由"单位名称＋时限＋总结内容＋文种名称"构成。如"天津市2010年度拥军优属工作总结"。有时也可以省略单位名称，如"2009年招生工作总结"。

（2）文章式标题。多用于介绍经验的专题性总结，可以是单行标题，也可以是双行标题。

①单行标题，一般直接表明总结的主旨，以便于读者理解和把握重点，如某企业的专题总结"技术改造是振兴企业之路"。

②双行标题，即主副标题形式，主标题即文章式标题，用来概括揭示主旨，副标题即公文式标题，用来说明总结的单位、时限、内容等，如"知名教授上讲台，教书育人放异彩——××大学德育工作总结"。

2. 正文

总结的正文包括前言、主体和结尾三部分。

（1）前言。一般简要介绍工作背景、基本概况等，也可交代总结主旨并作出基本评价，之后用"现将有关工作总结如下"等句子过渡到主体部分。前言要力求简洁，开宗明义。

（2）主体。包括主要工作内容、成绩及评价、经验和体会、问题或教训等。这些内容是总结的核心部分，可按纵式或横式结构形式撰写。

①纵式结构，即按主体内容从所做的工作、方法、成绩、经验、教训等逐层展开。

②横式结构，即按材料的逻辑关系将其分成若干部分，每部分单独加上序号和标题，逐一写来。

较为常见的总结主体多按照"过程与做法—成绩与经验—问题与教训—努力

方向"的顺序逐一进行总结。

（3）结尾。总结的结尾可以针对存在的问题指出今后努力的方向或改进措施，或者提出一些新的工作目标、工作设想或安排等。如果上述内容在主体中已有论述，则结尾部分可以省略。

3. 落款

一般在正文右下方署名、署时。若是报刊杂志或简报刊用的交流经验的专题总结，应在标题下方居中署名。

（三）总结写作的注意事项

1. 实事求是，客观公允

总结写作要从实际出发，如实反映工作情况，对工作中取得的成绩和存在的不足都要给予客观公正的评价，不能只讲成绩，不讲问题，或夸大成绩，掩饰错误。

2. 重点突出，找出规律

总结的目的是为了找出规律性的东西，即某项活动的经验教训，用以指导今后的工作。因此，写作时要突出工作中的经验和教训，要善于比较，写出特色。

三、简报

简报是机关、团体、企事业单位编发的用来沟通信息、交流经验、反映情况、汇报工作的一种简明扼要、带有新闻性质的内部期刊。其特点是文字简短、内容新鲜、反应快速、形式活泼。

（一）简报的类型

角度不同对简报的分类也不同，按内容来分，简报可分为以下三种。

1. 综合简报

综合简报全面、综合编发反映本单位或本系统的工作进展，思想动态，成绩，缺点等概况。综合简报多常年定期编发，常见的有"××简报""工作动态""情况反映"等。

2. 专题简报

专题简报是一种阶段性的简报，往往是针对机关工作中某一时期的中心工作、某项中心任务办的简报，中心工作完成，简报也就停办了。专题简报多在一定时期内不定期编发，如"征兵简报""计划生育简报"等。

3. 会议简报

会议简报是会议期间反映会议情况的简报，是一种临时性的简报，内容包括会议中的情况、发言及会议决定等。规模较大、时间较长的会议常要编发多期简报，以起到及时交流情况、推动会议进程的作用。小型会议一般是一会一期简报，常常在会议结束后，写一期较全面的、总结性的反映情况的简报。

（二）简报的写法

简报通常由报头、报核和报尾三部分组成。

1. 报头

报头位于简报首页上端三分之一处，由分割线将报头与报核部分分开。报头由以下四个必备要素构成。

（1）简报名称。位于报头中间位置，一般套红、居中、字体稍大印刷。简报的名称很多，常见的有"××简报""××简讯""××信息""××动态""××通报""××通讯""内部参考""情况反映"等。

（2）期号。印于简报名称正下方，多用括号标注。综合简报一般按年度统一编排期号，专题简报按本专题统一编号。若是增刊，则直接标明增刊字样。有的简报既标注总期号，也标注年度期号。

（3）编印机关。一般为制发简报单位的办公部门或中心工作领导小组及会议的秘书处（组），要求用全称或规范化简称，印于分割线左上方。

（4）印发日期。印于分割线右上方，要求年月日齐全。

除以上四个要素外，视简报内容、保密要求等，还可以增加简报份数编号、密级（或使用范围和要求）等要素。

2. 报核

报核是简报的正文，位于分割线以下，内容主要有：

（1）按语。按语是对简报内容作出说明、评价，如说明材料来源、转引目的、转发范围等，表明对简报内容的倾向性意见及表示对所提问题引起讨论研究的希望，等等。按语的位置在报头下，标题前。它视需要而使用，并非每篇必有。一般在转引体、总结体及重要的报道体、汇编体简报文章前才配用按语。按语格式上通常写作"按""按语""编者按""编者的话"等。按语一般独立成段，在字体、字号上与正文有明显的区别。

（2）标题。简报的标题类似新闻的标题，要揭示主题，简短醒目。一期简报可以登一份材料，也可以登几份材料，但每份材料都要有各自的标题。根据简报的体式，标题也有不同写法。动态性较强的内容多采用单行新闻式标题，简短明快地交代事实、揭示中心。在总结体简报和其他体式简报中，一般使用文章化标题。

（3）目录。简报文稿通常是一期一篇，根据需要也可以是一期多篇。若是多篇文章，则须在报头下设计"目录"一栏，将各篇文章标题先印于此，一般不需标注序号和页码，可以在每项标题前加一个五星标志，以免混淆。

（4）正文。因体式各异，简报正文格式相差甚远。消息性简报正文结构往往前有导语，后有主体、背景等；总结性简报正文可以完整地将"总结"刊于简报；转引性简报则因所引文章不同，正文可以是片断章节，也可以是整篇文稿。

3.报尾

报尾位于简报末页下三分之一处，用分割线与报核部分分开。分割线下与之平行的另一横线间内，左边标明本期简报的发送范围，最后一条横线下方左侧注明印发部门，右侧注明本期印数。

简报样式：

机密   No.023

×× 简报

（第 × 期）

×× 市政府   2010 年 × 月 × 日

按语：××……

×××××（标题）

×××××××××××××××××××××××××××

×××××××××××××××××××××××××××

×××××（正文）

报：××××××
送：××××××
发：××××××

×× 市政府办公室   共印 120 份

四、调查报告

调查报告是对某项工作、某个事件或某个问题经过深入细致的调查后,对调查材料加以系统的整理、分析研究,并概括出规律和本质,提出对策与观点的书面报告。调查报告具有真实性、典型性和指导性的特点,是从调查目的通向社会效益、经济效益的桥梁和工具,在实际工作中具有十分重要的作用。

(一)调查报告的类别

从内容、性质和用途上分,调查报告可分为以下三类。

1. 反映情况的调查报告

反映情况的调查报告因调查目的、范围和用途的差异,可分为个案性调查报告和综合性调查报告两种。

(1)个案性调查报告。这种报告主要是反映某一具体情况的,其调研目的是为了把这一具体问题界定清楚。调研范围单一、具体。报告的内容一般用来作为处理某个具体问题的依据或重要参考。

(2)综合性调查报告。这种报告是反映总体基本情况的,调研的目的是为了掌握某一领域或某一方面的概貌。调研范围相对宽广,涉及的对象较多。报告的内容主要用作宏观决策参考,或者用于说明某种客观现象。

2. 总结典型经验的调查报告

总结典型经验的调查报告是为了概括出先进人物或先进地区、先进单位的经验,使其便于在整体上发挥普遍影响。调研对象是一个或一类特定的先进典型。调查报告写成之后,其中所概括的经验,可以为有关人员或单位所借鉴,或可以使之从中受到启发,也可作为有关主管部门开展学习先进活动的素材。

3. 揭露问题的调查报告

揭露问题的调查报告目的是为了查清事实,获得足以说明问题性质、程度的材料,调查对象一般是暴露出问题和问题涉及的有关单位和人员。揭露问题的调查报告不仅可以用来澄清是非、辨明真伪、教育群众,还可以直接用作对有关责任单位和责任人进行处理的重要依据。

(二)调查报告的写法

调查报告包括标题、导语、正文、结尾和落款五个部分。

1. 标题

调查报告的标题有公文式和文章式两种。

（1）公文式标题。公文式标题可以是由"调查机构名称＋调查事由＋文种"构成，如"浙江省教育厅关于农村中学语文教学情况的调查报告"；也可以是"调查事由＋文种"的方式，如"关于农村中学语文教学情况的调查报告"。

（2）文章式标题。文章式标题有单标题和双标题之分。单标题多为概述式，即在标题中表明调查单位、调查对象、调查项目等，如"四川省留守儿童上学情况调查"。双标题就是两个标题，即一个正题、一个副题，正题揭示文章的主题、意义，副题表明调查事项等内容，如"为了造福子孙后代——××县封山育林情况报告"。

2. 导语

导语又称引言，是调查报告的前言。一般简洁明了地介绍有关调查的基本情况，或提出全文的引子，为正文写作做好铺垫。导语可以是简介式的，对调查的课题、对象、时间、地点、方式、经过等作简明的介绍；也可以是概括式的，对调查报告的内容（包括课题、对象、调查内容、调查结果和分析的结论等）作概括的说明；还可以是交代式的，即对课题产生的由来作简明的介绍和说明。

3. 正文

正文是调查报告的主体。它对调查得来的事实和有关材料进行叙述，对所作出的分析、综合进行议论，对调查研究的结果和结论进行说明。正文的内容按照不同的类型可以有不同的构成方式。

（1）用于反映基本情况的调查报告，多用"情况概述—成果说明—问题揭示—建议措施"式结构。

（2）用于介绍经验的调查报告，多用"成果展示—具体做法—经验总结"式结构。

（3）用于揭露问题的调查报告，多用"问题阐释—原因分析—意见或建议"式结构。

（4）用于揭示案件是非的调查报告，多用"事件过程—事件性质结论—处理意见"式结构。

4. 结尾

结尾的内容大多是调查者对问题的看法和建议，这是分析问题和解决问题的必然结果。调查报告的结尾方式可以是补充交代在正文里没有涉及而又值得重视的情况和问题；也可以是总结全文，深化主题，以提高阅读者的认识；还可以是提出新问题，指出努力方向，启发人们更进一步去探索。

5. 落款

调查报告的落款要写明调查者，即单位名称和个人姓名以及完稿时间。如果标题下面已注明调查者，则落款时可省略。

（三）调查报告写作的注意事项

1. 要用事实说话

写调查报告必须以事实为基础，让事实说话，这样的报告才具有科学性和客观性，才有参考和使用的价值。

2. 要科学选材

调查报告的写作需要有大量材料，但不是将所有材料都写入报告，这就有一个材料取舍的问题。调查报告的选材要根据调查目的和主题的需要，对材料进行取舍。

3. 要写出深度

调查报告的深度是指对问题认识挖掘的深度，这是衡量调查报告好坏的一个重要标准。好的调查报告对问题的认识深刻，能够透过现象看到本质，从而得出深刻的结论，以指导今后的工作。

五、述职报告

述职报告属于总结性报告的一种特殊形式，是各级领导干部、公务员和专业技术人员例行考核的一个重要内容。述职报告的主要内容是向上级陈述和汇报自己在一定时期内履行岗位职责的实绩和效果，因而具有内容客观和自我评述的特点。

（一）述职报告的类型

述职报告的分类方法很多，因而叫法也不同。从时间角度分，可以分为阶段述职报告、年度述职报告和任期述职报告；从内容角度分，可以分为专题述职报告和综合述职报告；从报告的主体分，可以分为集体述职报告和个人述职报告。

（二）述职报告的写法

述职报告一般由标题、称谓和正文三部分组成。

1. 标题

完整的述职报告标题是由"单位名称＋所任职务＋任职期限＋文种"组成，如"××区卫生局局长2010年度述职报告"。有时也可以省略其中一两项内容，如"2010年度述职报告"或"2010年任职期间的述职报告"，最常见的是直接用"述职报告"四个字作标题。

2. 称谓

述职者应根据报告对象的不同而采用不同的称呼，如"人事处""××领导"等。如果是当众宣读，也可以采用泛称"各位领导""各位同志"等。

3. 正文

述职报告的正文部分由前言、主体和结语构成。

（1）前言。简明扼要地介绍任现职的基本情况，包括现任职务、任职期限、岗位职责、工作完成情况以及自我评价等，然后用"现将本人任职期间的情况报告如下"等句式过渡到下文。

（2）主体。详细介绍任现职以来的具体工作情况，一般包括以下内容。

①工作成绩和效果。这是述职报告的重点，要写得详尽、充分，通常从思想政治素质和业务实绩两方面来写。思想政治素质主要包括对党和国家的路线、方针、政策的执行情况，爱岗敬业精神和工作作风等；业务实绩主要包括岗位职责的履行情况、工作任务的完成情况、取得的工作成绩和产生的效果等。

②工作经验和体会。这是在工作实绩的基础上，对自己以往工作的归纳、总结和提炼，目的是找出带有规律性的认识，以指导今后的工作。

③存在的问题与不足。述职报告要一分为二，不能只讲成绩而不讲问题。在陈述工作成绩的同时，也要对工作中存在的问题和不足予以客观的表述和认识。这部分内容篇幅不必多，但要准确、深刻，不能轻描淡写、敷衍了事。

④今后的打算和设想。这部分内容主要是依据已有的工作成绩和经验，针对现存的问题和不足，提出今后的改进措施、工作设想和建议等。

（3）结语。述职报告的结语一般是在总结全文的基础上，对自己任职期间的工作作出客观的评价，提请上级领导部门审核评价。常见的述职报告结语有"特此报告，请审查"或"述职完毕，请领导和同志们审查"等。

（三）述职报告写作的注意事项

1. 实事求是

实事求是是述职报告写作最基本的原则，写作者要如实反映自己的工作情况，讲成绩要恰如其分，说不足要重点突出，不能虚美隐恶，或争功诿过。

2. 详略得当

述职报告要突出主要的工作成绩和教训，不能事无巨细，面面俱到。在选材上要做到主次分明、突出重点。

3. 严谨得体

述职报告是衡量报告人是否称职的重要依据,因此,写作时必须态度诚恳、谦虚,语言要严谨、得体、准确简练。

> **案例分析与点评**

本节"案例导入"中秘书小张接到的任务是撰写一份调查报告,而且属于揭露问题一类的调查报告。其主要作用是通过揭露问题,探究问题产生的原因,分析问题的症结所在,提出解决问题的思路和方法。

这份调查报告的标题可以是公文式的,如"关于开发区网吧情况的调查报告";也可以是文章式的,如"隐患丛生——开发区网吧情况调查"。报告的正文多用"问题阐释—原因分析—意见或建议"式结构。

(1)问题阐释。主要说明开发区网吧当前的状况和存在的问题,尤其是对问题的阐述,要详细、具体、全面,尽可能把现存的问题以及隐患都挖掘出来,以便进一步对问题进行深入地分析。

(2)原因分析。这是调查报告的重点,要深入挖掘产生问题的真正原因,分析存在的隐患,找出问题的根源,为今后的整顿和治理工作提供依据。

(3)意见或建议。针对上述实际情况,调查报告中还要提出具体的整改意见或建议。意见和建议要切实可行,以便有关部门参考。

此种调查报告要注意用事实说话,文中所涉及的内容必须真实、准确,如有必要,可以在正文中使用数据、表格等来说明问题;也可以单独绘制图表,配以文字说明,作为调查报告的附件。

第三节 常用财经文书写作

> **案例导入**

通达集团最近正在与一家台商就合作开发滨江市大龙山旅游景区进行磋商,双方高层已经见过两次面,在投资意向、合作方式等方面基本达成了共识。但因为这家台商在滨江市很受欢迎，想与其合作开发的单位很多，所以台商想多考察几家企业。而通达集团则急于想留住这个财大气粗的生意伙伴，于是，在未经进一步谈判、磋商的基础上，通达集团就匆匆与其签订了正式合同。之后，经过一段时间的深入接触，通达集团了解到这家台商的经济实力并没有像他们自己宣传的那样雄厚，且在银行还有不良的贷款记录。但合同已经生效，后悔还来得及吗？

一、意向书

意向书是协作各方经过初步谈判，就合作事宜表明基本态度、提出初步设想后签订的协约性文书。它的作用是临时性的，一旦达成共识，最终要明确合作双方的权利义务关系时，就要签订正式的协议或合同；它的内容多是概括性的，只表明合作的意向，没有具体的合作细节要求。

（一）意向书的类型

从签署方式上分，意向书有以下两种形式。

1. 单签式

即由出具意向书的一方负责制定、签署文件，文件一式两份，由合作方在其副本上签字盖章后返还对方保存，就算签署完成。

2. 双签式

即由合作各方在意向书上同时签署，然后各执一份保存。这种方式比较正式，有时为此还要举行签字仪式。

（二）意向书的写法

意向书一般由标题、首部、正文、落款四部分组成。

1. 标题

意向书的标题可以有两种写法：一种是直接写"意向书"三个字；另一种是"事由＋文种"的形式，即在意向书的前面标明协作的内容，如"×××意向书"。

2. 首部

意向书的首部要写明签订意向的单位或个人的名称，有时在名称后用括号注名甲方乙方。当事人名称的排列顺序可以是左右并列，也可以上下分列，还可以前后连写。

3. 正文

因为只是表明一种意向,所以意向书的正文写法比较简单,通常先概述签订意向书的依据、缘由、目的,然后写具体的意向事项。在概述依据、目的时,可以把双方谈判磋商的大致情况,如谈判的时间、地点、双方代表、主要议题等内容交代清楚。具体的意向事项多以条文的形式表述,如各方应尽的义务、应承担的责任、应享有的权利及未尽事宜的解决办法等。

4. 落款

在正文的最后标明签订意向书的各方的法定名称、谈判代表的姓名及签订日期。

(三)意向书写作的注意事项

1. 内容要具体

意向书虽然不是正式的合同,但内容也要写得明确具体,措辞要准确无误。

2. 态度要谦和

意向书的语气要平等,态度要诚恳,要体现平等互利的原则,以利于双方的进一步协商。

二、协议书

协议书又称协议,是当事人之间为确立某种关系,经过协商取得一致意见后所共同订立的、明确相互权利义务关系的一种文书。协议书是一种具有合同性质的契约性文书,其作用、写法与合同有相似之处。协议书在平等性、互利性、法规性方面与合同类似。

(一)协议书的特点

1. 宽泛性

协议书的使用范围比较宽泛,涉及的领域也非常广泛,凡不宜签订合同的合作形式,只要当事人协商一致就可以签订协议书。企事业单位、群众团体、个人之间都可以订立协议书。

2. 灵活性

由于内容广泛,且没有固定统一的写作格式,因此协议书的写法比较灵活,内容安排、条款形式等都可以由当事人协商议定。

(二)协议书的类型

协议书的类型有很多,按照内容分,有承包协议书、购销协议书、赔偿协议书、调解协议书和合作协议书等；按照适用的时间分，有长期协议书、短期协议书和临时协议书等。

（三）协议书的写法

协议书的拟写格式与合同相同，有条文式、表格式和综合式；结构也与合同类似，由标题、立约人、正文和签署四部分组成。

1. 标题

协议书的标题可以有以下三种写法。

（1）用文种作标题。在第一行居中写"协议书"三个字，这是协议书常用的标题形式。

（2）用"事由+文种"组成标题，表明协议的内容和性质，如"赔偿协议书""委托协议书"等。

（3）公文式标题，即由"当事人名称+协议内容+文种"组成标题，如"中国××进出口公司与法国××贸易公司合资经营电子产品协议书"。

2. 立约人

在标题下面写上协议当事人（立约人）各方的名称，有时还要写上代表人、代理人姓名。为使正文行文方便，可在当事人名称后面注明"甲方""乙方""丙方"等代称。当事人名称的排列方式可以有三种：一是左右并列，二是上下分列，三是前后连写。

3. 正文

正文一般包括开头、协议条款和结尾三部分。

（1）开头。一般比较简洁，主要写明订立协议的依据和目的，以引起下文。若正文采用条文式结构，则在总则部分写明开头的内容。

（2）协议条款。这是协议书最重要的部分，一般分条列项将当事人协商确定好的事项逐条写出来。不同性质的协议书所包括的条款也不一样。因此，协议书正文具体应写明哪些条款，要视协议书的性质和各方协商的结果而定。一般情况下，协议书的内容不像意向书那样粗线条地概括，但也不像合同那样具体、细致。

（3）结尾。正文的最后写明本协议的份数、保存方式、有效期限等，有时还要注明协议的附件。

4. 签署

签署一般包括署名、印章和日期。

（1）署名：要写明当事人的全称，并签署法定代表人或代理人的姓名。

（2）印章：要在署名上加盖公章。

（3）日期：要写明签订协议书的具体年月日。

三、合同

合同又称契约，是双方或多方当事人为了实现各自的目的，通过平等协商而达成的协议。根据《中华人民共和国合同法》的规定，合同是"平等主体的自然人、法人、其他组织之间设立、变更、终止民事权利义务关系的书面协议"。合同具有合法性、制约性、平等性的特点。

（一）合同的种类

根据《中华人民共和国合同法》的规定，合同的种类主要有15种，分别是买卖合同，供用电、水、气、热力合同，赠与合同，借款合同，租赁合同，融资租赁合同，承揽合同，建设工程合同，运输合同，技术合同，保管合同，仓储合同，委托合同，行纪合同，居间合同。

（二）合同的体式

合同的体式有条文式、表格式和综合式三种。

1. 条文式

条文式就是以文字说明的方式将合同的内容一条一条写下来。

2. 表格式

表格式就是将合同内容以表格形式列出，预先印制成统一的合同单，签约时只需把双方协商好的内容直接填入相应的表中即可。

3. 综合式

综合式就是将条文式和表格式结合起来使用。

（三）合同的写法

合同一般由标题、当事人名称、正文、结尾和落款五部分组成。

1. 标题

合同的标题由"合同的性质＋文种"组成，如"购销合同""借款合同"等。

2. 当事人名称

在标题下面写明订立合同的各方当事人的名称。为方便起见，可分别在各方当事人名称后加括号注明"甲方""乙方"，或"买方""卖方"，或"供方""需方"等。

3. 正文

正文主要内容包括开头和主体。

（1）开头。简单说明订立合同的目的或依据。

（2）主体。是合同的核心部分，要按照双方的协定，逐条写明议定的条款。根据《中华人民共和国合同法》的规定，合同应具备的主要条款有：

①标的。指合同当事人双方权利义务所共同指向的对象。它可以是货物，也可以是货币，还可以是劳务等。标的是合同中的核心条款，合同标的必须明确具体，还必须合法。

②数量和质量。数量和质量是确定标的的重要条件，应作为主要条款予以明确、具体的规定。如，数量要采用国家规定的统一计量单位标准，质量应尽量采用国际标准、国家标准或行业标准。若是协议标准，必须另附协议书或提交样品。

③价款或酬金。是指取得标的的一方向对方支付的代价，以物为标的，叫价款；以劳务为标的，叫酬金。二者都以货币数量计算支付，以国家的价格规定为准则。合同中应写明单价、总价和所用单位及支付方式。

④履行的期限、地点和方式。履行的期限是指双方履行义务的时间界限，要写明具体日期；履行地点是指双方履行权利义务的具体场所，它关系到履行合同的费用，应在合同中作出明确规定；履行方式是指当事人以何种手段、方式履行义务。

⑤违约责任。是指当事人不履行或不完全履行合同所规定的义务而必须承担的责任。订立违约责任时，应尽可能详细、具体和全面，避免笼统、含糊。

除上述条款外，根据法律规定或合同性质必须具备的条款，以及当事人一方要求必须具备的条款，也是合同的重要内容。

4. 结尾

在正文的后面写明合同的份数、保管方式、生效日期、有效期限及合同附件的名称或件数等。

5. 落款

主要是署名和日期。署名写在正文的右下侧；由合同双方签署，署名时要写各方单位的全称和代表姓名，并加盖公章。

（四）合同写作的注意事项

1. 格式要规范

合同不能随便撰写，对合同的主要条款及不同种类的合同所应具备的主要内容在《中华人民共和国合同法》中都有明确的规定，写作时要认真参考。

2. 内容要明确、具体

合同具有法律效力，它既保证双方当事人应享有的权利，又要求双方认真履行应尽的义务。因此，合同的内容必须明确具体。

3. 措辞要严密

为避免出现漏洞，合同的用词要十分准确、严密，不能模棱两可或含糊不清。

> **相关链接**
>
> **意向书、协议书、合同的区别**
>
> 意向书、协议书、合同在经济文书中都属于协约文书，它们在性质、作用、结构、写法上都有相似之处，但它们之间也有着明显的差别：
>
> 意向书通常是协议书、合同的先导，它主要表达和记载当事人在初次洽谈后彼此认可的若干原则性意见或今后进一步合作的意愿及设想，作为初步协商一致的凭证。意向书本身不具有法律约束力。
>
> 协议书在性质、作用等方面与合同更为相似，也具有法律约束力，有的协议书实际上就是合同。但从总体上讲，协议书的使用范围要比合同广泛得多，内容要比合同宽泛得多，写法上也灵活得多。有的协议书是对意向书的深化，是介于意向书和合同之间的一个阶段性成果。
>
> 合同是协议文书中最重要的一种，有关合同的定义、类型、内容、结构等，《中华人民共和国合同法》都有明确的规定。作为一种法律行为，合同的订立和履行始终受到法律的保护和监督。

四、招标书

招标是指招标单位在一定范围内公布招标项目、标准、条件，提出价格，邀请众多投标人参加投标，利用投标者之间的竞争，达到优选承包人或买主目的的一种市场交易行为。

招标书即招标说明书，是对有关招标事项的具体说明。

（一）招标书的写法

招标书一般由标题、正文和文尾三部分构成。

1. 标题

招标书的标题有几种写法：由"招标单位名称＋标的名称＋文种"构成，如"飞达公司大型设备采购招标说明书"；由"招标单位名称＋文种"构成，如"天津市轻工局招标书"；由"标的名称＋文种"构成，如"拆迁工程招标书"；还可以只有文种名称，如"招标书""招标说明书"等。

2. 正文

招标书的正文部分包括开头和主体两部分。

（1）开头。简明扼要地写明招标的目的、依据、招标项目名称以及招标单位的基本情况等。

（2）主体。通常采用横式并列结构，分条列项地详细说明招标的有关内容和要求事项。主要内容有：投标人须知，招标项目的性质、数量、技术规格或要求，投标价格要求及计算方式，评标标准和方法，交货、竣工或提供服务的时间，投标人应提供的有关资格和资信的证明文件、投标保证金数额或其他形式的担保，投标文件的编制要求，提供投标文件的方式、地点和截至日期，开标、评标、定标的日程安排，合同格式及主要合同条款，需要说明的其他事项等。

3. 文尾

招标书的文尾包括落款、日期和印章。落款写明招标单位的名称、地址、电话、传真、邮编及联系人。落款后另起一行写明招标书制发的年月日，最后加盖公章。

值得注意的是，招标单位和制发招标书的单位不一定是同一个单位，它可以是招标单位的上级主管部门，也可以是某一承办单位。因此，招标书的落款单位不一定与标题中的招标单位相一致。

（二）招标书写作的注意事项

招标书的内容必须符合国家及相关主管部门的规定，文件中涉及的技术规格应采用国际或国内公认、法定的标准。

招标书要文字明确简练、数据准确无误、事项具体清楚、表达合乎规范，尤其是对投标者的条件、中标者的权利义务、投标日期及联系方法等一定要详细说明。

五、投标书

投标是在招标活动中，投标者按照招标单位提出的标准、条件和报价，填具标单争取中标的经济行为。

投标书是指投标单位（或个人）按照招标书的要求，提出应标能力和条件，投送给招标单位的文字材料。投标书又称标函或标书。

（一）投标书的写法

投标书一般包括标题、主送单位、正文、结尾和附件五个部分。

1. 标题

投标书的标题有几种写法：由"投标方名称＋投标项目＋文种"组成，如"××公司承包××工程投标书"；由"投标项目＋文种"组成，如"××项目投标书"；由"投标单位名称＋文种"组成，如"××公司投标书"；还可以只写文种名称，如"投标书""投标说明书""标书"等。

2. 主送单位

主送单位是对招标单位的称呼，在标题下隔行顶格写招标单位的全称。

3. 正文

正文分为开头和主体两部分。

（1）开头。开头一般用简练的语言说明投标方名称，投标方的基本情况，投标的方针、目标及对投标后的承诺等内容。

（2）主体。主体是标书的核心部分，要写明投标项目的、名称、数量、规格、技术能力、报价、交货（或完成）的日期、质量保证等具体内容和指标，实现指标的具体措施以及其他需要说明的应标条件和事项。标文内容可用条款说明，也可采用表格来说明。

4. 结尾

投标书的结尾要写明投标单位（或个人）名称、法人代表姓名，投标单位的地址、电话、传真、邮编等，以便于双方联系。最后要注明标书的制作日期，并盖章签名。

5. 附件

投标书有无附件可根据实际情况而定。附件的内容包括资格审查文件，投标报价表，有关图纸和表格以及银行开具的投标保证金保函等。

以上内容要按招标文件的要求认真编制和翔实填写。

（二）投标书写作的注意事项

投标书的内容应该真实、详细，注意突出本单位的优势，但不得夸大其词，虚构或瞒报本单位的基本情况。

六、商业广告

商业广告是一种以盈利为目的，通过某种公开宣传，让人们了解有关商品、劳务的信息，进而产生购买愿望的促销手段。

（一）商业广告的类型

商业广告的类型多种多样，从不同角度划分可以有不同的类别。如按广告内容分，有商品广告和企业广告；按广告采用的媒体分，有报纸广告、杂志广告、电视广告、广播广告、橱窗广告和路牌广告等。

（二）商业广告的写法

这里所说的是广告文案的写法。广告文案是广告的文字部分，一般包括标题、正文、标语和随文四部分。

1. 标题

广告标题常见的有以下三种。

（1）直接标题。即用简洁的文字直截了当地把商品信息介绍给消费者，如"肯德基早餐奶"。

（2）间接标题。即不直接揭示广告主题，而是采用含蓄、迂回的词语诱导人们阅读广告正文，如"还在为早餐发愁吗？"。

（3）复合标题。即综合运用直接和间接标题，组成双行标题，如"还在为早餐发愁吗？肯德基早餐奶上市啦！"。

广告标题要简洁明了、容易记忆，还要突出特点，给人以新鲜感。

2. 正文

正文是广告的核心，一般包括开头、主体和结语三部分。有时视具体情况可以省略开头或结语。

（1）开头。简明扼要地说明或解释标题提出的商品、劳务或其他问题。

（2）主体。用富有说服力的事实来详细、具体阐明广告项目的优点和特点，对广告许诺的内容予以证实。

（3）结语。是用热情的语气敦促、提醒、劝说、鼓动人们尽快采取购买等实际行动。

广告正文的写法非常灵活，可根据商品特点和实际需要任意创新，但要注意实事求是、简明扼要、突出重点、生动有趣。

3. 标语

广告标语又叫广告口号，是一种长期使用、相对稳定的宣传用语。广告标语多采用简短的、通俗易懂的、人们喜闻乐见的形式，以达到吸引注意力和便于传播、记忆的效果，如雀巢咖啡的广告标语"味道好极了"。

广告标语与广告标题的作用不同，标题的作用是引导公众注意广告和阅读正文；而标语的作用则是强化人们对商品特点的记忆，取得广泛传播的效果。

广告标语的写作没有固定模式，总的写作要求是要简单易记、突出重点、新颖独特、朗朗上口。

4. 随文

广告随文是指广告的附属性文字和必要的说明，位于广告末尾，又称广告附文。一般是说明所宣传商品的品牌、生产厂家、地址、联系方式等内容。

商业广告的写法十分灵活，可根据需要改变形式，不必是上述四要素同时具备。

（三）商业广告写作的注意事项

1. 主题鲜明，立意新颖

商业广告的目的是通过宣传来推销商品，因此必须要有一个鲜明的主题，这个主题就是商品的特点或优点。另外，要想达到吸引人的目的，广告的创意、构思必须与众不同，这样才能给人以深刻的印象。

2. 形式灵活，语言生动

广告的制作是一项综合性的工作，它的表现方式可以是文字、图片、声音等各种各样的。广告的语言必须简明、生动，应努力做到新颖活泼、幽默有趣。

案例分析与点评

本节"案例导入"中通达集团在没有彻底摸清对方情况的条件下，就与其签订了正式的合同，导致自己陷入了困境。根据本案例中的情况描述，通达集团应该与台商签订一份意向书而不是合同。在双方就某些方面基本达成一致的前提下，可以先签订一份意向书，表明双方合作的意向，作为初步协商一致的凭证。因为意向书本身不具有法律约束力，所以即使以后不再合作，双方也不用承担违约责任。而此案例中，如果通达集团想单方终止合同，根据《中华人民共和国合同法》的规定，通达集团是要承担违约责任的。

第四节 常用公关文书写作

> **案例导入**

小王在一所大学的校长办公室当秘书。最近，她所在的高校开展校企合作，与地方不少单位的联系多了，所以经常有人为联系和接洽事宜来找她开具书面材料。小王觉得只要能证明该人是本单位的职工就可以了，于是连着开出了几份证明信。没想到，拿着证明信去办事的人之后又都返回来找她，说开具的材料不对。小王很是困惑，不知错在哪里。

一、介绍信

介绍信是国家机关、社会团体、企事业单位派人到其他单位联系工作、了解情况或参加有关活动时，由派出人员随身携带的专用函件，具有介绍和证明的双重作用。

（一）介绍信的类型

1. 用一般公文纸书写的介绍信

这类介绍信无固定格式，所有内容均需手写。

2. 印刷成文，不留存根的介绍信

这类介绍信格式由单位事先设计、印制，使用时按要求填写即可。

3. 印刷成文，留有存根的介绍信

这类介绍信一式两联，格式由单位事先设计、印制，使用时按要求填写，存根留档备查。

（二）介绍信的写法

1. 用一般公文纸书写的介绍信

（1）标题。第一行居中用较大字体写"介绍信"三个字。

（2）称谓。顶格写收信单位名称或收信人姓名，要写全称；若属单位领导，还应写明其职务，名称或姓名后加冒号。

（3）正文。另起一行空两格写介绍信的内容。主要包括：持信人的姓名、身份、随行人数，必要时还应注明被介绍者的政治面貌、职务、级别等，以便于对方接待；要接洽的具体事宜及对收信者的要求。这部分要写得具体周全，简明扼要。最后以书信体的"此致，敬礼"作结束语。

（4）落款。在正文的右下方写上出具介绍信的单位名称和日期，并加盖公章。

2. 印刷成文，不留存根的介绍信

（1）第一行的正中印有"介绍信"的字样。

（2）称谓、正文、结束语、落款均按一定的格式印好，只需在相应的空白处填写清楚有关的内容即可。

3. 印刷成文，留有存根的介绍信

这种介绍信由存根、间缝、本文和有效期限四部分组成。

（1）存根。

①介绍信存根部分的右下方印有"××字××号"。

②介绍信存根部分的正文，按其格式将内容填入相应空白处即可。

③介绍信存根部分的落款，只署日期即可，不必署名，因为存根是仅供本单位查考的。

（2）间缝。存根与介绍信本文之间有一条虚线，虚线上印有"××字××号"字样，依照存根部分的有关内容填写。数字要用大写，且字体要大些，以便于裁开后各留一半字迹。在虚线正中要加盖公章。

（3）本文。介绍信的本文部分中的"××字××号"要与存根相同。第三行要顶格写上收信者名字，后加冒号。其余部分按格式将空白处的内容填写清楚即可。

（4）有效期限。有效期限可视具体情况而定。

（三）介绍信写作的注意事项

（1）如实介绍。要填写持信人的真实姓名、身份，不得冒名顶替。

（2）简洁明了。接洽和联系的事项要写得简明扼要，一目了然。

（3）领导把关。要经过领导过目或在存根上签字，以示慎重负责。

（4）严肃慎重。书写要工整，不得涂改。若有涂改，涂改处必须加盖公章，否则，对方可以不予接待。

二、证明信

证明信是国家机关、社会团体、企事业单位或个人为证明有关人员的身份、经历及其与某事件的关系而出具的函件，证明信又称"证明"。

（一）证明信的类型

1. 以组织名义发出的证明信

用来证明某人的身世、经历或某一事件的真相。

2. 以个人名义发出的证明信

用来证明某人或某一事件的真相。以个人名义发出的证明信，证明人要对所证明的内容完全负责，除个人签名外，还需由证明人所在单位签署意见，以增强证明信的可靠性和严肃性。

（二）证明信的写法

证明信的写法由标题、称谓、正文和落款四部分组成。

1. 标题

在第一行居中以较大的字体写"证明信"三个字，或"关于×××同志××问题的证明"。

2. 称谓

顶格写上需要证明信的单位名称，后面加冒号。

3. 正文

正文是证明信的主体部分，要写明被证明人或事件的全部真实情况，内容要翔实，用词要准确，简明扼要。正文之后常用"特此证明"作为结束语。

4. 落款

在正文右下方写上证明人（或单位）名称、日期，并加盖公章。

（三）证明信写作的注意事项

（1）实事求是。无论单位还是个人，所出具的证明信材料都必须客观、真实、可靠。

（2）措辞严谨。证明信的用词一定要准确严谨，避免歧义；态度要庄重严肃，语气要肯定，令人信服。

三、感谢信

感谢信是国家机关、社会团体、企事业单位或个人对帮助、支持自己工作的单位或个人表示感谢的信函，它兼有感谢和表扬的双重意思。因此，感谢信除可以送给被感谢的单位或个人外，还可以寄到报社、电台、电视台登报播映，也可以张贴。

（一）感谢信的写法

1. 标题

第一行居中写上"感谢信"或"致×××的感谢信"等字样。

2. 称呼

在标题下面一行顶格写被感谢的单位名称或个人姓名。

3. 正文

（1）简练叙述需要感谢的对方的先进事迹，字里行间要满怀感激之情，叙述中要交代清楚时间、地点、人物、事件、起因和结果。

（2）热情赞颂对方的可贵精神及客观影响，并表明自己对此事的态度。

（3）写明表示敬意和感谢的话。

4. 落款

在正文的右下方署名并写上日期。

（二）感谢信写作的注意事项

（1）态度真挚。感谢信要表达对被感谢人的感激之情，因此，态度一定要真挚、诚恳。

（2）措辞得体。感谢信虽是表达谢意的，但措辞要恰当得体，不能太过虚假，有过分溢美之嫌。

四、求职信

求职信又称自荐书（信），是求职人员向用人单位介绍自己、谋求工作的公关文书。

求职信具有推荐性和简明性两个特点。

（一）求职信的写法

求职信一般由标题、称谓、正文、附件和落款组成。

1. 标题

第一行居中写"求职信"或"自荐（信）书"，字体要稍大一些。

2. 称谓

求职信若写给用人单位，称谓就直接写明用人单位名称；若写给用人单位的有关领导，则是单位名称加职衔；若不知道姓名，则可写"尊敬的领导"。

3. 正文

求职信的正文主要包括开头、主体和结尾三部分。

（1）开头。主要介绍求职者本人的基本情况，如姓名、性别、年龄、政治面貌、学历、职务、职称等，并表明求职的目标、意图，明确提出所要选择的具体岗位或职务的名称。这部分内容可视实际需要酌情拟写。

（2）主体。要紧扣用人单位的岗位或职务所要求的条件，突出介绍自己的优势，着重叙述自己的经历和成绩，以及爱好和专长等，以充分展示自己对所谋求工作职务具备的资格和能力。如果是刚毕业的学生，在这一部分可以介绍自己所学的专业以及与所谋求的工作职务相关的课程，也可以附带说明自己曾获得的某些专业等级或有关荣誉、奖励。如果曾做过一些兼职或参加过一些社会活动，也可以写一下，以供用人单位参考。总之，这部分内容要有针对性，要有所侧重。

（3）结尾。表述希望求职成功的意愿和联系方式，以便随时联系。

4. 附件

若有附件，可于正文之后落款之前注明附件顺序和名称，如"资格证书""荣誉证书"的复印件等。

5. 落款

署名和日期写在正文的右下角。

（二）求职信写作的注意事项

（1）有明确的针对性。向对方推荐、介绍自己的内容一定要有针对性，要让对方相信你能胜任所谋求的岗位。

（2）实事求是。求职信的内容必须真实可靠，对自己的学识和能力要如实表述，不能夸大，也不能作假。

（3）语气诚恳，态度谦逊。求职者在求职的过程中要心怀诚意，用词要礼貌、得体，态度要谦逊自然。

五、请柬

请柬又称请帖，是机关单位或个人邀请有关人员参加会议、庆典或某些重要活动时发出的一种短小、美观的礼仪性专用文书。

请柬具有礼节性、庄重性、公开性和精美性的特点。

（一）请柬的格式与写法

请柬一般都是折叠式的，分封面和封里两部分。

1. 封面

封面分为横式和竖式两种，多为印刷好的精美图案和"请柬"二字。横式的文字从左到右横写，竖式的文字从右到左竖写。

2. 封里

封里由称谓、正文、结尾和落款四部分组成。

（1）称谓。在第一行顶格写明被邀请人的姓名及称谓，后面加上冒号。

（2）正文。从称谓的下一行空两格写起，要写明邀请事由、活动内容、活动的具体时间和详细地点等。如果需要客人携带何物或做何准备的话，应明确交代。

（3）结尾。正文之后，另起一行顶格写"敬请光临""恭候光临"；或在这一行空两格写"此致"，下一行顶格写"敬礼"等礼貌用语，作为结尾。

（4）落款。在结尾下一行的右下方写明邀请者的名称和发出请柬的时间。如果是婚礼请柬，要把新郎新娘的名字都写上，并在姓名后写上"鞠躬"或"谨订"等字样，以示尊敬。

（二）请柬写作的注意事项

（1）简单明了。请柬是一种告知性很强的文书，写作者只需明确告知被邀请者，在何时到何地参加何种活动，需做何种准备即可。因此，请柬写作要力求语言简练、明确，切忌繁杂、冗长。

（2）文雅得体。请柬是礼仪性文书，写作时要特别注意礼貌文雅，多用尊称。措辞要客气得体，语言委婉，带有期盼协商的口吻。另外，字体应美观大方，书写要清晰工整。

（3）态度诚恳。请柬行文一定要诚恳热情，谦逊有礼，表现出邀请者的诚意。

六、祝辞

祝辞又称祝词，是在喜庆仪式上对特定对象所说的表示祝贺、期望的话，常见于各种庆典、寿辰、婚礼或节日祝贺等。

（一）祝辞的种类

1. 祝事

这类祝辞常用于重大会议开幕、工厂开工、商店开业、工程竣工、展览剪彩及纪念活动等。这类祝辞既有祝愿、希望的意思，更有庆贺、道喜的意思，所以也叫"贺词"。它要求感情真挚，饱满热烈，用词准确，切合实际。

2. 祝酒

这类祝辞常用于各种比较正式的宴会、酒会，在公关活动场合使用较多。主人通过祝酒词表达美好的祝愿，并把自己对客人的欢迎和感谢之情都热情洋溢地表达出来。祝酒要求用词热情洋溢，充满激情，富有哲理和情趣，表达温文尔雅，恰到好处。

3. 祝寿

这类祝辞的内容大多是对祝寿对象表示良好的祝愿，在祝辞中，既祝愿对方健康长寿，又赞颂他（她）取得的业绩及作出的贡献，还可以表达祝词人的尊敬和爱戴。祝寿词要求语言平易自然，不过分雕饰，应根据被祝者的年龄、品格、业绩、家庭等状况来写。

4. 祝婚

这类祝辞是在结婚典礼仪式上使用的。为亲友做证婚人，或参加其婚礼，都可以发表祝辞。祝婚词的内容一般是祝愿新郎、新娘婚后幸福美满，赞颂两位新人的容貌、道德、才华，祝福两位新人的结合等。

（二）祝辞的写法

祝辞一般由标题、称谓、正文和落款四部分组成。

1. 标题

标题的写法有两种：一种是在第一行的正中写"祝辞"二字；另一种是写"×××给×××的祝辞"或"×××在×××会议上的祝辞（致词）"，表明什么人在什么场合的祝辞，如"在新年茶话会上的祝辞"。

2. 称谓

在标题的下一行顶格写对被祝者的称呼，后面加冒号。

3. 正文

这部分是祝辞的主体，应包括以下内容。

（1）向受祝者致意，并表示祝贺、感谢或问候。

（2）如果是祝事，要祝愿此事顺利进行，早日取得成功，同时颂扬受祝者已取得的成就与业绩，并阐述其意义与作用；如果是祝酒，要回顾双方友谊的历史，并祝愿双方的友谊与合作有新发展；如果是祝寿，要简述并赞颂受祝者的经历、品格、已取得的成绩，以及作出的贡献；如果是祝婚，要赞颂新郎和新娘的才貌、品德以及结合的意义等。

（3）结束语。正文结束后要写一句礼节性的结束语，在表示祝愿的基础上，有时还可以提出希望和鼓励。

4. 落款

在结束语的右下方，署上祝贺者的名称和发祝辞的具体时间。

（三）祝辞写作的注意事项

（1）语言精练。祝辞只是庆典活动中很小的一个组成部分，因此语言一定要精练。一篇祝辞只要把祝贺的意思表达出来就可以了，力求言简意赅。

（2）用词准确。祝辞的主旨虽然是赞颂，但对受祝者的赞扬还是要力求准确，严谨，恰如其分。只有这样，才能让人觉得真实可信。

（3）感情真挚。祝辞是对人或对事表示祝贺、祝愿，因此，致辞人要有发自内心的真情实感。

（4）语气亲切。祝辞都是在欢快、喜庆的气氛里宣读的，因此，祝辞人的发言要平易、亲切、自然，要尽量缩短与听众的感情距离。

七、迎送词、答谢词

迎送词是对欢迎词和欢送词的统称。欢迎词是在迎接宾客莅临的正式场合，主人发表的表示欢迎之意的致词。宾客来访、领导视察、同行参观、新生入学等场合，主人为表达欢迎之意，都可以致欢迎词。

欢送词是在向客人告别的正式场合，由主人发表的表示送别之情的致辞，会议闭幕、学生毕业、客人访问结束等场合，都可以使用欢送词。

答谢词是客人在临别之际，在特定的场合对主人的热情接待表示感谢的致辞。

（一）迎送词、答谢词的写法

迎送词、答谢词的写法都差不多，一般由标题、称谓、正文、结尾和落款五部分组成。

1. 标题

在标题位置居中写"欢迎（送）词"或"答谢词"，或"×××在欢迎（送）×××的会上的讲话"，字号要大些。

2. 称谓

在标题下一行顶格写致词对象的姓名和称谓。称谓要讲究礼仪，要用尊称。为表示对对方的尊重，可以在姓名前加上适当的修饰词语，如"尊敬的""敬爱的""亲爱的"等,以示亲切。

3.正文

在称谓的下一行空两格书写。

(1)欢迎词的主要内容:先概括说明宾客来访的背景,接着对客人的到来表示热烈的欢迎和诚挚的问候,之后阐述来访的意义,赞颂对方各方面取得的成就,也可以回顾双方的友谊,赞扬双方的友好合作。

(2)欢送词的主要内容:对对方表示热烈的欢送,适当评价和肯定对方在这一阶段的成绩。

(3)答谢词的主要内容:对主人的热情接待或帮助表示感谢,对主人的一切安排给予高度评价,对访问取得的收获表示肯定。

4.结尾

(1)欢迎词的结尾:一般是再一次对客人的到访表示热烈的欢迎和良好的祝愿。

(2)欢送词的结尾:一般是以生动的语言对对方表示希望和鼓励,并显示出依依惜别的感情。

(3)答谢词的结尾:一般是再一次对主人表示衷心的感谢。

5.落款

在正文的右下方署名并标注致词的具体日期。

(二)迎送词、答谢词写作的注意事项

(1)感情真挚,热情洋溢。无论是欢迎还是欢送,致辞的一方都应表现出真挚的感情,使对方感到受到礼遇和尊重。

(2)言简意赅,语言生动。迎送词只是迎送仪式上的一个小环节,因此,致辞不宜太长,表达出心意即可,因此,语言要简练、用词要恰当、生动。

(3)用词严谨、讲话慎重。致辞是在公开的正式场合,听众较多,用词一定要严谨,不要闹出笑话;同时要尊重对方的风俗习惯,不讲对方忌讳的内容。

八、悼词

悼词是指在追悼会上,为悼念死者而发表的表示哀悼之情的文字,是具有悼念性特点的应用文。

(一)悼词的写法

悼词一般由标题、正文和结束语三部分组成。

1. 标题

悼词的标题可以是"悼词"二字，也可以写为"沉痛悼念×××同志"，还可以写为"在追悼×××同志大会上的讲话"等。

2. 正文

悼词的正文通常按以下顺序行文：

（1）表明以怎样的心情悼念死者。

（2）简要介绍死者生前的身份、职务、逝世的具体时间和原因，享有的年龄。

（3）介绍死者的籍贯、出身，然后按时间先后顺序介绍死者的生平简历。

（4）对死者的一生进行恰当的评价，着重赞颂其高尚的品格和突出的贡献，可选一两个典型事例予以说明。

（5）评价死者的逝世给事业和工作带来的损失，号召大家学习他（她）的精神和品质。

3. 结束语

结束语一般是另起一段，以简洁的文字再次表示对死者的沉痛悼念之意，常见的有"××同志永垂不朽！""×××同志安息吧！"等。

（二）悼词写作的注意事项

（1）重点突出，客观公允。恰当评价死者的一生，评价和赞颂要中肯。

（2）语言质朴，感情深沉。悼词的语言要朴实自然，文字要简练，不可滥用修饰语，字里行间要流露出真挚、悲痛的感情，可以适当使用长句。

九、讣告

讣告又称讣闻或讣文，是死者的亲属或治丧委员会报丧时所使用的一种告知性的礼仪文书。它可以张贴，也可以登报。

（一）讣告的类型

1. 普通式讣告

这类讣告适用于一般人员，目的是通知相关人员或有关单位知道某人去世的消息。它的告知范围不大，通常采用张贴的形式，也可以邮寄。

2. 新闻报道式讣告

这类讣告适用于有一定新闻性的人物。它的告知范围较宽，通常在报纸上以新闻报道的形式刊登。

3. 公告式讣告

这类讣告适用于级别较高的国家干部或知名人士。它的告知范围很广,通常通过电视和广播播出。

(二)讣告的写法

无论哪种形式的讣告,其写法基本相同,一般都由标题、正文和落款三部分组成。

1. 标题

标题一般直接写为"讣告"即可,也可以写"×××同志逝世"。

2. 正文

正文通常分三层意思表述:

(1)写死者的姓名、身份、去世原因和确切时间(要写明年、月、日、时、分)、去世地点、享年多少岁。

(2)写死者的生平事迹,重要人物、知名人士的事迹要高度概括,普通人则可以略写或不写。

(3)写召开追悼会的时间、地点和注意事项,如果不开追悼会要注明。

3. 落款

在正文的右下角写明发讣告方的名称和日期。

(三)讣告写作的注意事项

讣告的语言要简朴、沉郁,能体现哀婉之情。文字要简练、严肃、庄重。书写、张贴要用白纸黑字,登报时要加上黑框。

案例分析与点评

本节"案例导入"中小王的错误在于没有弄清介绍信和证明信的区别。

介绍信是本单位派人到其他单位联系、接洽工作或参加活动时使用的专用文书,由派出人员随身携带,具有介绍和证明的双重作用。而证明信是单位或个人为证明有关人员的身份、经历及其与某事件的关系而出具的函件。

根据案例提供的资料判断,学校派出人员应携带的是单位的介绍信,而不是证明信。介绍信中有专门的文字介绍持信人将要前去的接待单位名称、去办理的事项等内容,而这些内容在证明信里是没有的。

第三章

办公室日常文书处理

文书处理是办公室工作人员日常最基本的工作之一,能否熟练地掌握和进行文书处理是衡量一个办公室工作人员合格与否的标准。本章主要讲解有关办公室日常文书处理工作的知识,包括文书处理工作的概念及特点,文书处理工作的基本程序和工作分工情况,重点对文书的日常收文处理和发文处理具体操作要点进行介绍,并且对办公室日常文书的收集和保存,以及如何进行利用和管理等工作进行阐释。

第一节　办公室日常文书处理工作

> **案例导入**
>
> 某公司招聘文秘人员，考试题上给出了以下内容，要求应聘人具体解释如何去操作。
>
> 收文处理的主要工作环节：
>
> 签收 → 登记 → 分送 → 传阅 → 拟办 → 批办 → 承办 → 催办 → 注办 → 归档。
>
> 发文处理的主要工作环节：
>
> 拟稿 → 核稿 → 签发 → 注发 → 缮印 → 校对 → 用印 → 登记 → 封发 → 归卷。

办公室日常文件处理是指围绕文书的发出、收进、运转和日常管理所进行的一系列衔接有序的工作。文书拟制并发出后，只有经过处理，才能完成它的使命。文书处理包括发文处理、收文处理、文书管理三个环节。每一个环节又包含着若干个互相衔接的工作程序。

一、文书处理工作的概念

文书处理是办公室工作的重要组成部分。文书处理就是对文书的制作、处置和管理。具体来说，是用特定的方法和原则，对机关的文书进行制作、加工、利用、传递和保管，使其完善，并且获得必要功效的行为。

二、文书处理工作的特点

文书处理是根据文书撰制、运转、处理和管理的规律，对文书工作中的一系列操作环节和工作步骤进行组合和安排结果的一系列活动。其特点有以下几个方面。

（一）独立性

文书处理工作中的任何一个环节，通常都可算作一步程序。每一步程序都有自己单独的工作内容和工作要求，各步程序的工作都有相对的独立性，由此构成文书在机关内部运转处理的具体环节与步骤。要完善有关的工作环节，保证每一个工作环节的质量，因此每一个环节都需要独立完成。

（二）连续性

文书处理工作是由一系列紧密衔接的工作环节构成的。其连续性是指各步程序的工作内容必须前后相接，环环相扣。由于处理文书工作所涉及的部门和工作人员较多，工作环节前后相连，因此需要加强协调合作，并合理控制。因此，在一个单位内部，由依次衔接、相互联系并彼此制约的一系列工作环节构成了文书处理体系，形成了一个连续不断的动态过程。

（三）规范性

文书处理的各个环节是在各有关部门和承办人中分工负责完成的。这些反复运转、周而复始的工作需要协调统一，需要规范化。各环节的先后顺序与工作步骤均有规定的秩序，不能随意打乱。所以，应该通过制定工作制度、科学规划、标准设计等方式，对每个工作环节及整个工作流程作出明确的规定，成为不同部门共同遵循的常规制度，这样才能起建立起正常的工作秩序。

（四）双轨制

双轨制是指纸质文书与电子文书同步随业务流程运转并行使用的情况。在办公自动化已广泛普及的今天，各单位的文书进入办理运转程序时，就形成了电子文书和纸质文书两种版本，文书人员要对同样内容的但是两种不同物质载体的文件进行重复或部分重复办理。这种双轨制的特点是现代科技发展对文书工作影响的结果，也是对电子文书实施全程管理，保障电子文书真实性、可靠性、完整性和有效性的关键举措。虽然增加了工作的难度，但在目前的情况下，确实有其存在的必要性。

三、文书处理工作的程序

文书处理是各单位重要的工作内容和办公方式。文书处理程序，是指在一个机关内部，按照制发、办理与管理文书的规律，对文书工作的一系列环节所安排的工作顺序。由于各单位的规模、工作性质、文件种类数量各不相同，文书处理的要求和方法也不一样，因此，处理程序也就不尽相同。但总的来说，文书处理一般都分为收文处理和发文处理两个方面。这两个方面又可细分为若干阶段和若干环节。

（一）收文处理程序

收文处理程序即收文处理的运转流程，是指对收进的外单位的文书进行合理处置的方法和步骤。它可以使文书正常运转，防止积压和运转不畅。

收文处理程序主要由以下两个阶段构成。

1. 收进阶段

包括文件的签收、外登记、启封、内登记、分办、传阅等。

2. 阅办阶段

包括文件的拟办、批办、承办、催办、注办、归卷等。

（二）发文处理程序

发文处理程序即发文处理的运转流程，是指以本机关名义，对新制发的文件进行合理处置的方法和步骤。它可以使文书正常运转，并且发挥文书的效用。

发文处理程序主要由以下两个阶段构成。

1. 制文阶段

包括拟稿、审核、签发、注发等。

2. 制发阶段

包括缮印、校对、用印、登记、装封、发送、注办、整理、归档等。

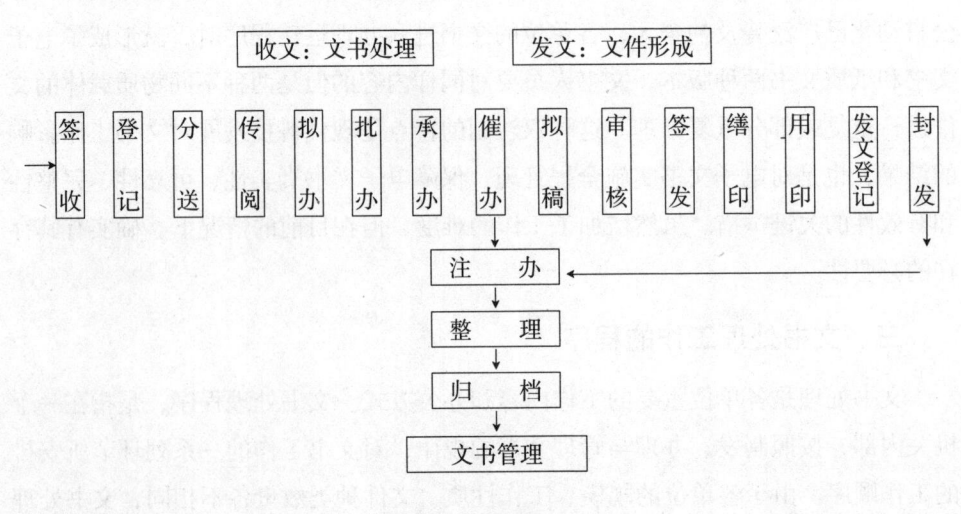

文书处理流程图

从上页图中可以看到：在收文程序中，登记是非常重要的环节。它是秘书办文工作的开始。批办和承办两个环节也是极其重要的工作。批办是办理的指令，承办是办理的执行。

从拟稿开始，文书进入制文处理阶段。由此可见，承办和拟稿是同一内容和意义的不同称呼，是收文处理与发文处理的交接和结合环节。承办与拟稿是收文处理的终结，同时又是发文处理的开始。文件一经封发，发文程序即告完成，随后进入终结处理阶段。

贯穿于整个文书处理过程的还有注办、整理、归档管理等几个环节。

四、文书处理的分工情况

文书处理工作是由一定的职能部门承担的，文书处理工作程序也是在单位内各有关部门和承办人中分工负责完成的（表3-1）。因各单位类型不同，文书处理部门设置也不一样。

表3-1 文书处理程序分工一览表

程序\分工	收文阶段											发文阶段												
	签收	外登记	启封	内登记	分送	传阅	拟办	批办	承办	催办	注办	归卷	拟稿	核稿	签发	注发	缮印	校对	用印	登记	装封	发送	注办	归卷
外收发	√	√		√																	√			
内收发			√	√	√	√				√内	√				√				√	√	√			√
承办人						√		√	√外		√				√核							√		
负责人							√	√					√	√										
领导								√							√									
文印部门																√	√初							

（一）总收发室（外收发）

各单位一般设置总收发室，隶属办公厅（室），负责单位的所有文书收发工作。完成每天文件的收进、发出以及简要登记工作。收发员对文书进行封口登记后,将收件分送单位领导人(亲启件)及本单位的办公部门(秘书)部门和各业务部门。

(二)办公(秘书)部门及业务部门

1. 内收发

由各部门的文书工作人员担任,负责函件的拆封和装封,对收发文件进行详细登记、分发运转、催办(对内)、查办(对内)、盖印、清退、整理、归档等。

2. 承办人

指办公厅(室)、秘书处(科)及业务部门的工作人员,负责文件的拟办、拟稿、校对、注办、催办(对外)等工作。

3. 负责人

指办公厅(室)秘书部门及各业务部门的负责人,负责一般文件的批办、签发、承办,重要文件的拟办、审核等工作。

(三)单位领导

负责本单位重要文件的批办和签发等工作。

(四)文印部门

包括打字室、文印室、印刷厂等,负责发文的印制、校对(初校)工作。

为使单位的文书处理工作有所遵循,更加规范,办公室工作人员在进行文书处理过程中,要深入实际,调查研究。根据国家有关规定,从客观实际情况出发,制定本单位的文书工作制度,选用适合本单位的文书处理程序。

案例分析与点评

根据本节"案例导入"中给出的考题,应聘者可回答如下。

1. 收文处理的环节和要求

(1)收文处理是对文件的处置与管理活动。它是文书管理的实施生效阶段,其主要环节为:

签收 → 登记 → 分送 → 传阅 → 拟办 → 批办 → 承办 → 催办 → 注办 → 归档。

收进阶段中,登记是重要的环节。它是办文的开始。阅办阶段中,批办和承办是重要的环节。批办是办的指令,承办是办的执行。

(2)凡是收来的文件,都必须经过一定的处理过程。由于文件的性质和内容不同，处理的程序也不同。例如，收来的文件，有的只需传阅，有的需要办复，有的需要承办。因此，文书工作人员需要熟练地掌握文书收文处理的各个工作环节，加快收文的运转处理速度，提高办文质量和工作效率。

（3）拟办文件，一般要说明此件应由哪个部门办理，如何办理等内容。

（4）批办是单位领导人对文件的办理作出批示，作为办文的依据，具有权威性。需要办理落实的公文，批明承办部门或承办人，以及承办期限和要求。并签上姓名，写明日期。

（5）承办是文件处理的关键环节，对需向下传达的公文，可以用开会、送达、电话或转发等方式传达。承办必须快速及时办理，不得延误、推诿，凡可用电话、口头联系等方法解决的问题，不必复文，但需做好记录。

（6）文件办结时，由承办人在文件处理单上注明办理结果，电话或面谈方式承办的，应注明谈话人（通话人）姓名、职务和谈话要点。

2.发文处理的环节和要求

（1）发文处理是文件的产生和形成阶段，也是决定公文质量的程序。其主要环节为：

拟稿 → 核稿 → 签发 → 注发 → 缮印 → 校对 → 用印 → 登记 → 封发 → 归卷。

（2）凡是发出的文件，都必须经过拟稿、审核、签发等环节。由于文件的性质和内容不同，处理的程序也不同。例如，法规性文件需经一定会议通过和法定的批准手续，有的文件只要本单位领导人签批就可生效，而有的文件则须经上级机关审核备案。

（3）公文的构成要素有：发文机关、发文字号、公文标题、主送机关、正文、印章、成文时间、主题词等。

（4）拟稿是办文的基础环节，直接关系到文书质量。拟稿的一般过程为：领导交拟—秘书领会—收集材料—构思起草—修改—送领导审阅。拟稿要在按统一标准制作的发文稿纸上书写，并按要求填写文稿首页有关栏目。

（5）核稿是对文稿进行文字加工或文字把关。要审核文件内容表述是否真实准确、简明扼要、条理清楚、语法规范，文种使用是否恰当，公文格式是否规范，传达范围是否合理等。

（6）签发是文书制发的生效环节。签发时要在发文稿纸的签发栏批明意见，签署姓名和日期。

（7）发文登记后进行装封，要检查文件份数，检查有无附件，检查是否漏盖印章，检查有无多发、重发或漏发的单位。

第二节　办公室日常收文处理

案例导入

小王是刚毕业的大学生，新近成为某公司经理办公室的一名文员，专门从事日常文书处理工作。小王开始工作以后，办公室主任要求，每天上班的第一件事是去收发室取信件，然后回办公室处理信件。这一天，小王从收发室拿到几份信件，有信封上注明"李经理亲启"的信件，有以"公司名称"为收件人的信件，有"公司办公室"收的信件，有"公司办公室主任"收的信件，还有几封是写着办公室其他工作人员名字的信件，另外还有一封信封边缘已经破损裂开了的信件。除了信件，还有不少文件。因是刚开始工作，所以小王面对各种信件和文件很茫然，不知道怎么处理。

收文处理是指各单位围绕所收文书进行管理的一系列工作。收文处理比较复杂，大体有十几个环节。但不是每一份文件都必须经过全部工作程序，可以根据单位内部文书工作的具体条件、具体情况和文件的具体内容加以个别调整。办公室日常收文处理工作程序每一步骤的工作内容和基本要求如下。

一、签收

签收是指接收外单位寄送的文件，履行规定的确认、清点、核对、检查、签注手续之后，在对方的送文登记簿或回执清单上签字，以表示文件收到的行为过程。签收是文书收受、处理工作的第一个环节，既是对文件接收的一个总记载，也是统计文书处理工作的依据之一。

（一）收文的来源

凡是外单位发给本单位收读、处理的一切文件，都属于收文的来源。收文的途径主要有以下几个方面。

1. 发文机关直接投递

这种方式一般限于送本地区收件单位。大单位设有专门机构负责投递工作，小单位一般指定专人负责。投递人员统称通信员，由其直接送来文件。来文方向不确定，有上级单位、平行单位的有关文件，也有本单位各职能部门移交的具体业务性文件，还有下属单位的报送材料等。

2. 机要通信部门传递

机要通信、机要交通是专门传送机要文件的通信机构部门。党政机关、企业、公司等大都设立机要交通，通过机要交通渠道传递机要文件，各单位的机要员按时接收机密文件及密码电报等。

3. 文件交换站传递

我国许多省份都建立了文件交换站，这也是一种直接送与取文件的方式。参加交换站的单位的文件交换员，按规定时间带来单位应发给交换单位的文件，到站交换需要发出和取回应收的文件。

4. 邮政部门寄递

由邮政部门送来挂号函件、邮政快件、电报等。明码电报常用于一般业务往来及发贺电、慰问电、唁电和会议通知等；密码电报用于重要、紧急而机密的事项。

5. 自备的通信设备传递

可以通过电信手段实现文书传递的目的，如传真电报、电视电话、电视传真、电子邮件等；也可采用加密通信系统接收密码电报。能真迹传输、原样传送、快捷传递。这些方法具有迅速、准确、安全、方便等特点。

（二）签收的方法

单位接收文件首先由外收发室工作人员签收。因为文件的接收具有被动性，来文必收不容选择，为防止错收和漏收，分不清主次缓急，所以在文件接收之时起，必须清点签收。签收文件时要注意"五查"。

1. 查数量

对照投递清单或送文登记簿清点核实文件的数量。查所列文件总件数与实有件数是否相符。如有不符之处，应立即查询。

2. 查收文

查来文封套上所注的收文单位是否与本单位名称相符，核定是否是本单位的收文。属于错发、误发的文件，要立即退回或提供线索，请送文人转送其他单位。

3. 查封号

查来文封号是否与递送人签收簿上所登记的封号相同。不相同的要立即指出。

4. 查包装

检查文件包装情况，看来文封套有无拆封或破损现象。发现有破封、散包、密封条被拆毁等情况应当场声明并注明，及时追查原因。

5. 查日期

看发文日期是否相符，如有不符，应立即询问。判定如属紧急或限时送达与办理的文件，应随到随转，不得积压；如属保密文件，则按处理保密文件的规定，转送机要部门处理。

经以上检查核对，确认无误的文件方可履行接收签字手续，签名并签注收到的时间。急件要注明收到的具体时间，具体到时、分，以备工作查考。

二、外收文登记

外收文登记是指外收发人员在完成签收工作后，对收文情况做简要记载的过程。外收发按信封或包封上的标记进行简要登记，不可拆封，又叫封口登记。登记的格式和方法，因单位和习惯的不同而有所不同，主要形式有簿式、卡片式、联单式。登记的原则是为便于文件的记载、统计、催办、控制和检索。注意登记手续应该简便，严防错漏。

外收文登记完成后，转送单位或部门的内收发人员，并办理签收手续（表3-2）。由内收发人员统一启封或送有关领导亲启。大中单位一般设有内外两重收发。单位总收发室负责外收发，单位办公厅（室）秘书部门和各业务部门负责内收发。

表3-2　（单位名称）收文分送簿

顺序号	收文日期	来文单位	来文封皮号	密级	分送部门	签收人	备注

三、内收发启封

启封是指文书人员收到文件后,将收件的封皮拆开,并将函件取出的一种行为过程。又称拆封、打封。启封是文书人员的特有职责,其他人不得任意启封。

(一)启封的范围

启封应严格按照规定的职责范围进行,不得超出职责范围随意启封。

(1)一般情况下,凡是发到本单位的封闭文件均应由单位或部门的文书人员拆封。这主要指封皮上标有本单位名称、本单位办公部门、本单位负责人字样的所有信件。

(2)如果写明"亲启"或领导人名字的文件,文书人员交收件人亲启,自己无权私自拆封。领导人有委托者除外。

(3)凡标有机密、绝密的机要件,应交机要室或单位指定负责管理机要文件的人员拆封。

(二)启封的任务

1. 清点和核对

检查信封或包封封口是否完好,如有拆动痕迹,应追究责任;检查正件与附件是否完整齐全,如有缺少份数、页数、重页、倒页等差错现象,应立即向发文机关查询。

2. 检查和处置

检查来文内容是否属于本单位职权之内需要阅知或办理的范围,如系误送文件,应说明理由,并马上退回发文机关,不要搁置或擅自处理;文件中未注明作者、日期的可根据信封上的文字或邮戳加以补注;信中无通信处的,要将写有或印有发文机关名称和发文地址的原封与文件别在一起一并处理;文件手续不全,如请示或指导性文件无发文机关领导签字或盖章等手续,应拒收退回;附件如果为现款、支票、汇票或重要单据、票证等,应先送主管单位或财会部门登记并保管。

(三)启封的要求

1. 保持文件的完好

启封时要细心,注意不要撕破封内的文件。

2. 取尽封内的文件

检查是否拿出所有材料,不要遗漏。

3. 保留重要的封套

来文封皮如有参考价值，如有发文机关详细地址、邮政编码、电话号码、银行账号、电子信箱等，应附于文后，以备查阅。

4. 进行收文登记

经过对来文的审核，确认无误后要进行内收文登记。

四、内收文登记

内收文登记，是指将收来文件拆封后，在收文登记簿（表3-3）上将有关项目加以记录的行为过程。文件管理部门收文后，由内收发人员对收文情况做详细记载，在收到文件的首页加盖"收文专用章"，填写收文顺序号，以便建立文件收进和运转处理的完整记录。这是保证文件处理正常进行的起点。

表3-3　（单位名称）收文登记簿（内收发用）

收文号	收文		来文单位	来文字号	文件标题	附件	份数	密级	承办单位	签收人	复文号	归卷日期	归入卷号	备注
	月	日												

（一）登记的作用

1. 便于管理与保护文件

对文件登记注册，使之有据可查，防止积压和丢失。

2. 便于查找和检索文件

因为登记的项目中反映了文件的来源、内容和运转下落等情况，可以为以后的查找和检索文件提供方便。

3. 便于统计和催办工作

统计包括文件数量统计、运转时间统计、处理中出现的问题统计等，这些从登记簿中都可得到依据。同时登记簿也是催办工作的依据。

4. 便于核对与交接文件

因为文件进出都有签收手续，签收是交接的凭证，可查证责任。

（二）登记的范围

凡是重要的文件均应登记。如上级单位的领导、指导性文件；外单位联系工作、商办业务和需要复文的文件；下级单位请示工作的文件；其他重要文件、有参考作用的文件等。但一般事务性的、公开性的、无关紧要的文件可以考虑不必登记。

（三）登记的形式

登记形式分为簿册式、卡片式、联单式和计算机式登记等。几种登记形式各具特点，各单位可根据职权范围、机构层次和收文数量酌情选用。

1. 簿册式登记

易于保管，方便文件的交接与统计，所以较普遍被采用。但不便于修改，不便于分类检索，一般适用于小单位。

2. 卡片式登记

可将登记好的卡片按文件管理的需要，按作者、内容等灵活分类排列，方便文件检索。可按一件或一组文件进行登记，简化登记手续。缺点是易丢失，要加强管理。

3. 联单式登记

一般分为三联或三联以上。一次复制后，不必多次登记。第一联为单位文书管理人员保存；第二联随文件运转，随时记载办理、传阅的情况；第三联保存在单位档案室，作为检查归档文件是否齐全完整的依据，也可填写案卷号，作为文件与档案检索的工具。优点是可以代作送签的文簿，减少单位内部文件交接的登记手续。缺点是易磨损，不利于长期保存。

4. 计算机式登记

使用计算机对收文进行登记与存储。可以一次输入，多次输出，便于利用。

（四）登记的方法

1. 大流水编号登记法

即单位每年的收文只编一个序列，从年初到年末，按收到文件的先后顺序依次排列登记。

2. 小流水编号登记法

即将单位每年的收文按来文单位性质、级别、来文内容、文件性质、收文承办部门等情况，分别立户进行分类登记。每类编一个序列，文件收到后，在其所属类别的序列内顺次编号登记。这种编号法，每份文件的序号与不同类别位序相同的序号是相重的，必须在其序号前冠以标志不同类别的字头代号方可识别。如办 1-1、财 2-1。

3. 口取纸分类登记法

即把收到的文件都登记在一个登记簿上，并进行分类，每一类的首页上贴上口取纸，在口取纸上标明文类。

（五）登记的要求

1. 为查阅催办、整理归档奠定基础

收文登记是文件管理的起点，必须从文件管理系统的整体目标出发，为以后文件的分办、催办、传阅与日常管理创造必要的条件。因此，收文登记的项目应完备适用，作为文件交接的凭据，文件催办、查阅的索引，档案检索的工具。

文件登记项目包括：收文号、日期、文件来源、发文号、保密等级、文件标题、份数、分送情况、处理情况、归档情况和备注等。

2. 减少文件登记的层次并简化手续

文件在办理过程中，需经过许多部门多次登记。几乎每经过一个部门乃至一个承办人，都要办理登记与签收手续。如收发文登记、传阅登记、承办登记、催办登记、印刷与用印登记等。因此，在收文登记时，应力求简要而完备，并精简登记的文件数量。

3. 注意文件登记的准确与保密

认真登记，注意防止错漏。编号要准确，不要漏号、重号。要将平件与密件分别进行登记，以利于分别办理，保守国家机密。

五、分办

分办是指文书处理部门对收文进行筛选分类后，根据文件的性质、重要程度、缓急时限与单位内各部门的职责范围，将经过登记的收文分送给各有关部门阅知与办理的行为过程。分办使各处汇集来的文件流经文书处理部门统一调度后，又分成若干支流，沿着文件运转的路线，向指定的方向分别流去。所以，分办属于文书运转的环节，又称为分流、分发。

分办包括外收发收文后，按封皮写的收文单位名称分别向内收发、各业务部门和个人投送文件；还包括内收发对该文件启封后，根据文件内容和单位分工向有关部门或人员投送。

（一）分办的原则

1. 对口分发

根据本单位领导和各部门的业务主管范围，把内容相关的文件送给相应的领导和主管部门。属于批复、复函、批示或根据要求送来的报告、统计报表等，直接送本单位原发文的承办部门或主办人。

2. 批准分发

属于方针政策性的、全面的、涉及重大原则的文件，和应当呈送领导人批办或难以判定承办单位的文件，要交单位办公部门的负责人拟办或批办，然后根据批示意见再分送处理。

3. 既定分发

属于单位行政事务管理方面的文件，按惯例送给综合办公部门的负责人批办。对发送份数少而需要阅知的人数较多的文件，可根据文件指定的阅读范围或主管负责人批示的意见，由文秘人员主持传阅。

（二）分办的方法

要根据文件的性质、内容和办理要求，并结合业务部门的职责和领导的分工范围，考虑将收文分门别类；并附上"文件处理单"（表3-4），分别送给有关部门阅办或领导阅批；再根据批示意见分发给具体人员或部门阅读或办理。具体做法在不同单位有所不同。

1. 小单位

文书工作人员集文书、秘书、办公部门职责于一身，环节比较少。来文经登记后由其直接送领导批办，之后再根据批示意见分发给具体人员或部门办理。

2. 中等单位

来文经收发登记后先送办公室主任，由其阅办和提出意见，根据其意见，或送承办部门办理，或送领导批办后，按送阅范围分送承办人员或部门阅办。

办公室主任的意见具有双重性。凡需办的文件系属其职责范围或经过授权者，其所批的意见是决定性的，属批办的性质；如果其提出的意见仅供领导批示时作参考，或从协调办文角度请有关部门先提出如何办理的意见时，则其所提的意见属于拟办的性质,最终还需送请单位领导审定。

表3-4 (单位名称)文件处理单

　　年　　月　　日　　　　　　　密级_____ 收文号_____

来文单位		日期		字号	
内容摘要					
附件		主办部门			
拟办意见					
领导意见					
办理结果					
归卷日期		归入卷号			

3. 大单位

因文件数量多,一般由资深的文书人员先进行分办。把属于单位日常事务性的或已有批示规定和有章可循的例行公文,按性质分送有关部门签收办理;对于普通抄件,可直接送有关部门阅知或存查;对于方针政策性、综合性或其内容与本单位职能部门分工不相吻合的专题文件,送办公室主任,由办公室主任根据领导分工和各部门的业务范围,提出拟办意见后,再送单位领导批办或送业务部门进行办理。

(三)分办的要求

1. 及时分办文件

各类文件应该在登记的当天,转给本单位各分管领导或有关部门阅办,急件登记后,应立即送分管领导批阅,不得积压。

2. 履行签收手续

分送给领导和各承办部门的文件要在登记簿上签字。

3. 分清分办范围

一文多份的文件分发时,要首先保证单位主要领导、主管领导和主管业务部门的需要,余下的文件再按需要分送到有关领导和部门。

4. 按规定填写

凡需呈送领导批示后再行办理的文件,应当在文件上附"文件处理单",内设"拟办意见""批办意见"等项目。领导与承办人均应在相应的项目内填写,不能在文件上的空白处直接书写。

六、传阅

传阅是指对拟办的需送有关领导和部门阅知的文件组织传递和阅读,以利于文件及时有效地处理,提高办文效率的工作。正确组织文件传阅工作,用最短的时间让更多的人获取信息并保护文件安全,从而实现并放大文件的效能。

单位收文中份数较少而需要阅看的部门人员较多的文件,可以采取传阅的方法。文件传阅要由文秘人员负责承担。供传阅的文件主要分阅知文件和需要办理的文件两种。

(一)传阅的方法

1. 轮辐式传阅法

又叫集束式连环传递。是以文秘人员为中心,以传阅对象为外圈,由中心点开始组织传阅的方法。即由文秘人员主持,依次把文件传递给指定接受的对象,阅读者阅读后再送回文书部门,由文秘人员再传递给其他阅读者。这种方式可以保证信息传递的可靠性,防止重要、机密的信息随意扩散,也防止传丢文件。

2. 接力式传阅法

像接力赛那样传阅,即排好传阅人的先后顺序,由第一人阅后传给第二人,依次类推。但文秘人员必须经常询问文件传阅的情况,检查文件的传递路线和运转速度,督促传阅,避免传阅过程中延误或遗失。

3. 指派专人传递法

对密码电报、特急文件和秘密文件等,为减少接触面和保密起见,可派专人将文件送至领导当场阅读,阅后签字带走,再传送给下一个人,直到传阅完为止。

4. 网上公示法

目前各单位大都有局域网,没有保密性的文件可以直接在网络上公布,由各工作人员直接查找和阅读,既方便又快速。

(二)传阅的要求

1. 合理安排调度

(1)要分清文件的主次缓急,使紧急、重要的文件,让主管领导与经办人首先阅知,以便及时处理。

(2)要采取多种方式组织其他人员传阅,并尽力提高传阅速度。如文件夹法、复印法、阅文室阅读法、会议传达法和计算机阅读法等。

2. 防止丢失、泄密

一般不采用离开文件,只凭个人记忆与理解的意思去做口头传达的方式,因为由于个人的主观因素的参与或辗转多次的传达,都会导致信息的变异与失真。

3. 建立传阅登记制度

要建立简便易行的文件传阅制度,履行交接手续,阅文者在阅文后签字并注明阅读时间。文书要对传阅后的文件进行检查,发现领导作出批示时,要按批示意见处理。可以附"文件传阅单"在文件上,供阅看人员书写意见。如表3-5所示。

表3-5 文件传阅单

来文单位		来文字号	
文件标题			
收文日期		收文号	
传阅人姓名	签阅时间	传阅人姓名	签阅时间
备注			

七、加工

加工又叫摘编。指文书工作人员对部分准备进行办理的重要文件所做的加工，包括编写文摘、提要、综述、汇集有关数据资料等的过程。摘编的目的主要在于为文件的办理提供便利，节省时间，使公文能更加快捷、有效地得到办理。

（一）加工的要求

（1）控制呈送领导批办的文件数量，加强对文件内容的提炼与综合，方便领导阅读与审批文件。

（2）对需办理的文件，按轻重缓急进行分类排列，以保证重要和紧急文件能及时、准确地得到处理。

（3）提高信息量与信息值，从大量文件中进行筛选，为领导决策提取有效的信息。

（4）提出一些可行性的处理方案，供领导决策时选择与参考。

（二）加工的方法

1. 筛选分类

筛选出提交领导批办的文件，根据其重要程度和缓急时限，分门别类地分送给单位领导和有关部门阅示与办理。

2. 鉴别核实

对平级、下级报送的文件，加强分析研究，对其准确性与可信性进行鉴别。对文件中重要数据进行运算核实，指出不可信、不真实处，防止由于报送的信息失实而导致领导工作的失误。

3. 编辑加工

可编写内容提要、公文摘要、信息汇编、综合报道、大事纪要等材料形式，向领导集中反映和汇报。

八、拟办

拟办是单位综合办公部门或业务主管部门负责人对需要办理的重要文件，提出初步处理方案或办理意见，供主管或主要领导批办时参考的行为过程，也称预案。拟办要对来文按照其内容、性质和办理要求，预先提出建议、设想等处置意见，供有关领导审核时参考。拟办实际上是一项辅助决策的活动，是收文处理中的一个重要环节。

（一）拟办的作用

1. 有利于提高办文时效

拟办工作关系到文件的正常运转和有效控制，对需要转承和办理的文件拟办，可以及时准确地将收来文件分送给有关领导、有关部门和有关人员处理，对协助领导正确决策、减少领导花在文件堆里的精力和时间及提高工作效率有重要的作用。

2. 起参谋和助手作用

拟办是文书部门为领导提供决策和参谋的重要程序，可以发挥综合办公部门与业务部门了解工作情况、熟悉业务与文件处理的长处，做好领导的助手。

3. 有利于提高办文质量

拟办要拿出初步办理意见，供领导在批办时参考。一方面可减轻领导的负担，另一方面也利于提高办文的准确性。

（二）拟办的范围

（1）上级机关主送本单位并需贯彻落实的文件。

（2）下级机关或直属部门主送本单位并需答复的请求性和要求批转的文件。

（3）平级和不相隶属机关主送本单位并需答复的商洽性文件。

（三）拟办的要求

1. 掌握文件的意图与要求

拟办人员必须认真阅读来文，了解文件的内容、性质和意图，以便有针对性地提出切实可行的、对领导批文有参考价值的拟办意见。

2. 拟办意见要简明扼要

拟办意见不是具体的承办意见或计划方案，除讲明简单的道理外，不作深入阐述。要言简意赅，高度概括。

3. 拟办意见要周到全面

要综合考虑各方面因素的影响，对处理重要或重大问题的文件，尤其需经单位负责人批办的文件，拟办应对办理的原则、方法等方面提出建议，可以准备几种意见或方案，并进行简单的比较，提出倾向性意见。同时应把有关问题涉及的背景材料，如此件反映的问题有否历史沿革、上级和本级是否就此事有过决定等文件与资料，找到完整的记载材料一起送给领导，供批办时参考。如此件已经与有关单位进行过联系洽商，提出了初步意见，也应一并注明。

4. 拟办意见要按规定填写

由部门负责人或有关具体工作人员对收文在办理中可能涉及的工作事项、问题，以及应由谁或哪一部门负责处理、如何处理、由谁归档等，提出初步意见。拟办意见应清楚端正地写在"文件处理单"项目内。

九、批办

批办是单位领导或部门负责人对文件应由谁办理、如何办理所提出批示性意见的行为过程。批办是一项由法定责任者履行法定事务处置权的决策性活动，它规定了对具体文件的处置方法、程序、具体承办责任、承办原则与要求等，对公文效用的实现具有决定性影响。

（一）批办的作用

1. 使收文办理进入实质性阶段

批办是决定收文承办责任、原则、方法的关键。批办决定着文件收进后能否得到处理落实和如何落实，是收文处理环节中的关键。

2. 有利于加强对收文办理工作的领导

批办也是领导行使职权的重要形式，是对文书工作进行领导的具体体现。领导进行把关，便于加强对文件办理工作的集中领导，防止自行其是。

3. 有利于向承办人及时交代意图和要求

通过批办，合理分工，使各承办部门和承办人员能及时掌握有关的文件精神，有助于提高办文的质量。

（二）批办的内容

1. 指明文件处理的原则和方法

对只需阅知的文件，批明传达或传阅范围、传达时间和组织责任者；对需要贯彻执行的，要送单位领导阅读研究后作出指示，提出贯彻的具体措施；对紧急、重大或处理有疑难问题的，应送请单位领导亲自批办。

2. 确定承办的部门和时限

对需要办理和答复的，要批明承办单位或人员及承办期限，必要时要批明处理该文件的原则、方法和要求等。如果需要两个以上单位会同处理的，应指明主办单位。

3. 签署有关信息

即在批示意见之后，签署批办人的姓名和批办时间。签署是批办意见生效的标志，要在"文件批办单"上的有关项目栏中填写。

（三）批办的原则

1. 统一负责，合理分工

领导要统一负责，明确规定单位各部门领导批办的职责与范围，并亲自对涉及全局性与方针政策性的文件作出批示；同时，又要合理分工，实行分事横向负责制，授权副职与综合办公部门的负责人，在其职权范围内审批有关业务的文件与行政事务性的文件。重要文件的批办可组织集体研究，请有关专家咨询与论证，避免决策失误。

2. 实行分层负责

领导者应向下级逐级授权，充分调动各个层次主管的积极性，使他们主动地各负其责，独立办文。不要使每一件收文都由高到低地逐级批示与传递，或均由"一把手"批办，要由秘书部门负责人或单位主管和主要领导分工负责批办工作。

（四）批办的要求

1. 迅速及时

批文者必须认真阅读、研究文件内容，参考拟办意见，作出正确、及时的批办。特别紧急、重要的文电更不应延误耽搁，以免影响办事效率和使来文单位丧失机遇。主管领导因特殊原因不能批办时，应委托或授权其他领导批办，以免积压文件，影响办理。

2. 意见要准确、肯定

要责权清楚，不提模棱两可的意见，不用不确定的词语，选准承办部门或承办人员。要使承办者易于接受与执行，减少重复性请示。如出现上述情况，送批人应把批件退回，要求其批出明确意见后再分发办理。

3. 手续要齐备

要有签名、签注时间，以便据此进行督促与检查。如果是由几位领导阅批，不能各执己见，应相互交换意见、统一认识，若不能统一，主批人应果断裁决。

4. 尽快分发

文书人员在文件送批流转过程中，应认真实行交接签收制度，不可疏忽。领导批示后，应将批示意见及其后的流向在"收文簿"上登录，及时分发办理或传阅，做到能从"收文簿"上看出文件的办理情况和流向。属于需办复的文件，要迅速及时交承办部门或人员办理。需要办复的文件，自承办拟稿始，即进入发文处理程序。

相关链接

批办与拟办的区别

批办意见的写法与拟办相似,但批办人员的职权地位和意见的性质与拟办不同。

批办人是单位领导者或部门负责人,拟办人是协助领导的办文人员。批办的意见是批示执行或办理的原则与方法,有指示性、决定性的特点,是如何办理文件的最终依据;拟办意见仅供领导批办文件作参考,有建议性、参考性的特点。

十、承办

承办是指单位有关部门或工作人员根据拟办和批办的意见,对文件所针对的事务和问题进行具体的处理和办理的行为过程。对需要承办的收文,文秘人员负责及时督促具体人员或部门负责人去办理,它包括对文件的执行、办理与撰文答复等。

(一)承办的内容

1. 落实文件精神

主要指对上级领导机关的方针政策性文件进行传达、贯彻和落实,必要时根据文件精神,并结合本单位的实际情况,制发新的文件。

2. 起草回复文件

根据收文内容的要求以及领导的批办意见,起草答复性文件,即办复。对外单位来文或来电的办复有多种形式,比较常用的有文复、函复、电复和面复等。

3. 转发和批转文件

对上级单位和同级单位发来的与本单位工作有关的文件,可根据领导的批示,转发给所属部门或单位,起草转发通知;对下级报送的带有普遍性意义的文件,可根据领导的批示,批转给所属部门或单位,起草批转通知。

4. 整理各种文字材料

对上级要求的汇报有关情况、上报报表等工作,承办单位要收集整理各种文字材料,以供上报。

(二)承办的要求

1. 严格执行批示意见

要准确领会领导意图,传达领导的指示,按批示意见去办。如有疑问可向进行批办的有关领导询问，不能违背领导的意见自行办理，不能随意改动文件。没有具体批示的文件，要请示清楚，或先拟出计划方案，请领导同意后再办理。

2. 遵守承办原则

承办部门在办文时要遵循以下原则。

（1）凡属本部门职权范围内可以答复的事项，应直接答复呈文部门，同时抄送交办单位销案。

（2）凡涉及其他部门业务的事项，主办部门要主动会同有关部门协商办理。

（3）凡须报请上级领导机关审批的重要事项，应由主办部门提出处理意见，并代拟批复文稿；若文稿内容涉及其他主管部门，应与其协商并取得一致意见，然后送请上级领导机关审批。

3. 做好会办工作

领导批办要求联合承办的文件，本部门牵头与其他部门会同办理的，本部门要先拟出复文主动联系有关部门会商。协商时要注意相互尊重，协办部门也要积极配合。对协商意见归纳整理后，由本部门和有关部门负责人会核、会签，再报单位领导审批。如果会办部门意见不一致，主办部门草拟的文稿要如实反映各方的意见。

4. 执行行文制度

草拟文件时，要根据问题的性质、内容和涉及的范围，确定行文名义、文件名称、文件的制发程序和发布方式、主送和抄送机关等。对于"急件""密件""亲启件"等，应在拟稿上注明。对不属于本单位职权范围或不宜由本单位办理的公文，应及时退回并说明理由。

5. 分清轻重缓急

承办人员收到交办的公文后应及时办理，统筹规划，妥善安排。文件处理的时限是：特急的文件随到随办，应在当时或一日之内办理完毕；急件，仅次于特急件的办理时限，原则上亦应随到随办，以不超过三天为限；限时送达与办理的文件，以限定时间为限，不能延缓；一般文件，应根据其性质与重要程度，规定办理的时限。

6. 查阅有关资料

来文内容涉及以前的收文或其他有关材料时，承办人员要查找或调阅有关文件材料作为承办复文的参考，不能全凭记忆办事。复文需经领导审定的，要将有关文件材料一并附上，保证领导全面地掌握情况，作出正确的判断和决策。

7. 填写处理结果

承办工作结束或告一段落后，承办人员应向原交办任务的领导、负责人汇报办理结果，还要填写"收文登记簿"和"收文批办单"中的处理结果栏。填写内容可以根据实际情况写是否复文、是否传达、是否形成了新的文件等。

（三）承办的性质

承办在文书运转处理流程中，具有特殊的兼跨性。它兼跨收文和发文两大处理程序，是收文处理程序中"阅文阶段"实质性的终结，又是发文处理程序中"制文阶段"的开始。因为承办的主要任务在于复文，或根据文件要求，结合本单位实际情况，拟制新的文件。所以，承办结束，阅办阶段的实质性任务已经完成，余下的注办、归卷等环节，只是注明情况和暂时保管文件的问题，并非严格意义上的处理。另外，承办中的起草新文件，也就是发文处理程序中"制文阶段"的第一个环节"拟稿"，它实质上又是制文阶段的开始。

十一、催办

催办是指由办公室或文秘人员对那些需要办复的文件，根据承办时限和要求，对文件承办过程所实施的催促和检查活动的行为过程。这是一项重要的调查研究工作，也是实现文件效用的关键一环。

（一）催办的作用

催办的作用是：防止文件积压和延误，加快文件运转和处理速度，提高办文的质量和效率。

（二）催办的分类

1. 对内催办

针对收文，即输入的信息，对本单位各职能部门的处理工作进行监督与检查。

2. 对外催办

针对本单位的发文，即输出的信息，向受文单位进行催询或检查。

这两方面都有针对决策性的处理、反馈其作用的结果，对文书工作可以起到控制的作用。

（三）催办的方法

1. 建立催办监督检查系统

自上而下的各个管理层次都应建立文件办理的检查工作。一般文件由秘书、文书负责催办，重要文件由领导亲自负责催办。

2. 建立催办检查的登记、报告制度

可以用表格、卡片收文簿等形式逐件进行登记，追踪记录催办结果，分层逐级负责，及时分析汇报。

3. 采取多种催办方式

可派专人重点调查或采取登门走访的方法，可用电话催办、信函催办、催办卡（表3-6）催办、当面催办、开会催办、简报催办等，还可通过报刊、资料收集或定期汇报文件办理等。

表3-6 催办卡

来文机关		发文号	
		收文号	
文件标题		年　　　月　　　日收到	
		年　　　月　　　日交办	
领导指示		承办单位	
催办情况			

（四）催办的要求

1. 及时、系统

催办工作是由办公室工作人员或文秘人员完成的，他们对哪些是需要办复的文件，哪些有承办时限和要求，都比较清楚，因此催办能够做到及时与系统，能够掌控文件的去向。

2. 准确、真实

催办能够对文件承办过程进行调查研究，并进行现场的催促和检查，是一项发挥文件作用的重要工作，能反馈其真实的结果。

以上两方面都有针对决策性的处理起到控制的作用。

3. 全面、有效

建立催办监督检查系统，以便实现文件的效用。

十二、注办

注办是对文件的承办情况和处理结果予以简要注明的行为过程，又称签注、留注。由文件承办人在文件办理完毕之后，对文件办理经过与结果在收文的适当位置或"公文处理单"上加以扼要的说明。

（一）注办的作用

1. 便于查考责任

承办人签注公文承办情况，主要作用是备忘待查。为日后查考了解某一公文的承办过程、承办方式、承办结果提供依据。

2. 便于文件整理

一份文件办理完毕，要及时归档。注办是执行这一任务的重要保证。同时，这项活动还有利于建立井然有序的承办工作秩序，避免重复和混乱。

（二）注办的内容

（1）一般的传阅文件传阅完毕后，文书人员应注明阅毕的日期。

（2）需要办理复文的文件，办完后要注明"已复文"，并注上复文的日期和文号。

（3）用口头或电话答复的要注明答复情况。

（4）不需复文的文件要注明"已办""已阅""已摘记"等字样。

十三、归卷

归卷是将收文处理注办后的文件随时或定期收集集中，初步分类，放入相应的卷夹进行妥善保管的活动。文秘人员应及时收回文件归入卷夹中暂存，以防止文件散失，留待工作查考和年终归档。相关部门的承办人员也应将处理完工作内容后的文件退还文秘工作人员。收文数量较大的要按归卷类目设置相应数量的卷夹，分别保存文件。

案例分析与点评

本节"案例导入"中的文员小王作为办公室文秘人员，必须学会处理各种信件的方法。要了解以下几点。

1. 启封的范围

（1）启封的内容是指封皮上标有本单位名称、本单位办公部门、本单位负责人字样的所有信件。

（2）如果写明"领导亲启"或领导名字的文件，文书人员交收件人亲启，自己无权私自拆封。

（3）要分清公务信件和私人信件，凡信封上表明送本单位的公文，可直接拆封，但不能拆私人信件。

（4）凡标有密级的机要件，应交机要室或指定负责管理机要文件的人员拆封。

2. 启封的要求

（1）在收发室就应该检查文件包装情况，检查信封或包封封口是否完好，如有拆动痕迹，不能立即拿走，应追究责任，并说明情况。

（2）应该用剪子沿信封边缘剪一小口，然后沿着口子轻轻划开，注意不要将封内的材料剪破。

（3）启封时要细心，不仅要保持文件的完好，也要取尽封内的文件。

（4）拆封后要检查核对，确认收到文件的质量和数量与"发文通知单"上注明的项目完全相符。

3. 处理信件的方法

（1）附件如果为支票、汇票、发票或重要单据、票证等，应先送主管单位或财会部门登记和处理。

（2）保留重要的封套。来文封皮如有参考价值，如有发文机关详细地址、邮政编码、电话号码、银行账号和电子信箱等，应附于文后，以备查阅。

（3）检查来文内容，属于本单位职权之内需要阅知或办理的文件，进行处理。对其他单位联系工作的函件，根据工作对口的原则，分送有关部门。

4. 收文的登记

（1）对领导"亲收"件、"亲启"件不要马上登记。如果领导收阅后认为须交单位存查或处理的，再进行登记，并交有关部门办理。

（2）对私人信件不要登记。

（3）经过对来文的审核，在收到文件的首页加盖"收文专用章"，填写收文顺序号，进行登记。

（4）凡收到的重要文件都要登记，可以使用收文登记簿。

第三节　办公室日常发文处理

案例导入

某公司准备开展"注重质量、提升品质"的活动，需要职工提出合理化建议。办公会议上决定采用征文的形式在全公司开展征集合理化建议的活动。按照活动方案要求，全体员工都必须参加，写出合理化建议，并在大会上进行宣读。在活动期间，每月都要评选出五篇优秀征文上报公司，各部门定期上报活动的组织和进行情况。会后公司经理让秘书小张负责做这项工作。但小张不知该怎样着手进行这项工作。

发文处理指在本单位内部为制发文件所进行的创制、处置与管理活动的过程。发文处理是发文机关履行法定职责，表达自身意志和愿望，收集、加工和记录、传递有关信息，由众多工作人员共同参与的集体创造性活动过程，是发文处理总的运转流程及方法、步骤。发文处理的每一步骤的工作内容和基本要求如下。

一、拟稿

拟稿指撰拟文件文稿，是根据领导的交拟意见或批办意见起草文件的行为过程。它是发文处理过程的起始环节，也是核稿和签发工作的基础。如果没有拟稿这一环节，其他后续工作将无法进行。

（一）拟稿的基本步骤

1. 交拟

领导布置文秘人员写文件，说明文件主旨与具体要求。

2. 领会

秘书要对领导所交代的任务加以明确，并完全领会。

3. 拟稿

撰稿人员要在发文稿纸上拟稿，并按要求填写文稿首页有关栏目。

(二) 拟稿的基本要求

(1) 准确反映客观实际情况。
(2) 正确体现发文机关意图。
(3) 符合党和国家的方针政策。
(4) 按照公文写作基本要求。
(5) 准确使用人名、地名、时间、数字和引文等。
(6) 合理使用文种。

二、会商

会商是指当文件内容涉及有关单位或部门的职权范围，需征得其同意和配合时所进行的协商活动。会商工作有利于维护文件的合法性、有效性，维护政令的统一性。

会商这一环节由发文单位主动组织，与其他部门就有关问题协商征求意见完毕后，应请这些单位或部门的有关责任者签注会商意见。

(一) 会商的原则

1. 相互尊重

尊重对方，虚心听取对方的意见，这是做好会商工作的基础。

2. 平等协商

当意见有分歧时，要本着平等的原则，摆事实，讲道理，以理服人。

3. 协同一致

联合行文的各方当取得一致意见之后才能发文，不能在未协商一致之前由某一方先发文。

(二) 会商的步骤

1. 会商

主办单位提出联合行文意向，与有关部门就发文的目的、意义、主要内容和文种选择等进行充分协商，彼此交换意见。

2. 拟稿

在会商的基础上，由主办单位拟出文稿，交与各有关行文单位分头审阅，提出修改意见。

3. 会稿

各联合行文的有关单位集中起来，对有争议的问题充分协商，统一认识，求大同存小异。

> **相关链接**
>
> **会商与会签的区别**
>
> 　　会商与会签两者相关，但不相同。会商是指文稿拟出之后，主办单位与有关单位、部门对文稿进行征求意见的过程；会签是指两个或两个以上单位联合发文时，各单位的领导共同签发文件的过程。会商体现了平等性、协作性的特点；会签是有关领导签署意见，共同履行公文生效的责任，有决策性的特点。

三、核稿

　　核稿是指综合部门将文稿送交领导签发前，对文稿进行全面的审核和修正的行为过程，又称校核或把关。从一定意义上说，核稿是拟稿工作的延续，而另一方面它又是终审定稿工作的一个组成部分。凡是以正式公文印制的文件，当承办部门拟就了承制的文稿之后，在未送领导审批签发之前，办公部门核稿人员都要对文件重新进行全面审核，然后再送部门负责人及主管领导审核。

（一）核稿的任务

1. 把好行文关

　　审核是否需要行文，以什么方式行文。这是考虑行文的必要性和可能性。如果现实确实需要解决某一问题，而又具备了解决问题的条件，才能发文；如果可以通过其他方式传递信息，则控制不予行文。

2. 把好政策关

　　审核发文是否符合党和国家的路线、方针、政策，是否符合国家的法律与行政法规，是否符合上级有关的规章与决定，有无矛盾和抵触。符合方针政策的可发，不符合者不能发。

3. 把好可行关

　　审核文稿的措施或意见是否切实可行。发文要解决实际问题，要有明确具体的意见、措施和办法。否则就是一纸空文。

4. 把好内容关

　　审核文稿内容的真实性与准确性。主要审核其可信度，有无虚报与夸大事实、报喜不报忧的情况。对于所列各种数据，应加以计算核实。向上级机关报告的文件，应浓缩度强，信息量大，准确简要；对下级单位的行文应明确具体，方便理解与执行。

5. 把好协调关

审核向上或向下的行文，其内容与同级有关单位是否经过协商并取得一致，以免相互抵触，使下级单位无所适从。

6. 把好格式关

审核文件体例、文件格式、文种选择和标注是否规范，是否符合行文规则，是否符合撰拟公文的有关要求，各种项目是否填写齐全等。

7. 把好文字关

审核文稿的文字表达是否简要明确，标点符号使用是否准确，语言是否通俗易懂，引文、数据、图表是否准确，文稿的字迹材料是否符合标准等。

8. 把好形式关

审核行文程序和审批手续是否妥当，处理程序是否完备，以利文件的传递、接受和发挥效力。

（二）核稿的处理

经过审核，对符合要求的文稿可以报送主管领导或主要领导作最后的审定或呈批。对不需要制发的文稿，应退回承办部门，并说明理由。对只限文字、标点和格式等方面的错漏，可由综合办公室补充与修正。对业务性较强而又不符合上述要求的文件，可请承办部门补充与修正。对于重要文稿的重大修改，可由综合办公部门与承办部门共同补充修正。核稿人要在有关栏目上签名、签写日期，以明确责任。

四、签发

签发是指领导对呈批的文稿，经过最后审定，核准发出并签署意见的行为过程。签发是对文稿的又一次全面核查，更是对文件质量与正式效用的最终确认。它是形成文件的最后一个关键环节，是使发文得以生效的法定程序。发文稿经过领导审阅批准签字后即成为定稿，可以据此打印成正式文本。

（一）签发的方式

1. 正签

指根据有关规定，属于职权范围内的签发。如正职领导签发以单位名义的对外发文。

2. 代签

根据授权或委托，代主要领导签发文件，并需在签发文件时注明。

3. 核签（加签）

发文内容重要或涉及全局性的问题，需要呈请上级机关的领导审核并签发。

4. 会签

指两个或两个以上单位联合发文时，各单位的领导对文稿共同签字的行为过程。

（二）签发的原则

1. 归口签发

以本单位名义制发的上行文，由主要负责人或者主持工作的负责人签发；以本单位名义制发的下行文或平行文，由主要负责人或由主要负责人授权的其他负责人签发；以部门名义制发的文件，均由部门领导签发；以综合办公部门的名义制发的文件，由办公厅（室）主任、副主任签发。联合行文，需由所有联署单位主管负责人会签。

2. 根据文件性质分层签发

签发文件有具体权限，一般来说，涉及全局性的文稿，或者经过会议讨论的文稿，由主要领导签发；涉及某一方面的业务问题的文稿，由主管领导签发；一般事务性文稿，可根据授权由主管办公室领导或办公室主任签发，经会议通过的文件或会议纪要，由会议主持人或综合办公部门的负责人签发。对于未经各部门负责人或主管领导审核而直接送单位领导的文稿，一般不应签发，防止造成文稿"倒流"。

3. 先核后签

这一程序具有很强的确定性与不可逆性。各单位对外的重要行文，应经过综合办公部门审核修正后交领导签发。文稿经签发成为定稿后，其他人不经签发人同意，均不得再作任何修改，否则将负行政或法律责任。如发现其中有不妥之处必须修正时，需请示签发者批准。

（三）签发的要求

签发是决定文件能否形成和能否颁布的关键，因此这项工作不是一个简单的签字问题，签发人要对其签发的文件从政治到文字上的准确性负完全责任。因此签发人应做到以下几点。

1. 做全面审定

领导签发文件是行使职权的表现，也是文稿生效的标志。在签发之前，必须对文稿进行全面审定，及时纠正或弥补文稿中的错漏，确认准确无误后，再批注正式发出意见。如发现重大问题需做大修改的，还可作出指示，委托办公部门或原拟稿人根据精神修改后再送审。

2. 按规定签发

签发文件要规范化。领导应在公文拟稿纸的签发栏内写明签发意见，并签署姓名和时间。意见要简明扼要，签名要合乎规范。签发完毕后，办公室工作人员要进行发文登记和发文编号。

3. 不越权签发

签发领导对文稿的审批，是行使决策权力的表示。领导通过最终审定并签署印发，控制制发信息的质量与数量，使各项工作的决策迅速上报下达。因此，领导应在自己的职权范围内认真签发文件，而不能越权签发。

五、注发

注发是文秘人员注明经过领导同意发出的文件如何印发的行为过程，又叫清点或编号。它是制文和制发的中间环节，是指在定稿形成后批注制发要求的活动。由具体工作人员负责，对文件做技术性的处理。

（一）注发的任务

1. 注明文件的发受范围

即确定文件的主送机关、抄送单位。

2. 注明文件的阅读级限

即确定该文件发至哪一级别、阅读传达范围。

3. 确定文件的紧急时限

即确定该文件是一般件还是紧急件，是急件还是特急件等。

4. 确定文件的秘密等级

即确定该件是普通件还是保密件，是保密件中的哪一种类。

5. 确定文件的发出方式

即根据文件的紧急程序、秘密等级等因素，确定以什么方式发出。是用普通件发，还是用密件、急件发；是用印送件发，还是用电报、传真、电子邮件发等。

6. 确定文件的发文字号

按有关规定，编制拟发文件的发文字号，反映机关发文的先后顺序。

7. 规定文件的印制格式

即根据国家的规范要求，确定标题的字形、字号和排列，正文的用字、用纸，进行版式设计等。

8. 确定文件的印发份数

即规定印刷、发出、存档份数和发出时限。

（二）注发的要求

1. 根据领导在文件上的批示注发

要核实领导签订的发往对象等内容，以免错发或漏掉。

2. 根据行文意图和内容注发

根据文件的性质，确定发文范围、密级、时限等项目的等级和内容。

3. 根据单位有关规定注发

对正常发文，按既定的标准办理。如遇到特殊情况，应请示主管领导。

六、缮印

缮印即缮写、印刷的简称，又称印制。缮写就是誊录抄写，印刷就是应用专门的印刷技术批量"复制"文字、图形或图像，均为制作书面公文的主要方式。

七、校对

校对是制发阶段的重要环节。校对是对打印或缮写完毕的文件校样，根据领导签发的原稿，进行全面核对检查的行为过程，又叫核对。

八、用印

用印也称加印、盖印。指在制作好的文件落款处加盖发文机关印章的行为过程，是文件生效的标志。用印表明印章所代表的国家机构或其他社会组织对文件承担法律责任，表明其对公文法律效力的认可。

> **相关链接**
>
> ### 打印、缮印、用印的区别
>
> 打印、缮印、用印三者同在发文处理程序的制发阶段，只有一字之差，容易混淆，要注意区别。
>
> 打印，作为文书处理的一个重要环节，是指把领导签发的文件，经过缮写或印刷制成文件校样，以供校对人员校对；缮印，指的是把校对并修正好的校样，

通过印刷机或打印机印制成规范的文件正式文本；用印，指的是在缮印好的文件上盖公章。由此可见，三者是三种不同的行为过程，属于三个不同的文案处理环节，不可混为一谈。

九、签署

签署是指签发文件的领导人亲笔在正式发出和使用的文件正本落款处签注姓名的活动。

十、登记

登记指发文登记，是对本单位将发出的文件按照规定的项目进行统一文字登记的行为过程。它与收文登记没有本质区别，只是收与发的不同。

（一）登记的内容

一切发出的文件均需经严格的记载，以便对发文进行清点、统计、控制和检查，便于日后查阅和回收。发文登记的项目要合理，登记要准确。登记项目主要有：发文字号、发文日期、顺序号、文件标题、保密等级、附件、份数、发往机关、承办单位、签收人和案卷号等。

（二）登记的要求

1. 分类登记

发文与收文分别登记，外发与内发分别登记，密件与平件分别登记，密件需由专人登记与装封。

2. 形式多样

登记的形式可以根据本单位文件处理的具体要求与发文数量，分发单位的具体情况，采取簿册式、卡片式、联单式或活页式等方法。可按发文登记的时间或发文字号的顺序保存，以备查找。

3. 编制份号

凡印发数量较大的文件，应编制份号，即对根据同一文稿印制的若干份文件分别编制顺序号，在发文登记时注明份号，以备清退和查对时使用。

4. 注意反馈

对于紧急、重要的文件，在发出以后，应按登记的项目，注意检查了解对方收到的情况，如检查回执单，向受文单位进行重点核对等。

十一、装封

文件的装封是将登记后的文件，按照要求具体拣配，并用信封或封套进行封装的行为过程。又叫封发、分发、分装和装送。文件经装封后，既可保护文件，避免磨损，又利于保密，还方便携带传递。

（一）装封的任务

1. 点份拣配

文件入封之前，要按发文的份数要求清点应发文件的总份数和应发单位的份数。

2. 书写封面

写装寄文件的信封或封套，要书写收文单位的地址和收文单位的全称或规范化简称。

3. 填写回签单据

包括内回执、发文通知单、外回执或签收簿。

4. 装封公文

如同时分发若干份文件给同一单位时，可以合并信封。入封文件要折叠平整，长短应略短于信封长度，留出适当的余地，以免启封时撕破文件。

5. 加封、捆包（袋）

即把装有文件的信封或封套封起来。可根据实际情况选择方式。

（二）装封的方法

1. 通封

将封口封牢。有粘封、缝封、轧封和针封等。

2. 密封

加密固封。用绵纸封条封固，纸条上预印好"××单位密封"字样，称纸封或条封；加盖单位名称、封讫日期字样的印章，叫印封；用纸或布包捆扎的密件，在绳结处填上胶泥或火漆或铅，再在其上加盖有单位名称和密封字样的钢印，分别称泥封、漆封、铅封。

（三）装封的要求

（1）急件、密件不能与平件混装。急件与密件需在信封左上角加盖急件章、密级章，并严加密封。机密、绝密件应在信封两头封口处加贴密封封条。

（2）发文除"亲启"件外，一般写受文的单位或办公室收，以便对方及时处理。

（3）封发时应做到五查：查文件份数，查有无附件，查是否漏盖印章，查文件内的受文单位与封套上的受文单位是否一致，查"发文回执单"是否已装入封内。

十二、发送

发送又叫投送、传递。就是将已封装完毕的文件，转交外收发签收，并通过一定的形式，送达给收文单位的行为过程。这项活动主要是单位外收发（通信部门）的职责。

（一）发送的方式

文件的发送方式可根据文件的内容性质和受文单位的远近，分别采取直接传递通道和间接传递通道。具体方式为：机要交通传递、邮局传递、直接专门递送、文件交换、会议发送、网络传递。

（二）发送的要求

1. 严格履行登记手续

应明确责任，一般不要委托他人代捎代送。会议上发放的文件，凡允许与会人员带回的，要向与会人员所在单位发放"会议文件通知单"，并履行签字手续，以加强对文件的管理，并利于文件的收集归档工作。邮寄重要的文件应有"回执单"。通信员送递的，应有收件人的签收，如表3-7所示。

表3-7　（单位名称）送文登记簿（内收发对外收发用）

日期	封号	发往单位	发送方式	签收时间	签收人	备注

2. 投送要准确、及时、安全

涉及国家秘密的公文要通过机要通信部门投送，并且要准确、及时。

十三、归卷

归卷是将平时处理完毕的文件清退回来，按照要求放在贴有类别名称的文件夹或文件盒中的行为过程。

文件办理发送完毕后，文秘人员应当按照有关规定将文件的定稿、正本、存本和有关材料收集齐全，把发文的底稿和一份正本或几份存本分类归入事先制备的、用来暂存文件的卷夹中存档，以留待查考和年终整理归档。卷夹的数量可视单位发文的数量而定。

归卷工作是保证发文齐全完整的重要工作，必须及时完成，以防止文件的散失。

案例分析与点评

本节"案例导入"中的秘书小张着手进行的这项工作属于发文的工作。根据内容，秘书小张应制发一份通知。

发文工作可以分为以下四个环节：

（1）小张要用记事本把公司经理的要求记录下来，弄清楚此次活动的目的和要求，然后开始拟写通知的初稿。

（2）完成初稿的撰拟工作后，小张要将此通知写在统一的发文稿纸上，交给经理修改审核，经理签字同意后，才可以发出。

（3）小张将此份通知进行注发编号，将编号写在发文稿纸的相应栏目内，然后拿到文印室，交给打字员打印成正稿。打印份数根据所属的部门数量确定。

（4）小张将打印好的通知从文印室取回，逐一加盖单位公章，并在发文登记表上填写好有关内容，再分别封好。然后发往各部门。

最后应保留一份文件，便于归档。

第四节 办公室日常文书管理

案例导入

年初,某公司对上一年的归档文件进行整理。公司总经理要求销售部汇总去年全公司的销售完成数字,并指示查一下去年给某分公司的"批复"件中规定他们今年减少生产的具体数字是多少。结果,管文书工作的人员查遍了去年的所有文件也未找到,仅查到某分公司"要求减少生产"的请示。因该文件最后一直未能查到,有关人员,包括办公室主任,都受到了处分。

通过这一次检查,还发现了不少部门拿复印件归档,并且没有盖公章。经过询问,部门人员说当时收的就是复印件。

在文书的办理过程中,不管是收文还是发文,不管是正在处理中还是在处理工作完成后,都需要对文件进行科学管理。所以,要有条不紊地管理好各种文书,既不遗失和泄密,又便于查找和调阅,这样才能方便工作,提高工作效率。办公室日常文书的管理工作主要从以下几个方面入手。

一、文书的保管

文书的保管,就是对文书保存的管理。文书在处理完毕之后,其现实效用有的已经结束,有的正在执行中。因此,这些文书需要由文书部门进行收集和保存,以便整理归档,也便于平时的使用。

(一)文书的收集

一般来说,按正常程序运转的文件不需要去专门收集,但有的文件材料并非通过正常的运转渠道运行,这就需要文书人员去进行专门收集。收集的原则和方法如下。

1. 文书收集的原则

(1)按归档制度收集。文书工作人员要依据归档制度的有关规定,通过各种渠道，把好收集的关口。如按登记情况如数清退有关文件，如果不完全，要及时收集；对于发文，没有定稿就不予编号，底稿、附件如果交得不完整，就不予盖章等，要尽一切可能把应归档的文书材料全部收集起来。

（2）加强对零散文件的收集。除了正常的归档工作以外，办公室文秘人员需要采取相应措施，如将文书材料的形成、积累工作，纳入有关部门及有关人员的岗位责任制度和奖惩制度予以检查；同时，结合保密检查、清理文书、机构调整或人员变动等工作，把应该保存的文件材料全部集中起来，以便将平时使用的零散文件及时收集，避免出现文件归档不完整的问题。

（3）专人负责文件的收集。在文书管理工作中，要由文秘人员把好阅办关、印发关。凡是经过文书部门盖印发出的文书，无论是定稿、存本，还是附件，一律由专门人员收全；外出人员带回的各种会议材料、会议记录由文秘人员负责收集；本单位召开的会议，由本单位参加会议的文秘人员负责收集；内部文书（本单位形成的计划、总结，各类统计表和规章制度，各种活动中形成的文书等材料），由文秘人员随时收集。收集工作要落实到人，要有专人负责。

2. 文书收集的方法

（1）周期收集法。文书的收集工作要形成制度，要定期收集，或按月份、按季度要求各部门按时上交清退，或文秘人员按时去收集。各单位一年之中的大部分文书的处理是通过正常运行程序进行的，因此按既定方针去做，有利于工作的规范化和制度化。

（2）平时收集法。各单位在一年之中，不经过正常运行程序、正常渠道形成的文书材料很多。有些材料，特别是内部材料，一般很少有人专门保管，而且内容有针对性，时限性又很强，如果等年终整理前再专门收集，往往收集不到或收集不全，这就必须在平时随时收集，不断积累。文秘人员应在日常工作中，尤其要注意对失去现实效用的文书进行收集，这样才能保证文书收集的齐全完整，保证不失密、不泄密。

（3）主动收集法。主动收集，即要求文秘人员发挥主观能动性，积极主动地去收集文书材料，而不是被动地坐等别人把文书材料送上门来。平时，要注意掌握每一份发文和收文的运转情况，注意会议文书和内部文书的形成情况，注意外出开会带回的文件和报刊上公开发表文件的情况。凡遇到上述情况，都要积极主动地进行收集，并加以保存，防止疏漏。

（4）重点收集法。重点收集，即抓住形成文书材料的重点部门，如综合部门、调研部门、业务主要部门和秘书部门等，收集不是经过正常渠道运转的文书材料；抓住应该归档的重点材料，尤其是本单位内部形成的重要文书的原稿和定稿要进行重点收集，保证文件的完整性。

（二）文书的保存

被收集和清退回来的文件，在未进行整理和归档之前，文书部门需要有一段保存的时间，这就是收文处理程序中所指的"暂存"环节的工作内容。

1. 文书保存的作用

（1）利于正常的文书工作秩序。在工作中，每年都会产生大量的文件。如果不采取切实可行的方法来保存文件，会造成工作的混乱；如果文件乱堆乱放，势必影响文件的传阅、利用和正常的工作秩序。所以，要对文件采取科学方法进行保存，做到存之有序，归之有类，用之有效，使文书工作做到井然有序。

（2）利于文书的完整和安全。如果文件存放无序，可导致几种情况的发生：承办人员因担心查考不方便，而将借阅的文件久留不还，增加了文件散失的可能性；文件无序堆放，一方面单页文件容易散失，另一方面在文件堆里反复查找，会加剧文件的磨损，毁坏文件。所以应该注意文件的保存，做到完整无缺地归档保存。

（3）利于文书的查找和利用。要使文件能够有序地保存，就要合理地分类和归类，为文书的查找和利用提供方便。这就要在保存的实用性和适用性方面下工夫。

（4）利于文书的整理和归档。单位每年到年终时，都要做文件的归档工作，要根据文件的存放情况对文件进行调整，文书部门按时向档案部门移交文件，由档案部门进行专门保管。这就需要平时做好文件的收集和保存，不至于到年终时工作忙乱而无章法，影响归档工作的进行。

2. 文书保存的方法

（1）文件夹和文件盒存放。目前，许多单位最常用的方法就是采用文件夹和文件盒存放文件。这种方法，具有形散而实不散的特点。说它"形散"，是因为文件装在文件夹（盒）内，并不装订成册，仍处于活页状态，这样便于文件的查找和利用，并且不妨碍用完后归还。说它"实不散"，是因它虽然呈活页状态，但文件之间都存在着必然的联系，实质上是一个整体，且每份文件都有自己相对固定的位置，用完后可以对号放回，因此说它们是散而不乱。这种保存文件的方法，便于查找和利用。文件夹和文件盒存放是文书管理的传统方法，也是有效方法。

（2）电子文件夹保存。由于电子文书的大量使用，许多单位现在已开始对电子文书专门保存，建立专门的电子文件库和电子文件夹，利用电子文书的再现与可读性发挥它的作用。各部门对电子文书的归档范围、管理方法和有关标准要根据实际情况作出规定，并定期检查监督。为了文件的完整和齐全，应该对电子文书进行集中统一管理。

（3）纸质文书与电子文书的双套保存。虽然提倡"无纸化办公"已经有很长时间，但是在电子文书的证据性、管理制度、管理技术、管理设备、通信设备等问题没有得到全部解决之前，不能轻易地将电子文书取代纸质文书保存。纸质文书与电子文书将会长期并存。因此电子文书和纸质文书双套保存的状况必然存在。双套保存的电子文书与纸质文书要注意建立对应关系。

3. 文书保存的管理要求

（1）文件夹（盒）保存文件的管理要求。在采用文件夹和文件盒存放文件的时候，为了做到条理清楚，便于利用，必须注意以下几个环节。

①文件夹和文件盒的置备工作。文书保存的基本条件是备好文件夹（盒）。文件夹和文件盒是平时盛装、存放文书的工具，必须有充足的备品。文书部门必须在每年的年初购进足够的文件夹（盒），以备使用。

②文件夹和文件盒的分类工作。文书管理中重要和必要的工作内容之一就是对文件进行分类。文件夹和文件盒的分类，实质上就是对装在文件夹（盒）中的文件的分类。合理的分类，可以使文书管理工作井井有条。

分类的方法很多，如：

按文件密级分类，这种分类有利于文件的安全保密；

按发文机关分类，这种分类便于查找文件；

按收文时间分类，这种分类便于对近期文件的使用和阅办；

按文件内容分类，这种分类便于对同一内容文件进行参考；

按整理归档要求分类，这种分类便于平时归档和年终整理。

各级机关，应根据本单位的实际情况，选一种或几种分类方法，以利于本单位的文书管理为原则。

③文件夹和文件盒的编目标注。文件夹（盒）内均应编写文件目录，记载夹（盒）内文书的内容，以便查找和管理。文件目录的内容有：顺序号、文件标题、发文机关和行文日期等几项。另外，文件夹（盒）的封面或脊背上应注明类别，

以示醒目。

④文件夹和文件盒的陈放和排列。文件夹（盒）一般陈放在特别的卷柜内。摆放时，应按类集中排列，这样才能便于管理和查找。也可以根据文件的存放情况对文件夹（盒）进行调整，如对文件多的文件夹（盒）可以考虑分夹（盒）存放，文件少的文件夹（盒）可以合并等。

⑤文件夹和文件盒的调整和整理。对文件夹（盒）中的文件应定期整理，随时调整置放错的文件，并把已处理完毕的文件，做一些整理准备工作。如重复的文件可以剔除，没有意义的文件可以销毁。这样在年终整理时，就可以在文件夹（盒）所保存的文件组的基础上稍加调整，便可以整理归档。

（2）电子文书的保管要求。由于电子文书的特殊性，使得它的保管原则、保管体系等与纸质文书有很多不同之处。

①注意文书的完整性。随着计算机的普及，机关的电子文书制作可由各部门甚至个人完成，这样，电子文书就会呈现分散化的趋势。并且由于电子文书的信息与载体具有可分离性，使文书实体的概念不复存在。这种分散化和非实体化特征，要求在电子文书管理的各个环节应该想办法来确保它的齐全完整，而且与它相关的程序软件以及纸质文书也应完整无缺地保存。

②注意文书的可读性。电子文书具有对系统的依赖性，存储格式不同，硬件设备不兼容，会使一些电子文书无法识读。因此，要求电子文书在保存时，应同时把电子文书本身、支撑软硬件环境说明、信息格式介绍等包括在内，以利于电子文书的再现与可读。设备环境更新时应确认库存载体与新设备的兼容性；如不兼容，应进行保存电子文书的载体转换工作。

③注意文书的可靠性。电子文书易于修改并不留痕迹，文书的签署以及进入网络后信息的控制需要专门技术，所以要采取各种措施加以解决这个问题。因此要在电子文书的管理中建立健全制度，以堵塞各种漏洞，确保文书的真实有效。还要注意在文书的处理中严格遵守操作规程，建立必要的备份，以防止信息的丢失和失真，维护其可靠性。

④注意文书的安全性。由于电子文书的形成、处理均是在计算机等设备的支持下完成的，离开计算机等设备，电子文书既看不见也摸不着。同时，电子文书是在特定的软件环境下制作的，离开了软件系统和具体生成软件，电子文书也无法识读。因此，各单位每年都需要对电子文书的读取、处理设备的更新情况进行一次检查登记。对磁性载体每满2年、光盘每满4年进行一次抽样机读检查，如

发现问题应及时采取恢复措施。

另外，还要对归档电子文书进行防写处理，避免擦、刮、触摸记录涂层。单片载体应装盒，竖立存放，避免挤压。存放时应远离强磁场、强热源，并与有害气体隔离。环境温度为 17～20℃，相对湿度为 35%～45%。

二、文书的利用

文书管理中所有环节的进行，包括收文处理、发文处理、整理归档以及文书的收集和保管，最终目的只有一个，就是为了文书的利用。只有正确、充分地利用文件，把文件中的所有政策、规定、意见、措施和方法贯彻并落实，将字面精神转化为具体行动，这才是文书工作的价值和意义所在。

文书的利用就是对外机关发来的文件，特别是上级机关发来的文件，进行传阅、传达、贯彻、落实，并根据文件精神和本单位的实际情况，制定具体实施意见和办法等一系列行为。另外，在文书处理完毕整理归档后，对文书的使用和参考，或者查阅和研究等行为，也属于文书利用的范畴。

（一）文书利用的原则

1. 利于保密与便于工作相结合

文秘人员在日常利用文书的工作过程中，要注意掌握以下两个原则。

（1）不能因为急于传达贯彻文件，忽视了文件的保密规定，而任意提前或扩大文件的传达范围，造成失密或泄密现象的发生。

（2）不能因为强调文件的保密性，就把文件锁在柜子里，不按照文件的规定及时向有关人员传达贯彻落实，造成工作的延误。

也就是说，在利用文件时，一方面要考虑保密要求，另一方面又要考虑推动实际工作的开展，要将利于保密与便于工作结合起来。

2. 坚持原则与灵活应变相结合

在文书利用的过程中，一方面要考虑上级文件的基本原则、基本标准和基本要求，贯彻落实文件精神不走样、不打折扣，不能上有政策下有对策，要按照文件的要求处理具体问题。另一方面要结合本地区、本单位、本部门的实际情况，具体问题具体分析，在不违背基本原则的基础上，对某些具体情况经请示领导后，做一些机动灵活的变通处理。也就是说，既要讲原则性，又要讲灵活性，不能墨守成规，要根据实际情况的变化适当作出调整，将原则性与灵活性结合起来。

（二）文书利用的方法

1. 传阅和传达

传阅和传达的方法是文书利用最基本的方法。当收到外单位特别是上级单位的文件之后，根据办公室主任或有关领导指示，由文书人员安排本单位领导进行传阅，并根据领导的批示，向单位有关人员传达文件，使他们能及时了解文件的内容，并立即进行办理。

2. 承办和拟制

收到来文之后，要根据文件的要求马上着手进行承办。有的需要对收文进行回复，如对下级单位的请示进行批复，批转报告，对上级机关的询问进行答复，对群众的投诉信件进行处理等；有的需要起草新文件，如对上级机关发来的方针政策性、指导批示性文件，需要根据本地区、本单位和本部门的实际情况，拟制新的贯彻落实的文件，或者根据上级的法规性文件，制定适合本地区本部门的具体实施办法或细则等。在承办和拟制新文件的过程中，都要对原文加以利用，也就是说，回复和起草新文件，都离不开原文件。

3. 查阅和借阅

文秘人员在工作中经常会遇到这样的情况：在处理目前出现的各种问题时，往往要根据以往的发文和上级来文精神来解决；在拟制本单位的新文件时，往往需要参考以往的有关文件；在解决群众需要和应该解决的问题时，往往需要查找以往的文件规定；向上级机关提意见和建议时，也需要根据以往的文件精神等。凡遇上述情况，都需要向文书部门及档案部门调阅已处理完毕或已归档的文件。因此，查阅和借阅文件也是文书利用的重要手段。

4. 复印和汇编

一些上级机关发来的重要文件，或者有关部门发来的信函，因份数较少，传阅和传达起来很不方便，就需要进行复印或翻印；有些经常使用的重要文件，特别是涉及方针政策以及法规性文件，为了提高文件的使用率，需要把它们汇编成册，发给有关人员和部门；有些重要资料，如基本数据、典型材料和情况简介等，要进行复印或汇编。这都离不开对原有文件的利用。

另外，还可以通过阅文室来利用文书。

相关链接

阅文室

采取传阅方式组织领导和有关人员阅文虽然方便可行,但有许多弊端,已跟不上时代的要求。为了文书的方便利用和利于保密,在有条件的单位,尤其是文件收发量较大的单位可以建立阅文室。

1. 阅文室的作用

(1) 有利于保证领导的阅文时间和阅文质量。传阅文件时,领导人须在限定时间内阅完文件,否则将会影响他人阅读。但若干领导逐一传阅,就会拖长传阅时间。建立阅文室,领导可不受时间限制,自行安排阅文时间,或集中或轮流,能够充分利用文件的阅读期限。由于领导工作忙,往往没有充裕的时间阅文,为了不影响传阅,往往只是浏览一遍,不能深刻领会文件精神,影响阅文质量。而建立阅文室,就能避免这些问题,既保证了阅文时间,又保证了阅文质量。

(2) 有利于提高文件的周转率和办文效率。在传阅文件时,领导往往由于忙于处理事务而造成文件的积压,延长了文件传阅的时间。在阅文室阅文就可以避免这种情况发生,使文件的阅读周期大大缩短。另外,在传阅文件时,由于文件周转慢、周期长,领导的批办意见得不到及时承办,就会延缓办文速度。在阅文室阅文,领导的批办意见文秘人员马上就能看到,可以立即办理,大大提高了办文效率。

(3) 有利于加强文件的管理和保密。文件长期在外传阅,容易被阅文范围之外的人员接触到,很容易造成失密或泄密。文件集中保管在阅文室,可以防止阅文范围之外的人接触,防止了文件的丢失和泄密,利于文件的保密与安全,也有利于文件的管理。

(4) 有利于提高文书工作的效率。传阅文件需要文秘人员的重复劳动和大量时间,而集中在阅文室阅文,可以减少很多不必要的劳动,节省时间,有利于文秘人员集中精力管理文件,提高文书工作的效率。

2. 阅文室的建立

(1) 阅文室的地点,应设在距离领导办公室较近的地方,为领导阅文提供方便;同时阅文室也应考虑设在机要室附近,便于文书人员管理文件。

(2) 阅文室的环境,应保持安静,光线充足,避免潮湿,室内应清洁干净。

（3）阅文室的设施，最基本的应配置齐全，如铁皮卷柜、文件夹（盒）、桌椅等，还应配备计算机、复印设备等。

（4）阅文室的安全，这是应该引起重视的问题。应采取安全防护措施，如安装保险门窗、防盗及消防器材等。

3. 阅文室的管理

（1）专人负责管理。阅文室的管理人员必须可靠，应选派那些政治素质高、组织纪律性强、保密意识性强、工作细心的工作人员来担任。

（2）文件分类管理。阅文室内保存的文件要进行分类，不但要考虑调阅的方便，而且要考虑阅文人员的层次和身份。因为到阅文室阅文的人员，有不同的级别和身份，而有些文件的阅读是有级别限制的，尤其是密级较高的文件。因此，阅文室的文件在分类之前，首先要考虑的是文件的密级和阅读范围，然后再考虑发文机关和制发时间等要素。按上述概念的先后顺序分类后，把文件整齐地排放于文件柜中。阅文室内的桌子上应放置醒目标牌，标明阅读范围和密级，以便阅文人员按规定在相应的阅文桌上阅文。对一些保密性很强的重要文件，需设专柜保管。对分类的文件，应分别进行登记，并编写目录，以便查找。

（3）建立阅文制度。为了便于对阅文室的统一管理，阅文室必须订立严格的制度。凡是来阅文的人员，均应严格遵守。根据需要，发"阅读通知单"，通知有关人员前来阅读文件，并签字。

阅 读 通 知 单

_____同志：

　　请在_____月_____日前抽空来本室阅读×××文件。

（单位名称）阅文室

年　月　日

发文单位	文件标题	文件编号	密级	阅读范围	签字

（三）电子文书的利用

电子文书的利用方式多种多样，可以采用以下几种。

1. 电子文书联机阅览

（1）计算机网上阅览。就是将可公开利用的电子文书上网，相关人员只要上网就可检索出所需的电子文件，并进行阅览。网上阅览简便、快捷，没有时间、地域的限制，且用户面广，是电子文书利用的最基本方式。

电子文书上网是有一定的条件的。不同类型的文件，有时需要不同的软件环境要求。因此，为了方便人们阅览，还应指出阅读电子文书所需要的软件环境。如果所需的软件是共享软件，则应同时上网提供，以方便使用者阅览时下载。

（2）计算机单机阅览。就是将电子文书放在单机上阅览。这种阅览方式通常是对部分不宜公开的电子文件或有密级的电子文件的利用。这类文件由于有保密的要求，不宜上网、不可随意复制，但由于属于机读文件，其内容必须由计算机"读出来"，阅览者才能利用，所以可以采用这种单机阅览的方式。单机阅览可以在办公室或者阅文室进行，但要注意采用这种方式的保密性。

2. 电子文书脱机阅览

脱机阅览就是将计算机显示屏上的电子文书内容信息，从软拷贝形式转化为打印件、复印件或缩微件等硬拷贝形式，然后脱离计算机进行阅览。这种阅览方式可以不借助于计算机。

3. 电子文书复制

复制是电子文书利用中最常见的方式。电子文书可以通过复制形成电子文书副本，从而能够满足广大阅读者的需求。

电子文书的复制既可以是副本复制，也可以是摘录复制。副本复制就是对电子文书的所有组成部分进行复制，摘录复制就是仅对电子文书的某一部分进行复制。可以根据工作需要进行选择。

电子文书的复制根据载体不同有以下多种形式。

（1）软盘复制：即将电子文书的数字化代码复制于软盘上。这种利用方式简便、易行、花费少，是过去复制中最常用的复制形式。但这种复制的载体可靠性比较差，软盘易损坏，且容量小。目前已不采用。

（2）光盘复制：即将电子文书的数字化代码复制于光盘上。由于光盘的存储容量大，可以进行大量复制，且可靠性也比软盘好，所以是复制中的首选方式。

（3）硬盘复制：即将电子文书的数字化代码复制于硬盘上。硬盘的存储容量更大，可以进行大量复制，读取很方便。

（4）磁带复制：即将电子文书的数字化代码复制于磁带上。磁带的存取速度慢，而且只能顺序存取，所以只适用于需长时间保存的电子文书的复制。

（5）U盘复制：U盘是目前常用的一种移动存储装置，灵活方便。但由于容易损坏，不宜作为长期保存的副本。

4. 电子文书网上展览

网上展览是根据某种需要，按照一定的主题，系统地在网上对电子文书进行展出。这是通过展出和介绍有关电子文书的内容和成分而提供利用的一种方式，保证了电子文书利用的高效性。

相关链接 >>

网络安全防范的主要措施

（1）修复操作系统漏洞，堵住后门。主要的方法是按照补丁程序、升级、修补等。

（2）制定网络安全传输协议，如安全超文本传输协议和安全会话层协议等。

（3）信息加密及密码技术。密码技术是网络安全防范技术中最常用的手段。

（4）设置网络防火墙。防火墙通过检测，限制和更改穿越它的数据流，从而实现网络的安全防范与保护。

（5）采用实时检测等具体方法，防范木马、炸弹和网络病毒。

（6）监视端口状态和更改端口。

三、文书的管理

在办公室工作中，做好文书管理工作最重要的是贯彻集中统一管理的原则。为了遵守这一原则，除了以上所谈的收集和保存以及利用的工作之外，还要包括以下几个方面的工作。

（一）编制立卷类目

编制立卷类目指的是在文书还没有形成以前，根据单位的工作活动和文书形成规律，对一年内可能产生的文书材料事先编制成的一个文书管理的方案。它不仅是平时文书归类的主要依据，同时又是文书立卷前的重要准备步骤。

立卷类目由类别和条款组成，其中类别的划分方法主要有两种：一是按组织机构分类；二是按问题分类。每一类下面是条款，条款就是将要形成的一组具有密切联系的文书的标题。有了类别和条款之后，文书就可以对号入座，将文书按照立卷类目分别归类放置，避免了零乱堆积。这样，在文书工作中，给查找和利用、保管和统计文书都带来方便。

（二）文书的日常归类

立卷类目编制好以后，要为立卷类目中的每一个条款准备一个文件夹（盒），或者是文件袋，并随时将办理完毕的文书归到有关的条款中。使文书能够随时办完，随时集中保管，符合集中统一管理的原则。

（三）文书的调用

已归类的任何一份文书，平时还要发挥它的作用，因此，根据工作需要随时调用。由于文书的日常管理有了立卷类目，既可以随时调出，也可以随时归类，为文书的利用提供了方便。

（四）文书立卷

在文书工作中，到每年年底或者第二年年初，都需要将办理完毕的具有查考保存价值的文书，按照它们在形成过程中的联系和规律组成案卷，就叫文书立卷。这是每个单位都必须完成的一项重要工作。

经过平时的归类工作，文书都集中到了相应的条款，在正式组卷前，对每个条款内的文书再进行检查调整，使其具有相同特征（作者特征、问题特征、名称特征、时间特征、通信者特征、地区特征）的文书集中到同一个条款内。通过对同一个同款内的文书进行鉴定，使每一个条款内文书的保存价值大体一致。重复的文件可以剔除，没有保存价值的文件可以销毁。这样，每一个条款内的文书基本上就可以构成一个案卷或者数个案卷，装订成册后，再加上案卷标题，立卷工作基本上完成。

（五）立卷归档

把立好的案卷按规定的制度移交档案室集中保存的工作就叫作归档。立卷归档代表着全年文书管理工作的结束。这项工作通常是在第二年的三四月份进行，文书部门向档案部门移交文件，由档案部门验收合格后对案卷进行专门保管。

案例分析与点评

本节"案例导入"中某公司的文书管理工作没有做好。应做到以下两点：

（1）加强对文书的收集和管理。文书工作人员要依据归档制度的有关规定，通过各种渠道，做好平时收集的工作。移交文书时，按登记情况如数清退有关文件，如果不完全，要及时收集。否则时间一长，不了了之，就会给工作造成损失。只有"请示"而没有"批复"的文件，是没有价值的。由于与该案例有关的工作人员工作马虎，所以受到处分是应该的。

（2）复印件的归档价值有限。在制作文件时，应同时保留原件的定稿、正本留存本等。现在的技术使文件同时能制作出在外观形式上与正本完全相同，都具有公章的文件，因此在发文的同时就可以保留存本，不能拿复印件去代替。

第四章 办公室会务工作

会务工作是办公室事务中的一项基础工作，办理会议是办公室工作人员的主要职责之一。本章概述了会务工作的相关理论知识，将办公室会务工作分为会议前期的筹备工作、会议中期的服务工作和会议后期的整理工作三部分来展开介绍。做好会议前期的准备工作是开好会议的先决条件，会议前期的筹备工作要做到精心策划，做好预案，协调各方，落实责任，细致周到。会议召开期间，要掌握会议动态，做到认真负责，善抓细节，临变不惊，通过协调和调度掌控会场秩序，同时配合精心的组织和良好的服务，使会议的既定目标得以实现。会议结束之后，办公室工作人员仍要保持工作状态，保质、保量、高效率地做好会议后期的整理善后工作。

第一节　会务工作概述

> **案例导入**

总经理要求秘书小王安排次日上午9点开一个会议。小王首先向总经理了解会议的性质，沟通会议的议题，确认会议的地点、会议的主持人以及需要出席的与会人员。然后根据所了解的会议情况确定会前、会中和会后的各项会议任务，一对一地落实相关责任人，经当事人确认后，形成书面备忘录，确定会议预案。具体包括起草会议通知、发通知、落实到各与会人员，并确保在开会前再次提醒与会人员按时报到。然后确定会议地点，测试会场相关设备，准备相关会议资料，安排会议过程中的会议记录事宜，以及会议前后的会议文件收发和撤离事宜。

一、会务工作

会议是现代社会人类活动的一种普遍形式，是有组织、有目的地召集人们商议事情、沟通信息、表达意愿的行为过程。任何机构组织，都离不开会议这种活动形式。会议是实施领导、进行决策的重要方式，既可以交流信息、互通情报、集思广益，还可以协调矛盾、联络感情。

会议要取得预期效果，必须有会前的充分准备，会议中、会议后的各种必要的支持、服务和整理工作。这些准备、支持、服务和整理工作，统称为会务工作，简称"办会"。会务工作做得好坏，是影响会议质量和会议效果的重要因素。办会是办公室工作的重要内容之一。

会务工作的原则是规范高效，办公室工作人员一定要细致了解会议的相关知识，认真做好会议前期的筹备工作、会议中期的服务工作、会议后期的整理工作，规范高效地办会。具体来说，办会要做到：

1. 准备充分

任何会议无论规模大小，都要做好会前准备工作，要有全面详细的方案，要尽可能地把所有问题解决在会议召开之前，宁可推迟会期，也不要仓促开会。

2. 组织严密

整个会议系统应形成一个灵活畅通、操纵自如的整体，要做到"三落实"，即目标落实，会议要达到一个什么样的目的和效果必须明确；人员落实，会议过程中的人员到位、责任等都要明确落实；时间落实，会议各个环节的开始、完成都带有一定的计划性。

3. 服务周到

会议的服务也是会务的主要工作之一，作为会议组织者对会议期间与会人员可能遇到的情况要尽量考虑周全，对一些有特殊需要的人员，在政策和实际条件允许的情况下，应尽可能满足；对不能一时解决的问题，应耐心向有关人员解释清楚。

4. 讲求效率

会务工作带有很强的时效性，会前准备按时、保质保量到位；会间各项服务讲求效率；会后完成所有会议决议事项的落实工作，只有这样才能保证会议的质量。

会议泛滥已经成为一个世界性的问题，究其根本不是会议的数量太多，而是一些会议的质量太低。因此要努力做到在会务的组织工作中增强科学性，减少盲目性和随意性，遵循会议活动的工作原则，实现对会议的科学管理，从而提高会议的效能、精简会议。

二、会议概述

（一）会议的分类

从不同的角度出发，可以将会议划分为不同的类型。

1. 按会议的规模分

指按照参加会议的人数来分，一般可分为：特大型会议（人数在万人以上的会议）；大型会议（人数在千人至数千人之间的会议）；中型会议（人数在几十人至数百人之间的会议）；小型会议（少则几人但不少于三人，多则几十人的会议）。

2. 按会议的性质分

按会议的性质可分为：

（1）法定性或制度规定性会议，如党代会、人代会、职代会、妇代会和股东大会等。

（2）决策性会议，如常委会、党组会、理事会、行政会和董事会等。

（3）工作性会议，如动员大会、工作布置会、经验交流会、现场办公会、总结会、联席会、座谈会、协调会和务虚会等。

（4）专业性会议，如研讨会、论坛、听证会、答辩会、专题会和鉴定会等。

（5）告知性会议，如表彰会、纪念会、庆祝会、庆功会和命名会等。

（6）商务性会议，如招商会、订货会、贸易洽谈会、观摩会、广告推介会和促销会等。

（7）联谊性会议，如接见、会见、茶话会、团拜会、恳谈会和宴会等。

（8）信息性会议，如新闻发布会、记者招待会、报告会和咨询会等。

3. 按会议的周期分

按会议的周期可分为：定期会议（有固定周期，定时召开的会议）和不定期会议（随时根据需要而召开的会议）。

4. 按会议采用的媒介分

按会议采用的媒介可分为：

（1）常规会议：参会人员坐在同一个会场中，按照既定程序开会。

（2）电话会议：通过电话线路，将一个会场的声音信号传送到其他会议，让多个会场的人同时听会。可以大大节约时间和成本。

（3）电视会议：通过电视台或者有线电视信号将会场的声音和画面传到不同的会场中，让异地会场的人有身临其境的感觉。

（4）网络会议：利用网络技术进行会议信号的传递。由于网络具有交互性，会议的各方均可以通过网络进行发言、讨论，比电话、电视会议的单向沟通方式效果更好。

5. 按会议的区域分

根据会议代表来自的区域，会议可分为：世界性大型会议、国际性会议、全国性会议、区域性会议、单位或部门会议等。

6. 按会议的阶段分

按会议的阶段可分为：预备会议（是指正式会议之前，为保证会议的顺利进行而召开的准备会议，主要商议正式会议的有关事宜，也称为筹备会议）和正式会议。

（二）会议的要素

1. 会议主持人

主持人是会议过程中的主持者和引导者，是负责控制和推进会议进程的人员，往往也是会议的组织者和召集者，对会议的正常开展和取得预期效果起着领导和保证作用。通常由有经验、有能力、懂行的人，或是有相当地位、威望的人担任。秘书常常也会主持一些座谈会、招待会、新闻发布会等，在主持会议之前，秘书应全面了解会议的目的，深刻把握会议背景，明确会议的主旨；还要深入了解与会者的职位、政治倾向、性格等，这样才能在会议召开时有效地调动与会人员的情绪，促动与会者积极发言。

2. 会议参加者

会议参加者即参加会议的对象，包括正式成员、列席成员、特邀成员和旁听成员。与会人员的数量决定会议的规模。

3. 会议工作人员

会议工作人员包括会议秘书人员和会议服务人员等，通常是来自主办单位担当会务工作的秘书人员或是来自专业的会议机构的技术人员和经营管理人员。主要负责会议的筹备工作、会议材料的收集整理工作和会议事务性工作。

4. 会议名称

会议名称要求能概括并能体现会议的内容、性质、参加对象、主办单位或组织、时间、届次、地点或地区、范围和规模等。一般由三部分组成：一是会议主办单位的名称；二是会议的主题；三是会议的类型。会议名称必须用确切、规范的文字表达。大中型的会议名称一般被制作成横幅大标语，置于会议主席台的上方或后方，作为会议的标志，简称"会标"。会标必须用全称，不能随意省略，以免语意不清，产生误会。

5. 会议议题

会议议题是会议所要讨论的题目，所要研究的课题，或是所要解决的问题。议题必须既具有必要性和重要性，又具有明确性和可行性。每次会议的议题应该尽可能明确、单一，不宜过多，不宜太分散，要准确、具体地体现会议的目标。

还要引导和制约会议的发言，尤其是不宜把许多互不相干的议题放在同一个会议上讨论，使与会者的注意力分散，这样不利于问题的解决。

会议议题可以由上级机关和领导人根据需要指定的，也可以是来自下级部门提交的、需要以会议的形式研究和决定的问题，或者是本层次的管理活动中需要研究和决定的事项。安排会议议题应注意下一级会议可以解决的或者个别领导可审批解决的问题，一般不要安排上级会议讨论；提交会议讨论的议题，一般要有简要的文字材料，并在开会前经领导审批后，发给有关人员阅读，准备意见；临时提出的一般议题不宜仓促安排，以保证会议质量；一次会议上的议题不能安排过多或过少，要测算每个议题大致所需的时间，合理分配，以安排一个主要议题和一两个小议题为宜；尽可能地将同类性质的议题提交一次会议讨论；要准备一些后备议题，以便在会议进展顺利、时间充裕的情况下提供会议讨论。

6. 会议时间

会议时间包含会议的召开时间，整个会议所需要的时间、天数，每次会议的时间限度。会议召开时间指的是会议什么时候开始和结束的时间节点。会议组织者应尽可能准确地预计整个会议所需要的时间、天数，并在会议通知中写明，便于与会者有计划地安排。会议召开的时间可长可短，每次会议时间最好不要超过一小时，否则应该安排会间休息。

7. 会议地点

会议地点又称会址。既可指会议召开的举办地，也可指举行会议活动的具体会场。为了使会议取得预期效果，应根据会议的性质和规模，综合考虑会场设施、交通条件、安全保卫、气候与环境条件等因素来选择会议的最佳会址。国际性或全国性会议，还要考虑政治、经济和文化等因素。可根据具体会议的需求、会议经费和与会人员身份等因素，协助领导选择不同档次和功能的会议场所。适宜开会的场所有各种会议中心、剧场。宾馆、饭店、度假村也能提供专业的会议场所，而且可以做到开会、餐饮、娱乐一条龙服务。若是本单位会议，单位礼堂、会议室、多功能厅等都是不错的选择。

选择会场时还要注意：

（1）会场要适宜会议精神的表达，能够营造帮助呈现会议精神的恰当氛围，从而使会场对与会者有感染力。

（2）会场要大小适中，能够为与会人员提供舒适的参会环境。会场过大，显得松散，会分散与会者的注意力；会场太小，显得拥挤，会给人压迫感，也妨碍会场布置，影响与会人员轻松方便地在会场里行走。

（3）地点适中，会场应尽量离与会者驻地近一点，方便其轻松到达会场。会场附近应有必要的公路、铁路、航空交通路线。

（4）设施齐全，会场应准备好照明、通风、卫生、投影仪、电子书写板、文具、录音、摄像、电脑、网络接口、签到机、茶点等设备和用品，还要考虑会场配备的汽车停车场。

（5）不受干扰，会场要远离办公区和闹市，杜绝室外噪声。会场本身也应该有良好的隔音设备。

8. 会议方式

会议方式是指为了提高会议效率、实现会议目标而采取的各种形式或手段，如现场办公会、座谈会、观摩会、报告会、调查会和电话会等。随着互联网等新媒体的广泛应用，还可以采用视频会议。

9. 会议结果

会议结果是指会议结束时实现目标的情况。会议如果不能达到会前预设的目标也要有一个初步的决议或达成初步协议，通常可以以会议决议、合同、条约、协定和声明等文件的形式记载下来。

> 案例分析与点评

本节"案例导入"中的秘书小王会务工作做得符合规范高效的办会原则。首先，小王非常细致地与领导沟通会议的相关情况，确定会议各要素的具体内容。然后，根据所了解的会议情况确定会前、会中和会后的各项会议任务，将会议组织的整个流程整理出来，各项工作一对一地分配、落实给相关责任人，并形成会议预案，让整个会议组织的人员明确自己的工作内容，各司其职，共同成功地组织好会议。

第二节　会议前期的筹备工作

> **案例导入**

利新饮料有限公司建立于 1984 年，初期仅以生产利新果汁饮料为主。根据市场需求开发了新品，大力推出了"健康果汁"系列的百分百纯果汁。公司定于 2011 年 6 月 20 日上午 9 时在本公司的朝霞大厦召开新品推介和订货会议，特别邀请省市食品公司、食品批发部门的相关负责人以及本市中高档饭店的经理们参加。总经理要求会上要放映相关视频资料，还要安排客人品尝新产品，最后赠送各位客人新品果汁一箱。总之，是要全力介绍、推出"健康果汁"系列饮品。

办公室负责人张文接到任务后，立即成立会议筹备小组，组织相关人员讨论此次会务工作，明确会议主题为"宣传新产品，洽谈新业务"。并围绕主题，拟定会议预案，确定会议名称、时间、地点、会期、与会人员、会议日程和会议经费。同时，将会场布置，会议资料准备、记录，会前检查以及会议服务等各项工作任务分配给具体人员。会议预案经总经理审批后，张文即时组织实施。

由于公司的放映设备正在维修中，张文联系顺达租赁公司，因为之前租用过一次，所以这一次张文就用电话和对方联系了，并在电话里反复要求务必在 6 月 20 日上午 8 点 20 分前送到朝霞大厦的会议厅。可是 20 日上午 8 点 20 分，大家都在忙碌地做着会议召开前的最后准备工作，但放映设备仍迟迟不到。张文赶紧联系租赁公司，对方说已经送出，正在路上。眼看客人已到，会议即将开始，张文焦急万分。直到 8 点 50 分放映设备才姗姗送来，原来是路上拥堵造成迟到的。大家赶紧把放映设备安置好，在部分贵宾的注目下手忙脚乱地调试好。总算会议顺利开始了。

介绍完新品果汁后，众人开始品尝新品果汁，有的对葡萄和苹果果汁赞不绝口，有的对香橙和橘子果汁情有所钟，有的则看好健康的番茄和猕猴桃果汁，更有客人全都喜欢。总之,新品果汁获得大家的一致好评,纷纷表示了订货意向。张文不由松了一口气。可是到赠送各位客人新品果汁一箱时,才发现会前准备的果汁是出厂时的原始包装,每一箱都是单一品种的果汁,不能满足客人们品尝多种口味的需求。更有客人想要把各种类的果汁都带回做样品,请自己公司的人尝一尝,再下订单。一时间,张文等人七手八脚地开箱重新分装果汁,会场一片忙乱。总经理看着这一切,皱起了眉头。

一、会议前期筹备工作的要求

做好会前的准备工作,是开好会议的先决条件。要保证会议的质量,就必须在会议前期的筹备工作中按照20字的要求做:精心策划,做好预案,协调各方,落实责任,细致周到。

二、会议前期筹备工作的内容

(一)拟定会议预案

会议预案就是会议的筹备方案。预案拟定的是否合理可行,是否细致周到,直接决定会议能否取得预期效果,特别需要精心策划。会议预案相当于将会议组织的整个流程整理出来,将工作任务分解分工,所以每项任务必须有具体要求和具体负责人。会议预案报请领导批准后,要及时组织实施。

1. 确定会议基本要素

根据会议所要达到的目的和目标要求,会议预案要确定会议名称、议题、时间、地点、会期、与会人员和会议方式等诸要素。

2. 会务工作分工

为保证会议顺利进行,特别是中大型或重要的会议,需要组建会议筹备机构,再分成工作小组,互相协调,共同完成办会任务。一般大型会议要设置秘书处,专门负责会议的组织和协调工作。下设的工作小组为:

(1)总务组:负责会场、接待签到、住宿、交通、卫生、文娱活动等会议的组织、协调工作,负责车辆调度、设备保障、用品发放与管理、经费预算及筹措、财务管理等工作。

(2)秘书组:负责拟写会议预案,准备各种会议文件和资料,做好会议记录及会议简报、档案等文字性工作。

（3）宣传组：负责制订会议公关计划，组织、安排记者采访，提供新闻稿，承办记者招待会，录制会议音像资料等。

（4）保卫组：负责防火、防盗、人身和财务安全以及大会保密工作。

3. 制定会议预算

举行任何会议都要消耗一定的人力、财力、物力，特别是大中型会议的投入，应本着勤俭办会的原则对会议的经费及各项支出作出预算。预算应尽量降低会议成本，但同时又要有一定的弹性，注意要留有余地。会议经费一般包括以下几个方面。

（1）会议室租金。包括会议场地租金、会议设备租赁费用和会议布置费用。

（2）交通费用。包括与会人员往返出发地至会务地的交通费用、会议期间住宿地至会场的交通费用、会场至餐饮地点的交通费用、会场到商务活动场地的交通费用、商务考察交通费用以及与会人员可能使用的预定交通费用。

（3）住宿餐饮费用。住宿费往往是会议的主要支出项目。餐饮费用包括早餐、午餐、会场茶歇和联谊酒会等费用。

（4）广告宣传费用。包括制作或提供会议纪念品、会场礼仪、代表证、广告牌、文件包等所需的费用。

（5）劳务费。包括服务人员劳务费和专家劳务费（即请专家、学者讲演或发言的酬金等）。

（6）旅游费用。会议主办方在会议期间或结束之后，安排相关人员参加具有当地特色的旅游活动所需的费用。

（7）其他费用。根据会议策划需要的其他费用，包括运输与仓储、娱乐保健、媒介、公共关系、通信联系、印刷等费用。

（8）不可预见的费用。会议过程中一些临时性安排产生的费用。

4. 会议议程、会议程序和会议日程的确定

（1）会议议程。会议活动有一类是议题性活动，即围绕议题展开的讲演、辩论、商讨、审议和表决等活动。会议议程是对议题性会议活动的程序化，即把会议议题按照主次、轻重及其内在联系有机地排列起来，安排好顺序，印成文件。会议议程起着维持会议秩序的作用，关系着会议能否顺利进行。一般用序号清晰地表达出会议的各项议题，制成"议程表"，经领导审定后，会前发给与会者。

（2）会议程序。会议活动有时是非议题性的，如选举、颁奖、揭幕等一事为

主的会议活动，一般只制定会议程序。会议程序是指在一次具体的会议中按照时间先后排列的详细的活动步骤。会议程序表明一次具体会议活动的内容及时间顺序，可繁可简，一般由主持会议的人员掌握即可。

（3）会议日程。会议日程是把一天中会议议程规定的各项活动按单位时间具体落实，不仅包括会议议题的全部活动，还包括会议过程中其他的辅助活动，如聚餐、参观、考察和娱乐等。会议日程是对完成会议各项议程所需时间的预测和必要的限制，可以表明会议发展的进程，有助于提高会议效率。会议日程要按时刻逐日精心编排。

（二）制发会议通知

制发会议通知是会前准备工作的一项重要内容。正式、重要会议的会议通知往往是书面形式的。单位内部与会者应当面送达，并请对方签收。外部单位与会者可邮寄通知，注意提前邮寄。有些学术性会议需要提前三个月发预备性通知，等收到回执后再发正式通知。对重要的邀请对象，可用发送邀请函或请柬再加电话征询、确定的双重方式。还有些会议以发送电子邮件或手机短信的方式通知，一定要写清收文者的单位、姓名、邮箱地址，核实手机号码，并应以电子邮件回复和手机短信回复的方式确认会议通知是否收到。

（三）制发会议证件

会议证件是表明与会议有直接关系的有关人员身份权利和义务的凭证。

1. 会议证件的类型

会议证件分为两类：

（1）会议正式证件。发给与会者，方便其进入会场和会议驻地，如代表证、主席团证、出席证、列席证、签到证和入场证等。

（2）工作证件。发给为会议服务的工作人员，如记者证、工作人员证、车辆通行证等。

2. 会议证件的内容

会议证件的内容大致包括：会议名称、使用者单位、姓名、性别、职务、发证日期和证件号码等。

3. 会议证件的制作

证件制作要主题鲜明，美观大方，经济适用，证件种类名称醒目，便于携带和识别。会议证件制作的具体要求：

（1）代表证。是供出席会议的代表珍藏的荣誉证件，应设计精美、主题突出、质地考究，具有一定的收藏价值。一般要粘贴或印制代表彩照，并加盖会议钢印。

（2）主席团证。是供主席团成员佩戴的，制作时应与出席证相区别。

（3）出席证。是供出席会议的人员佩戴的，设计制作应紧扣会议主题，突出会议性质，便于识别和佩戴，并且为本次会议其他证件设计制作提供基准风格。

（4）列席证。是供列席会议的人员佩戴的，设计风格应与出席证相一致，可以色差不同来两相区分。

4. 会议证件的样式

会议证件的样式可根据实际需要来进行选择。目前国内各种会议场合应用最多的一种是系带式证件卡片，取戴方便，经济适用，但会晃来晃去。另外一种是可以粘贴在衣服上的黏性标签，经济方便，但可能会在衣服上留下痕迹。还有一种是夹子式证件卡片，可以随意夹在衣服的不同部位，成本略高，但能更换塑料封里的标签而重复使用。

会议正式证件一般在与会者报到时发放。

（四）会场布置和会议材料、物品准备

1. 会场布置

（1）根据会议的形式和目的，会场布置要在整体气氛和色调上与会议目标相称。

①根据会议的性质营造适宜的会场氛围，庆祝大会应喜庆热烈，代表大会要庄严隆重，座谈会要和谐融洽，纪念性会议要隆重典雅，日常工作会议要简单实用。会议的气氛可通过会议场所的大小、色彩、旗帜、饰物、花卉、灯光、音乐等烘托出来，会场布置要注意从以上这些方面营造与会议内容相适应的气氛。

②根据会议的不同内容和要求，布置会场时恰当地配置不同的色调，可以对与会人员心理产生积极的影响，从而提高会议效率和质量。如红色、橙色、黄色等暖色给人以热烈、辉煌、兴奋的感觉，比较适合庆典性会议；蓝色、紫色、青色等冷色给人以清爽、沉静的感觉，绿色、灰色等中性色使人有心旷神怡、赏心悦目的视觉感受，比较适合严肃的工作会议。

（2）会场中桌椅的摆放可依据会场大小、形状、会议的需要、与会人数的多少等因素来设置，20人左右的小型会议通常摆放呈圆形、方形或其他形状。圆形式可以让与会者互相看得见，与会人员无拘无束自由沟通；"口"字形外围可以放置多层桌椅，适合出席人数稍多的会议；"U"字形适合需要使用黑板的学习会议；"V"字形适合使用幻灯片或放映设备的会议。几十人至几百人的会议通常布置成"而"字形、倒"山"字形、半圆形。

重大会议会设置主席台。在席位前放置姓名牌，便于按位入座。主席台席位视人数设一排或数排。席位的次序应以主席团成员职务高低，对会议的重要程度而定。国内会议主席台座次排列通常的做法为：第一排席位为单数时，身份最高的领导人或声望较高的来宾就座于第一排的正中，其他领导人或贵宾以主席台的朝向为准按先左后右、一左一右的顺序排列。如果主席台上就座的人数为偶数，则以主席台中间为基点，身份最高者坐在基点左侧，其次者坐在基点的右侧，即先左后右，左高右低。前排为主，后排为次。但国际性会议主席台座次的排列与国内会议先左后右排列方法正好相反，一般以身份最高的出席者居中，其他来宾按身份高低先右后左向两边排开。

2. 会议材料的准备

会议材料准备是会议筹备工作的重要内容。

（1）会议的材料。包括会议的领导指导性文件，即明确会议的指导思想和主题、提出会议目标和任务的会议文件，如领导讲话稿、代表发言材料、经验介绍材料、开闭幕讲话、主题报告、专题报告和专门文件等。会议的审议表决性文件，如工作报告、选举结果和正式决议等。会议程序文件，即议程文书、日程安排、选举程序和表决程序等。会议参考文件，如技术资料、统计报表、代表提案、公务书信、群众来信和调查报告等。会议管理文件，即会议通知、开会须知、议事规则、证件、保密制度、作息时间和生活管理等。

（2）会议材料的印制。要对材料的印刷、装订把好关，应逐页核对是否齐全；注意满足主持人、讲话人对材料的纸张和字号大小等的特殊要求。一些重要文件一般在文件首页左上角标明编号，字体字号要有别于文件正文；一些征求意见稿或保密性文件，需要在会后退回的，应附上一份文件清退目录或清退要求的说明。

（3）会议材料的装袋。应准备足够的文件袋，至少保证每位与会人员每人一个，在文件袋上注明"会议文件"等字样。将所有会议材料系统整理，制作成文件资料目录，连同会议材料统一放在文件袋中。

应注意的是，开幕词、工作报告、领导讲话稿、会议程序性文件、会议参考文件、会议管理文件必须在会前准备妥当，在会议召开之前按规定范围分发给与会的相关人员。

3. 会议物品的准备

（1）会议的物品。会议所需物品包括常用文具，如纸、笔和小刀等；会场装饰用品，如花卉、旗帜、会标、会徽、宣传画和标语口号等；印刷设备，如打印机、扫描仪和复印机等；会场基本设施，如桌椅、照明电器、通风设备、卫生用具、安全通道和消防设施等；视听器材，如麦克风、幻灯机、投影仪、黑（白）板、电子书写板、摄像机、数码相机、录音机、软盘、光盘、移动硬盘和同声翻译系统等；通信设施，如传真机、电话机、电视机、计算机、交换机、网线及相应的通信网络设施等；交通工具，如小轿车、大轿车等接送与会人员的车辆；生活用品，如茶水、茶杯和纸巾等；特殊用品，如颁奖证书、奖品、选票、投票箱、剪彩用的彩带剪刀、产品介绍会议用的充气模型、巨型屏幕，会议纪念品等。

（2）会议物品的准备应本着"实用节约"的原则，详细理出清单，并落实专人负责采购以及相应设备的准备、安装、调试和使用。不能有半点差错！

（五）会前检查

会前检查是落实预案、保证开好会议的重要步骤。会前检查应在会议正式开始前二小时完成，如是隔天上午举行的会议应在前一天下午完成。

会前检查工作主要包括：会议文件准备情况检查，对文件起草、校对、印刷、分装等进行严格检查；物品准备情况检查，确保有足够的纸、笔、纪念品、日程表等文件的备份；会场检查，会场设施的正常操作和运行是会议顺利进行的基本物质保证，检查范围包括主会场、分会场以及与会者的住地，检查内容包括电力通信设备、影像设备、茶点供应、警卫部署、票证、人员定岗定位等。特别要保证会场的音响、照明、通风、空调、投影仪、放映机等设备的正常运行，办公室工作人员应与相关专业技术人员合作，提前对这些设备进行调试、维护，还应配备备用设施，以便应对突发事件。

对于检查中发现的未完成的任务以及不完善的地方，应明确专人限时完成，确保各项工作落实到位，保证大会按时顺利召开。

案例分析与点评

本节"案例导入"中的办公室负责人张文没有做好充分的会前准备工作，没有达到"精心策划，做好预案，协调各方，落实责任，细致周到"20字要求。

首先，张文拟定了会议预案，将各项工作任务分配给了具体秘书人员，但是没能协调各方，落实责任。对于会议需要的音响、电子类装置应至少提前一天安置好，并进行调试，以保证其顺利运行。即便是已经租用过，也不能仅凭电话联系，而应亲自查看，安排妥当。租赁时应考虑到环境因素的影响，如堵车等。会议用的重要设备应考虑配备备用设施。

其次，会前的物品准备不充分，没有切实考虑到客人对新品果汁的实际需要，没有细致周到地准备，从而造成会场混乱，影响了会议效果。

最后，会前应加强对各项准备工作的督促检查，按会议议程、程序逐项排查，发现疏漏及时补救。同时，会前检查应在会议正式开始前二小时完成，如是隔天上午举行的会议应在前一天下午完成。如果张文做好会前检查工作，是可以避免这些失误的。

第三节 会议中期的服务工作

案例导入

利新饮料有限公司的新产品发布会即将开始，办公室负责人张文正在会场做最后的物品检查。这时会场入口处一阵嘈杂，原来是内含不同级别会议礼品的会议资料发放出现差错，以至于含有高级礼品的会议资料不够了。张文来到接待登记处，发现只安排了一个接待登记处，来宾们挤在一处，发放会议材料时出现的混乱，让来宾们也因为礼品的问题弄得不愉快。

会议期间安排了一位市领导作本市饮料产业发展规划的报告，张文负责此次报告的录音工作。会议召开的前一天，张文将无线话筒、录音笔等录音器材都安置好，并事先调试了一番，觉得效果不错，于是开会时就放心地处理其他事情了。会议结束后，需要整理领导报告。张文打开录音笔，前几分钟听起来还不错，但越听越不清晰了，到后来竟然是一片嘈杂声，领导报告自然无法整理了。

一、会议中期服务工作的要求

会议召开期间，是办公室工作最活跃的阶段，也是对工作人员工作能力最严格的考验。此时，办公室的中心工作任务是掌握会议动态，要认真负责，善抓细节，临变不惊，通过协调和调度掌控会场秩序，同时配合精心的组织和良好的服务，使会议既定的目标得以实现。

二、会议中期服务工作的内容

（一）会议接站、报到和签到工作

1. 会议接站

接站是跨地区、全国性和国际性会议活动接待工作的第一道环节。首先，要确定迎接的规格，以便派相应身份的人员前去接站。其次，统计好与会者的名单和人数，通过汇总回执、报名表、打电话等渠道，尽量详尽掌握与会人员的姓名、性别、年龄、职务、级别等身份信息，清楚每位与会者抵达的时间和方式，准备好接站标志、手提式扩音器、其他器材和车辆等，准时到达机场、车站、码头迎接。与会者集中到达时，在接站处以及交通工具上都要用牌子或横幅醒目标示"×××会议接待处"的字样。个别接站时，接站人员可以手举醒目标示"欢迎×××先生（女士）"的标志牌接站。要特别留意晚点抵达的与会者，避免漏接现象发生。如有必要，还应布置好安全保卫工作，并与新闻单位联系，准备新闻采访和报道。

2. 会议报到

报到是指与会者在到达会议所在地时所进行的登记注册手续。秘书人员首先要查验证件，如会议通知、介绍信、身份证等，以确认与会者的参会资格。然后请与会者在登记表上填写个人姓名、性别、年龄、单位、职务、联系地址、电话和电子邮箱等有关信息，既便于统计与会者人数，也便于做好各项会议服务工作，又可据此编制通讯录。同时，统一接收与会者携带的需要在会议上分发的材料，经审查后再统一分发。在会前准备好的会议文件、证件、文件袋等会议资料、会议用品，要提前装订、分装好，在与会者报到时一并发给。如果分发的会议材料、会议用品不完全一样，按与会者身份的不同有所区别的，接待人员要细心区分，切忌出错。也可以根据情况设置不同的接待处。需要收取会务费、住宿费、资料费的会议，在报到现场要安排有关人员收取，并当场开具收据。然后根据与会者的身份和要求安排住宿，并在会议登记表上标明相应的房间号码，以便会议期间联系。

3. 会议签到

会议签到可统计会议实到的人数，准确反映缺席情况，以便采取弥补措施。有些会期较短和无须集中接待的会议，一般只办理签到手续。而一些具体活动较多、内容较重要的会议，与会者除了办理报到手续之外，在参加每一场会议活动时还需签到，以示出席了会议。对于表决和选举性的会议，确切掌握出席人数是非常重要的。有些庆典性、纪念性会议的签到簿可留作纪念。

会议签到的方式有以下几种：

（1）工作人员代为签到，对于日常工作会议或单位内部会议，可由工作人员在预先拟好的与会人员名单上画上特定记号来完成签到。

（2）与会者自行签到，与会者在事先准备好的签到簿上签名报到，以示到会。亲自签名赋有纪念意义，有时一些邀请性会议，可以准备签名用的毛笔。人数较多时，也可事先多准备些"签到单"，会后再装订成册。

（3）电子签到，与会者进入会场时，将特制的记载有与会者姓名、性别、单位、代表性质、组别和代表证编号等信息的签到卡插入或靠近电子签到机，与此相连的电脑就会自动记录和显示与会者的相关信息，在签到结束后立即统计出出席人数和缺席人数。签到卡通常与代表证组合起来。一般大中型会议常采用电子签到。

工作人员根据签到情况掌握到会人数，并及时联系未到会人员，查明迟到或缺席的原因，将有关情况报告会议主持人或相关领导。

（二）会场服务工作

会场服务工作包括引导与会者入席、退席；茶水供应；指引与会者使用会场的生活设施，照顾与会人员会间休息，保持会场内秩序；关注和维护会场内各种设备的使用；协助领导安排会议发言顺序，掌握会议动态，控制会议进程；根据会议时间长短，与会人员数量多少安排车辆调度；注意会场内的安全保卫工作，防止与会无关人员随便进入会场，排查安全隐患，防止意外事故发生，保证与会人员的安全和健康，满足与会人员的临时需要；如果是组织内部的会议，会场服务工作还包括接听会场外打来的电话、接待来访的客人，要尽可能排除对会议造成干扰的场外因素。

会场服务中会务工作人员要为与会人员指引会场、座位、展区、餐厅、住宿的房间以及指示与会人员问询的路线、方向和具体地位置，会议引导可以为与会人员提供便利，使其感到亲切，也利于维护会场内外的正常秩序。负责引导的秘书人员要熟悉会场的布局以及各种配套设施的情况。

会场服务工作中一定要注意保证茶水供应，大型会议应有专门的服务人员负责沏茶倒水，小型会议由工作人员负责，倒水时不要将茶杯装得过满，以免泼溅，续水时要讲究时机，既不能过于频繁，影响会议正常进行，也不能间隔时间太长。注意准备一次性茶杯、杯托、暖水瓶或饮水机。也可选用瓶装矿泉水作为会议中的饮料，特别是大型会议、外事会议，矿泉水运输方便，不易与个人口味冲突，适用范围广泛。

（三）会议保密工作

1. 会场保密

秘密会议和内部会议必须正确选择会址。要经过充分的调查，了解和掌握会场内部和外部周围的环境、情况，要注意发现各种可能造成泄密的情况。

2. 文件保密

会议文件的保密工作是会议保密的重点，应该会同会议文件起草人员，采取有效的保密措施，达到不外传、不丢失的要求。为此，应制发会议文件严格的保密制度。必要时，会务组织管理机构应将会议文件保密制度印发给全体与会人员，使之人人皆知，严格遵守。为了确保会议文件机密的安全，所有会议结束之后，会务工作人员都要进行彻底的检查，以便及时发现丢失的会议文件。

3. 宣传报道保密

涉及重大秘密的会议一般不安排新闻记者参加，新闻稿由会议秘书部门起草。有报道任务的秘密会议，要严格挑选参加会议新闻报道的记者，要对新闻记者进行保密教育，提出保密要求。要指定专人对所有宣传报道文稿进行统一审查把关，统一宣传报道的口径，严防新闻报道的失密。凡属于领导同志的内部讲话和未公开的会议文件的内容，未经批准，不得公开发表和宣传。此外，要严禁拍摄会议文件和进行录音录像报道。

4. 技术设备保密

秘密会议禁止使用无线话筒。对会议使用的电脑和通信设备要严加管理，防止信道泄密。保密会议如需使用一些必要的器材，应当是保密会议专用的器材，使用前还必须经过严格的安全检查，使用后要删除所有记录信息。保密会议的器材应当由可靠的专人使用和管理。

（四）会议记录、会议简报与会议纪要

1. 会议记录

会议过程中，要安排专人把会议的组织情况和具体内容如实地记录下来，形成会议记录。会议记录要严格遵守"实事求是、客观真实、完整准确、清楚规范"的原则。一般有略记和详记之别，略记是记会议上的重要、主要或结论性言论。详记则要求记录项目完备，记录的言论必须详细完整，包括发言中的插话等。记录时不能变更原意，要逐字逐句详细记录。会议记录可以使用摄影、录音设备，但最终还要将录下的内容还原成文字。会议记录应包括的项目有：会议名称，时间（开始和结束的时间），会议地点，会议议题，主持人、主席，出席、列席和缺席情况，记录人姓名，会议的经过情形及结论，相关的资料，下次会议预定日期。每一记录要素都宜单独成行。发言记录应以一个发言者为一个记录单元换行分隔。有时会场的笑声、掌声，与会人员迟到、早退情况也应记录在案。

设备记录要事先调试好相关器材，使其在整个会议召开期间都能正常运转，从而保证完整记录。同时，还要注意记录设备摆放的位置，避免因过近或过远造成记录声音效果不佳。

2. 会议简报与会议纪要

在做好会议记录工作的基础上，工作人员还要编写会议简报与会议纪要。

（1）会议简报。是会议期间编印的关于会议情况的简要报道，是为了向与会人员说明会议议程的进展情况、分组讨论情况，主要用于与会人员的信息交流和传递，所以编写要快，一般要求当天的情况当天整理，当天发出，最迟也要当天整理，第二天发出。要用简明扼要的文字真实准确地反映会议进行中的新情况、提出的新问题。

（2）会议纪要。是会议结束后，根据会议的主旨，用准确而精练的语言综合记述其要点的书面材料。会议纪要是为了让更多的人了解会议成果和精神，扩大会议的影响。编写时，既要忠实于会议实际，又要精练、集中、条理清晰。

（五）会议期间的生活服务工作

为了保证会议顺利进行，工作人员还要做好会议期间的生活服务工作，服务内容包括以下几项。

1. 生活服务工作

（1）妥善安排与会人员住宿、就餐等事项。会议餐饮是会议期间促进与会人员交往的重要活动，就餐时间和地点应在与会者报道时通告。要提前了解与会者的饮食习惯与宗教信仰、特殊要求，如清真、素食、忌食、病号餐等。无论大会小会，都要保证会场的饮水供应。

（2）为与会者及时订购回程票。与会人员是否订购回程票、订购何种回程票，可以在会议通知的回执中列明，也可在会议报到时列明。会议期间应向与会者再确认一下，核实无误后，及时预订。

（3）组织拍照和制作分发会议通讯录。会议期间要组织与会者拍摄会议集体照，一般以会标等会议标志性物体为背景，将会议的主题包含在照片中。会议期间组织的集体活动也要拍照记录、留念或用作会议宣传。可以根据"会议报到表"制作会议通讯录，经与会人员确认后，分发给与会者。

2. 文娱活动

会期较长的大中型会议，为了活跃会议生活，可以适度安排一些文娱活动，如观看文艺演出，组织联欢晚会或舞会，安排游览、参观等。会期在三天左右的，娱乐活动一般不少于一次；会期在四天到七天的，娱乐活动一般不少于两次。要将娱乐活动安排体现在"会议日程表"中。文娱活动的内容要配合会议的主题，同时根据与会者的兴趣爱好来确定娱乐活动的具体形式，如观看电影、体育赛事、参观游览等。要统筹安排，避免重复。还要提前做好相应的组织工作，如预订票证、座位，调度交通工具，准备必要的资金和摄像机、扩音器等物品。自娱自乐的活动要准备好场地和娱乐器材，同时注意掌握时间，充分考虑人力、物力。还可以为与会者提供当地的旅游观光的小册子，内容应包含当地历史古迹、风景名胜、文化事件的简介，以及影剧院、健身运动、购物场所等信息。

案例分析与点评

本节"案例导入"中的办公室负责人张文应认真总结会议服务工作的教训。

对于会议服务工作来说，要做到掌握会议动态，认真负责，善抓细节，临变不惊，通过协调和调度掌控会场秩序，同时配合精心的组织和良好的服务，使会议既定的目标得以实现。案例中，张文显然没有做好会议的服务工作，应该改进的地方是：

（1）在会议中分发的会议材料、会议用品如果不是完全一样，按与会者身份的不同有所区别的,应该细心区分,切忌出错;或者根据情况设置不同的接待处,分开接待,避免场面混乱,也避免引发与会人员不愉快的心理感受。

(2)张文没有彻底检查录音设备,在会议召开期间也没有查看录音设备的运转情况,造成录音不完整,没有做好会议记录工作。会议的设备记录要事先调试好相关器材,保证其在整个会议召开期间都能正常运转,从而完整记录。有条件的,录音设备应该准备两套,以避免出现故障。

第四节 会议后期的整理工作

案例导入

利新饮料有限公司的新产品发布会即将结束,办公室负责人张文赶紧安排送来宾去车站、机场所要乘坐的车辆,等来宾陆陆续续被送走之后,张文松了一口气。可是就在这时,有一位来宾临时改变行程,需要紧急赶往火车站,而公司安排去火车站的车已经出发了。张文见状,赶忙把会场清理工作交代给其他工作人员,自己拦了一辆出租车亲自送来宾到火车站,终于赶上了来宾要乘坐的列车。列车出站后,张文搭公司的车回来了,想着发布会终于结束了,可以放松一下了。正在这时,手机响了。是刚才那位来宾打来的,他在电话里非常焦急。原来他发现自己的一个公文包不见了,里面有几份重要的商务资料,不知是遗落在会场还是落在出租车里了,要张文赶紧帮他找到,因到达目的地后他就要用的。经核查,清理会场的工作人员没有捡到公文包。最大的可能是落在了出租车上,这下张文懵了。由于当时时间紧迫,张文没在意出租车的相关信息,一时之间,无从下手查找。

一、会议后期整理工作的要求

会议结束之后,还有会议后期的整理工作需要工作人员继续完成,要保持紧张状态，保质、保量、高效率地做好会议后期的整理善后工作。切忌虎头蛇尾，令与会者有人走茶凉之感。

二、会议后期整理工作的内容

（一）安排与会人员离会

会议即将结束时，工作人员应及时发放给与会人员代为预订的回程车（机）票。安排时间欢送与会者，可以到与会者的住地走访告别，也可以在会议闭幕式结束后于会场门口告别。提前安排车辆和人员，根据与会者离去时间组织送站，根据车辆的搭载量安排合适的车辆。对所需车辆的数量应提前预计清楚，及时调度，尽可能保证所有与会者方便乘车。在欢送与会者离会时，应提醒并帮助其携带好个人物品，以免与会者回头寻找，省去保管遗落物品甚至送递和邮寄的麻烦。对于身份较高的与会者，应由领导或专人送行。

（二）会议的善后工作

会议结束后，要清理会场，撤去布置的会议通知牌、方向标和会标等装饰宣传品，把会议中使用的视听音像器材收拾、整理清楚，桌椅归回原位，洗刷烟灰缸、茶具并放置妥当。收回所有应该收回的会议资料，对会场的所有纸张进行整理、清点和归类。注意会议文件的保密性，对文件进行密级分类，避免会议结束后的剩余文件造成机密泄露。检查会场、与会人员驻地及所乘车辆有无物品遗漏，如发现有遗失物品要妥善保管，并及时与失主联系。

（三）整理会议文件

会议结束后，要及时做好会议文件的整理立卷和归档工作。先需对现场会议记录进行整理，保证会议记录真实、准确、完整、语言规范。再根据会议主题、议题及会议记录形成会议决议、简报或纪要，发送至相关部门和人员。一般会议文件的立卷归档是将会议的所有文件，包括会议通知、与会人员名单、通讯录、会议形成的文件、会议发言材料、领导讲话、会议简报、会议纪要、会议总结、重要照片和录音录像等资料都收集起来，按照先后顺序装订成册、分类整理，以备查考。大型会议完整的会议案卷包括会议正式文件，如决定、决议、计划、报告等；会议参阅文件；会议安排的发言稿；会议上的讲话记录；其他有关材料，会议通知、出席者名单、图片、音像资料等。

（四）会议信息反馈工作

除了少数秘密会议外，大多数会议内容、会议精神都需要会后进行传达。会议传达要注意确定传达的内容、程度、范围、层次、时间和方式等。会议上的议定事项是需要下级机关和单位贯彻执行的。为了督促下级机关和单位及时贯彻执行，避免将应当及时处理的事情拖延或遗忘，工作人员需要协助领导会后对议定事项进行催办、查办等会议信息反馈工作。会后信息反馈的主要内容包括下级单位是否迅速及时地学习和贯彻落实会议做出的决定、决议，贯彻落实会议决定、决议时遇到哪些困难和问题，这些困难和问题的根源和解决办法是什么，会议决定、决议有哪些地方需要进一步完善和调整。工作人员在进行会议信息反馈工作时，可以通过电话向有关方面口头了解、问询；也可以要求有关方面提交书面报告，秘书汇总整理；也可以深入有关单位实地检查、问询，了解情况，写出相应的调查报告。会议信息反馈工作是会议决定、决议贯彻落实结果的重要督促和检查手段，应该高度重视。在信息反馈中，发现缺点、问题要认真总结经验教训，而对于贯彻会议精神的好方法要大力宣传推广。

（五）会务工作总结

会议结束后，为了进一步提高会议服务工作的质量，应该对会务工作进行总结和评价。通过总结，发现问题，分析原因，总结经验，提高办会水平，为以后的会务工作积累经验。特别是大中型会议，会务工作总结有的由会议领导组织相关人员进行总结，有的由会议秘书召集会务工作人员进行总结并写出会务工作的总结报告，也可以会后进行个人的书面小结。

大中型会议结束后，一般应慰问参与会务的工作人员，重要会议还要表彰会务工作中表现出色的人员。没有深入的总结，就不会有真正的提高。每一次会议总会有个别疏漏的地方，及时总结疏漏的环节，查找疏漏的原因，避免下次会议出现，可以起到事半功倍的作用。

会务工作总结要及时、全面、公正、客观、准确，总结的主要内容有检查会议预案所指定的各项会务工作是否准确到位，有无疏漏与重复；检查会务工作机构工作完成情况，会务工作机构之间及其与相关部门的协调情况；检查会务工作人员工作完成情况；总结提高会议效率的好方法。具体展开可从会议管理，如会议计划的拟定完成状况，住宿安排情况，会议费用的使用情况，预订、调度工作完成情况，会场布置，会议餐饮、休闲安排情况等方面进行评估；会议工作人员方面，如是否精通业务、胜任工作岗位，是否具有良好的礼仪修养、行为得体、语言规范，是否工作积极、与同事合作协调、融洽，能否自觉维护组织形象、善于处理危机问题等方面进行总结。

案例分析与点评

本节"案例导入"中的张文应认真总结会议后期整理工作的教训。

会议结束之后，还应保持紧张状态，保质、保量、高效率地做好会议后期的整理善后工作，张文显然放松得早了一些。会务工作中一项重要内容就是会议结束后及时检查会场、与会者驻地等场所，以免遗失物品。而且在欢送与会者离会时，应提醒并帮助其携带好个人物品，以免与会者回头寻找。张文在来宾突然改变行程，需要紧急用车的状况下，自己拦了一辆出租车亲自送来宾到火车站，体现了他积极的工作态度和处理突发事件的应变能力。美中不足的是，张文没有提醒或协助来宾携带好个人物品，以致造成公文包遗失，特别是在乘坐出租车时，更应该注意提醒来宾管好个人物品。同时，将出租车所属的公司、出租车车牌号、出租车司机名片等相关信息了解清楚。如果做到这一点，即便出现疏漏，张文也不会觉得无从下手。

第五章 办公室日常接待工作

接待工作是办公室日常工作中的一项必不可少的事务性工作，做好办公室日常接待工作对单位来说具有重要意义和影响。在接待工作中，办公室工作人员不仅要做到热情、周到、礼貌和规范，还要能够随机应变，机动灵活地处理接待中遇到的意外情况。本章概述了接待工作的相关知识，具体分析了接待工作的基本程序、接待计划的内容和事项安排，总结了做好接待工作所应掌握的方法和技巧，并翔实地介绍了迎客、待客、送客三个基本环节所应注意的接待礼仪。

第一节　接待工作概述

案例导入

秘书郝丽是一位刚参加工作不久的新人。她觉得作为秘书，最主要的工作就是起草文稿、接电话、复印收发文件，除此以外都不属于她的职责范围，只认真做好自己"分内事"，不要管"分外事"。

一天，郝丽正在起草一份文稿。突然一个中年男子急匆匆地走进来，问："张经理在不在？"打断了她的思路，郝丽有些恼火，冷冷地抬了抬眼皮，看见来人风尘仆仆，于是不耐烦地说："你找哪个张经理啊？这里有三个张经理呢。"中年男子忙说："负责销售业务的。"郝丽慢吞吞地说："向西走第三个门。"来者似乎有话要说，但见郝丽爱搭不理的样子，欲言又止，转身走了。

第二天，一家与公司有合作意向的贸易公司的老板，觉得公司的管理太差，员工连最起码的服务意识都没有，坚决终止了与公司的合作。无论公司老板怎样解释赔罪，都无法挽回。眼看到手的买卖砸了锅，老板盛怒之下，让郝丽走人。

一、办公室日常接待工作的作用

日常接待是办公室的一项重要工作。具体来说，办公室日常接待工作是指在对外、对内联络和交往的过程中所进行的迎送招待、商洽、联系等服务性工作的统称，是人们以及社会组织进行相互交往的一种方式。

办公室是单位工作的门面和窗口，是组织对外交往的桥梁，规范得体的办公室日常接待工作对单位具有重要作用。

（一）树立单位的良好形象

办公室接待工作是传播单位文化、代表单位形象的直接窗口。从某种意义上来说，接待工作就是单位形象的缩影，接待人员甚至有着"形象大使"的美誉，热情、周到、优质、高效的接待服务具有塑造、维持和创新单位形象的作用。

（二）融洽关系的作用

迎来送往，接洽招待已成为单位对外交流和沟通的重要手段之一。通过优质的接待服务，增进主客双方的相互理解、相互信任，融洽双方关系，促进交往与合作，为单位广结良缘，形成适宜的社会生态环境和广阔的社会关系网络。

（三）保障作用

接待工作往往与其他事务性工作有着紧密的联系。办公室通过筹划，运用人力、物力和财力，从经费保障、物资保障、劳务保障等方面保证接待工作的专业性，通过迎接、安排吃住行、组织宴会、安排参观游览等具体的接待服务，为客人（团组）提供必要的工作和生活条件，提高工作效率。

（四）促进经济的发展

接待工作和接待价值的情感效应和关系效应，有利于积累丰富的关系资源。接待人员可以及时发掘和利用接待工作中出现的有价值的信息源，服务于单位的领导，促进单位的发展。

二、办公室日常接待工作的内容

办公室日常接待工作的内容：

（1）负责大量的事务性咨询或联络性来访的接待。

（2）指引来访者找到合适的接待者，从而既能使来访者顺利实现来访目的，解决问题，提高工作效率，又可避免对领导的无谓打扰。

（3）为领导或单位提供接待服务，如联络预约、迎送客人、接待物资准备和来访者各项安排等。

三、办公室日常接待工作的类型

根据不同的标准，接待工作可以分为不同的类型。

（一）个人来访接待和团体来访接待

按来访的规模、人数，可以分为个人来访接待和团体来访接待。

1. 个人来访接待

个人来访接待是个别客人来访时的接待工作，来客可能是一个人或数个人。个人来访接待准备工作简单，接待事项少，来访时间和接待时间都不长，但是突发性强，容易打乱事先的工作计划和安排，而且个人来访有时会对单位产生很重要的影响。

2. 团体来访接待

团体来访接待是指对为了某一共同目的，以团队形式来访的客人的接待。团体接待持续时间长，需要事先做好大量的准备工作，接待规格高。经常出现的团体来访有工作会谈、业务考察、检查工作、参观和调研等活动。团体来访与业务有重要关系，一定要认真对待。

（二）有约来访接待和无约来访接待

按接待的准备程度来划分，可分为有约来访接待和无约来访接待。

1. 有约来访接待

有约来访接待是事先约定好的来访，已列入相关人员的工作日程，并进行了相应准备的接待工作，一般不会导致与其他工作发生冲突。

2. 无约来访接待

无约来访接待是指没有经过事先约定，临时出现的造访所形成的接待工作。无约来访因为事先没有作出时间安排，时常会打乱相关人员的工作计划，而且来访者也不易得到相关人员的及时接待。但无约来访有时会是一些紧急或重要的事情，需要接待人员妥善处理。

（三）上级来访接待、平级来访接待、下级来访接待和公众来访接待

按相互关系，可分为上级来访接待、平级来访接待、下级来访接待和公众来访接待。

1. 上级来访接待

上级来访接待是指包括本单位的上级主管部门、间接上级领导机关等业务来访的接待工作。

2. 平级来访接待

平级来访接待是指同级单位或其他非领导性、指导性业务来访的接待工作。

3. 下级来访接待

下级来访接待是指单位所属下级业务来访的接待工作。

4. 公众来访接待

公众来访接待是指除信访活动外的本系统、本地区、本部门的群众事务性来访的接待工作。

（四）办公室接待、领导接待和专门部门接待

按来访接待者，可分为办公室接待、领导接待和专门部门接待。

1. 办公室接待

办公室接待是指由办公室负责接待的来访接待工作，大多为有关事务咨询及一般业务联络等。

2. 领导接待

领导接待是指上级部门领导、平级领导以及重要客户来访，必须由领导出面的接待。

3. 专门部门接待

专门部门接待是指由其他部门接待的来访，往往涉及具体的业务问题。

除上述几种接待类型外，还可按接待对象分为外宾接待和内宾接待，按接待的内容分为工作接待、生活接待和事务接待，按来访意图分为重要来访接待和一般日常来访接待。

四、接待工作的基本要素

了解接待工作的基本要素是做好接待工作的前提，接待工作的基本要素包括：

（一）来访者

来访者是接待活动的对象，在做接待工作时，先要掌握来访者的基本情况：来访者的单位及其实力情况，来访者的姓名与职务，来访者的人数、性别和年龄构成，来访者的专业背景，来访者的民族、国别与宗教信仰情况，来访者的性格与兴趣、爱好，来访者的私人禁忌情况等。以此为依据，确定接待规格、接待内容等事宜。对来访者了解得越深入、具体，接待准备工作就会越有针对性，有的放矢，有备无患，从而使接待工作更加顺利地完成。

（二）来访意图

来访意图是来访者希望通过来访而达到的目的。不同的来访者有着不同的来访意图，从而决定了接待方针、接待规格、接待内容的不同。

（三）接待者

接待者是接待活动的主体，指代表单位出面接待来访者的人员。接待者因接待规格和来访对象的不同而有所差别，可能是单位领导、专职接待人员或业务部门的人员等，秘书人员往往充当第一接待者。

（四）接待任务

接待任务是接待工作的重要依据，指根据来访者的身份及其来访意图和本单位领导的接待批示而确定的接待方针和接待内容。

（五）接待方式

接待方式是接待工作中最重要的环节，指根据接待任务而确定的接待规格、程序和形式。接待任务不同，接待方式也不同。因接待方式直接导致其所进行事务的成败，所以要高度重视。

五、接待工作的基本原则

接待工作的基本原则是指在接待过程中应遵循的基本规则与要求，对做好接待工作具有重要的指导意义。

（一）平等待人

无论是对上级、下级还是同级来访者，接待人员都应做到一视同仁，平等相待，尤其是业务员、推销员、投诉者，还有快递员、送外卖人员、保洁人员等。过门是客，都应给予尊重和礼遇，平等对待每一位来访者，做好每一次接待服务工作。

（二）礼貌周到

接待人员在整个接待过程中都要做到彬彬有礼，以礼待人，明确树立礼宾的意识，注意运用礼貌的表情、眼神、动作、姿态和言语。在接待工作中，要心细如发，综合考虑问题，把工作做得面面俱到、细致入微、有条不紊。

（三）热情细致

在接待工作中，接待人员要做到热情对待来访者，使其产生如春风拂面的温暖、愉快的感觉，以认真细致的工作态度，处处替来访者着想，尽可能满足来访者的要求，做好接待工作的每一个环节。

（四）勤俭节约

在保证做好接待准备和服务工作的同时，要提倡厉行节约、务求实效的精神，做好接待经费预算，节约接待成本。把接待活动的主要精力放在解决实际问题上来，避免铺张浪费、讲排场、摆阔气的做法。

（五）严守机密

在接待工作中，往往会参与或接触到一些机要事务、重要会议、秘密文电资料等，所以要特别注意保密工作。既要体现出热情友好的合作态度，又要注意控制信息透露的度，做到该说的说，该做的做；不该说的不说，不该做的不做。

（六）确保安全

成功的接待工作还要有切实的安全保证。接待安全包括饮食安全、交通安全、住地安全和人身安全等，接待人员应注意做好，确保接待工作顺利进行。

六、接待工作的准备

接待工作是办公室日常事务中的一项常态化工作，要想做好这项日常工作，前期全面的准备工作是先决条件。可以从接待工作的环境、物质和心理三个方面进行准备。

（一）环境准备

接待工作的环境主要是指单位的整体环境和接待室（会客室或办公室）的局部环境。单位的整体环境要求安全、整齐、洁净。接待室的局部环境一般可分为硬环境和软环境。

1. 硬环境

硬环境包括室内空气、光线、颜色、办公设备及会客室的布置等外在客观条件。

（1）空气环境，包括空气的温度、湿度、流通与味道四个因素，一般接待室温度控制在21~28℃，室内的相对湿度保持在40%~60%。接待室要注意通风和空气调节，经常开窗透气，保持空气清新，也可适度喷洒气味淡雅大方的空气清新剂。空气环境的好坏，对人的行为和心理都有影响，对提高接待工作效率也十分重要。接待室应适当绿化，摆放绿色植物不仅能美化环境，还能净化空气。植物的选择最好为常绿植物，如龙血树、金钱树、万年青、叶兰、龟背竹等。如果接待室空间较小，也可以采用垂吊类植物，如吊兰、常春藤等。

（2）光线环境，接待室要有适当的照明，应以自然光源为主，人造光源为辅。

（3）声音环境，接待室要保持肃静、安宁，使接待人员能聚精会神地从事接待工作。

（4）接待室布置，注意办公桌、文件柜等大件物品要摆放合理，书报、文件等归类摆放整齐，墙上可挂单位的宣传图片等。

接待室清洁、明亮、整齐、美观，会让来访者感受到这里的工作有条不紊，生机盎然。如果没有专门的接待室，也应在办公室中腾出一个比较安静的角落来，让来访者可以从容就座、谈话。

2. 软环境

软环境包括接待室的工作气氛、接待人员的个人素养等社会环境。良好的工作氛围，接待人员热情的接待态度、大方得体的礼仪、周到细致的接待安排，都能让来访者感受到一种蓬勃向上的凝聚力，从而产生良好的印象。

（二）物质准备

1. 茶水、饮料的准备

接待所用的桌椅、沙发等要摆放整齐，保持桌面清洁。茶具应整齐摆放在桌面上，并保证热水供应。

2. 水果、点心的准备

综合考虑来访者的身份、人数、性别、年龄等因素，适量准备口香糖、小点心、水果、糖果和零食等。

3. 烟、打火机或火柴、烟灰缸的准备

桌面上要摆放稍大点的烟灰缸，还要准备好纸巾、打火机、火柴等用品。

4. 相关资料的准备

为了排解来访者等待时间的情绪，在接待室可以放置书报架，摆放一些书报杂志或单位简介等对外宣传资料。

（三）心理准备

接待工作的心理准备，是指接待人员要以诚心、耐心、热心去面对每位来宾，热情适度，和蔼可亲，用语礼貌，举止大方。接待人员要有强烈的角色意识和服务意识。

（1）诚心，要能够站在对方立场，以一颗真诚的心，帮助每一位来访者解决问题。

（2）耐心，要不烦不燥，细心周到地对待每一位来访者。

（3）热心，要以自始至终亲切的态度，为来访者提供接待服务。

案例分析与点评

本节"案例导入"中的秘书郝丽错在以下几点。

首先，观念错误。认为秘书最主要的工作就是起草文稿、接电话、复印收发文件，其他的不属于她的职责范围，这种观念是错误的。日常接待是办公室一项重要工作，也是秘书人员的一项重要工作，其中最常做的工作就是要负责大量的事务性咨询或联络性来访的接待，接待工作是秘书的"分内事"。

其次，没有礼貌接待来访者。办公室常常会出现无约来访者，因为事先没有安排，所以会打断相关人员的工作。郝丽恼火来访者将其工作打断，就对其冷漠待之，随便处理，敷衍了事，非常没有礼貌。

再次，没有平等待人。接待工作切忌看人下菜，以貌取人。在办公室日常的接待工作中，秘书人员扮演着十分重要的角色，要做到热情周到，耐心细致，规范有序，令来访者满意。否则，会给单位或个人带来极大的不良影响和后果。

第二节　接待工作程序

案例导入

杨丹是利华塑业有限公司的总经理秘书。这天刚上班，张总经理就将一项接待任务交给了她。接待来公司进行考察订货的兰州某销售公司副总郑立和部门主管刘新亮。杨丹即刻就此事与张总沟通，在详细了解情况后，认真拟写了接待方案，交给张总审核同意后及时通知了相关责任人，同时把各自的工作任务以表格的形式打印出来交到每个人手中。

考虑到来宾可能是回族人，杨丹亲自到贵华大酒店考察，核实该酒店不但可以提供清真食品，而且品质上乘，才放心订了房间。

到郑总他们来的前一天，杨丹把各项工作的负责人召集起来，一起检查各个接待环节的准备工作是否到位；下班前又再次确定明天去接机的时间和人员。

郑总他们来的那天，张总和杨丹一行人提前半个小时到达机场。接到郑总后，经过简单介绍，宾主双方驱车前往贵华大酒店。在路上，杨丹了解到两位来宾果然是回族人。入住酒店后，晚上杨丹安排了丰盛的清真晚宴款待两位，两位来宾对贵华大酒店的清真饮食非常满意，两位来宾对此是赞不绝口，一致称赞杨丹的接待工作做得很到位。

第二天，两位与张总进行了会谈，并签订了相关购货合同。

会谈结束后，杨丹陪同来宾参观了本市著名的景点并品尝了当地特色小吃。在馈赠了带有当地特色的礼品后，杨丹将他们送往机场，踏上回程之路。整个接待工作顺利完成。

之后，杨丹受到了张总的表扬。

接待工作是一项程序性很强的工作，大致可以分为迎客、待客和送客三个基本环节，要做到亲切迎客、热情待客、礼貌送客。具体的工作程序为：

一、收集来宾资料

充分收集来宾资料是做好接待工作的前提。秘书人员收集来宾资料主要包括：来宾的国别或地区，来宾代表的机构或单位，来宾的姓名、性别、人数、年龄、身份、职务、民族、宗教信仰、生活习惯、健康状况、抵达的时间地点，离开的时间地点，乘坐的交通工具和行程安排，来宾来访的意图和目的等。

二、拟订接待计划

接待计划是整个接待工作的依据。在制订接待计划时，要尽量具体、详细并富有可操作性，起到指导性和工具性的作用。接待计划的内容具体包括：

（一）确定接待方针

接待方针是接待工作的总的指导思想和要求，应根据来访者的目的及宾主双方关系来制定。接待不同身份的来宾时，侧重点要有所区别。

（二）确定接待规格

接待规格是接待工作的具体标准，指的是接待方在接待来访者时提供的接待条件和接待方主要陪同人员身份高低的状况。为表示对来访者的尊重与友好，主要陪同人的身份应与来访者相当。依据主要陪同人的身份，接待规格分为高规格接待、对等接待和低规格接待三种。

1. 高规格接待

高规格接待是指主要陪同人员比来宾的职位要高的接待形式。高规格接待体现的是对来宾的尊敬和重视，如果来宾的身份和来访目的非常重要时，应安排高规格接待。此外，上级领导派一般工作人员传达意见和要求时、下级人员汇报重要情况时，也应安排高规格接待。

2. 对等接待

对等接待是指主要陪同人员与来宾的职位大致相等的接待形式，对等接待是最常见的接待规格。

3. 低规格接待

低规格接待指主要陪同的人员比来宾的职位低的接待形式。如上级主要领导来视察检查工作时、来宾参观旅游路过时，就是低规格接待。

接待规格反映出主方对来宾的重视程度和欢迎的热烈程度，决定着礼仪活动的多少、规模大小、隆重程度、需要哪些人员前往迎接和陪同等。接待规格往往依据主要来宾的身份、实际需要以及领导的意图来确定。如果职位较高的领导临时不能参加接待活动转由职务低的领导作为主要陪同人员，就由高规格接待变成了低规格接待，这是一定要向来宾表示歉意并说明解释清楚，避免双方发生误会而产生不良影响。已经来访过的来宾应按照以往的接待规格接待，不可随便更改。

（三）拟定接待日程

接待日程是指接待期间各项工作和活动的具体时间安排，主要包括接待的具体时间、接待活动的内容安排、接待活动实施的地点、接待陪同人员的工作安排等。接待工作的日程安排有两种：一种是整个接待过程的工作安排，可以按天概括性的说明；另一种是每天的具体日程安排，接待人员要事先翔实、详尽地写清楚。接待工作的日程安排（表 5-1）和接待活动日程安排（表 5-2）一般以表格的方式来表达。

表5-1　接待日程安排表

负责人：××× 职务：×× 日期：××××年×月×日至×月×日	
日　　期	具　体　事　宜
第一天（×月×日）	
第二天（×月×日）	
第三天（×月×日）	
第四天（×月×日）	
第五天（×月×日）	

表5-2　××××年×月×日接待活动日程安排表

时间安排		内容安排	地点	陪同人员
上午	××：××—××：××			
	××：××—××：××			
中午	××：××—××：××			
	××：××—××：××			
下午	××：××—××：××			
	××：××—××：××			
晚上	××：××—××：××			

（四）安排接待人员

接待人员主要包括陪同人员和单位工作人员。陪同人员包括主要陪同领导（即主要陪同人）、相关职能部门领导和技术人员等，工作人员是指秘书人员。陪同人员的安排要坚持"少而精"的原则，要注意保证本单位日常工作的正常进行。

（五）安排后勤保障服务

后勤保障服务主要包括生活安排、安全保卫和新闻报道等事项。

1. 生活安排

生活安排包括食宿安排、交通工具安排。根据来宾身份和具体要求，充分考虑来宾人数、性别、民族和宗教信仰等因素，尽可能满足来宾要求。可在宾馆酒店预订房间，注意住地的安全保卫状况，确保安全有保障；接待期间的餐饮一般选在住宿宾馆，或离宾馆较近的用餐地点。食宿安排是接待工作的重要细节，不能有丝毫的闪失，否则就会前功尽弃。根据实际需要和来宾需要安排好整个接待期间的工作用车，要确保交通工具车况良好，并熟悉路况信息，保证交通安全。

2. 安全保卫

要注意来宾住地的防灾、防盗和人身安全，还要保证饮食安全。对安全保卫工作要提高警惕，不可疏忽大意。

3. 新闻报道

如果来宾身份重要或活动具有重要意义，秘书人员应事先联系新闻媒体进行采访报道，要对新闻稿件进行审核、把关，并注意保存相关文件、资料和图片。

（六）预算接待经费

接待经费主要内容包括：住宿费（用于来宾和工作人员的住宿费用）、餐饮费（用于来宾和工作人员的餐饮及宴请费用）、劳务费（用于专家的讲课费和工作人员的加班费）、工作经费（用于租借会议室、打印资料、办公用品等费用）、交通费（用于接待期间交通的费用）、参观和娱乐费（用于来宾参观和娱乐的费用）、宣传公关费（用于接待期间对外宣传、公关时所需的费用）、纪念品费（用于馈赠来宾纪念品所需要的费用）、其他费用。

三、做好迎接准备

为了确保接待工作的顺利进行，在来宾到来之前，应做好迎接准备。

（1）接待工作所需的文件、资料等均备齐；接待室干净整洁，电源及照明设施、空调等设施运行良好。

（2）确定迎接地点。因来访者身份、职务、对环境的熟悉情况等因素决定迎接地点会有所不同，重要的来宾需要到车站、码头、机场迎接，有的来宾在单位门口迎接即可。

（3）确定迎接人员。对相关的迎接人员应及时提醒，保持联系，做好充分的准备，迎接客人的到来。

（4）确定迎接来宾的交通工具，根据来宾的身份和人数准备好合适的交通工具。

（5）准备迎接工具，如隆重的迎接需要准备鲜花，第一次见面的来宾接站时需要准备接站牌，以方便迎接。

四、迎接来宾

核实客人乘坐的飞机、车、船抵达的具体时间和地点，如果需要到车站、码头、机场迎接的，要准备好车辆，至少提前30分钟到达相应的地点。当客人下飞机或车、船时，应主动做好引导和服务工作。安排来宾入住宾馆或酒店后，交代好日程安排，在明确下一项活动的时间和地点后接待人员即可离开，以方便来宾休息。

五、安排宴请

安排宴请要根据来宾的情况和本单位的相关规定来确定宴请的规格，特别要注意兼顾来宾的饮食习惯和宗教禁忌。应事先通知来宾宴请的时间、地点、所乘交通工具以及陪同人员。在宴请时，要注意宴请菜肴的选择、宴请座次安排、宴请场所的布置和宴请程序等细节问题。

六、安排会见、会谈

根据来宾的工作任务安排会见和会谈，并做好充分的准备工作，如信息资料的收集、会客室的布置、会见会谈所需的放映设备、提供相关办公用品等。在会见、会谈中，秘书人员要注意做好记录。

七、组织观光和文化娱乐活动

在接待工作中安排考察观光和文化娱乐活动，有利于加深宾主双方的了解，增进友谊。可根据来访者的意愿，安排到风景区或名胜古迹游览观光。也可为来宾安排一些文化娱乐活动，如欣赏歌舞剧、音乐会、话剧、京剧、芭蕾舞剧，参观博物馆，开办舞会、卡拉OK，举办书画活动等。组织观光和文化娱乐活动要结合来宾的兴趣爱好和当地的实际状况，有针对性地选择游览项目，注意活动内容要积极健康且丰富多彩。活动期间，要事先预订好票务和座位，安排好交通工具和陪同人员，并注意安全保障。

八、馈赠纪念品

根据工作需要，可以馈赠来宾纪念品、礼品。纪念品的选择，可根据来宾的风俗习惯来确定物品，也可馈赠具有本单位、本地区特色的物品。但要注意避开不同民族、不同国家、不同宗教的禁忌。

九、送别

来宾离去时应安排相关人员送行，可以到来宾住地送行，重要的来宾需送至车站、机场或码头，要在目送来宾乘坐的交通工具启动后，送行人员才可离开。

送别是接待工作的最后环节,要善始善终地提供良好的服务,给来宾留下完美的印象。

十、接待小结

接待工作结束后,要写接待工作小结,对本次接待活动进行认真全面的总结,看看哪些方面是来宾最满意的,哪些方面还存在一些问题或不足,好的方面要继续发扬,不足之处应怎样改进。通过小结,不断提高接待工作的质量和效率,使今后的接待工作能够做得更好,既让来宾满意,又能降低接待成本。接待小结最好书面备案,以便于日后工作查阅和参考利用。

案例分析与点评

本节"案例导入"中秘书杨丹的接待工作做得非常成功。不仅让来宾非常满意,而且使来宾与杨丹所在的公司顺利签订了购货合同,整个接待工作完成顺利。成功之处:

首先,在于杨丹详细了解了来宾的情况,认真拟写接待方案,并把接待工作任务分解、布置给相关负责人,保证接待准备工作有序、全面地进行,避免了出现遗漏。

其次,杨丹较为细致地考虑到来宾的宗教信仰及饮食习惯,亲自安排了来宾的饮食。在实地考察之后,安排了不仅可以提供清真食品,而且品质上乘的酒店。食宿安排是整个接待工作的重要细节,不能有丝毫的闪失,否则就会前功尽弃。而正是杨丹的细心之举,获得了来宾的称赞,保证了接待工作的顺利进行。

再次,杨丹严格遵照接待工作的基本程序,制订完备的接待计划,并贯彻实施,做到了周到准备,热情待客,礼貌送客,出色完成了接待任务,为公司作出了贡献。

第三节 接待方法与技巧

> **案例导入**

孙华是泰阳塑业有限公司总经理陈志天的秘书。这天，质检部张主任来到办公室说有急事要见总经理，秘书孙华赶紧翻开总经理的日程安排，正看着，突然一位年轻人进来招呼说："我是陈志天的表弟，我找他有点事。"说完就径直走进总经理办公室了。秘书孙华想既然来人是总经理的家人，也就没有阻拦。忙着招呼张主任坐下等候。结果等了半个多小时，那个小伙子才离开。陈总非常生气地走出来，狠狠批评了孙华。原来那个小伙子根本就不是陈总的表弟，而是一位推销员。等候多时的张主任赶紧向陈总汇报：有一批压缩袋马上就要发给销售商了，可是刚刚抽检发现产品质量不合格，请示陈总怎么处理。陈总当即决定先不发货，由他出面跟销售商联系一下再说。幸好没耽误太长时间，否则一旦这批货发出去了，轻则公司被迫追回货物，重则损害多年合作的老客户，那损失可就大了。陈总皱着眉头看了看孙华，非常不满意。

做好接待工作是需要掌握一定的方法和技巧的，特别是遇到无约来访或者一些突发情况时，更需要冷静、智慧地处理。

一、接待方法

（一）有约来访的接待方法

1. 事前确认

应该在前一天事先确认，同约好的来访者核实第二天的来访安排，并通知相关的接待人员做好相应的准备。

2. 亲切迎客

当看到来访者进来时，应马上放下手中的工作，站起来，面带微笑，有礼貌地向来访者问候（常称为3S接待，即stand、smile、see）。如果来访者进门时，正在接打电话或正在与其他人交谈,也应用眼神、点头、伸手示意请进等身体语言表达你已看到对方,并请对方先就座稍候,而不应不闻不问或面无表情。如果手头正在处理紧急事情,可以先告诉对方:"对不起,我手头有紧急事情必须马上处理,请稍候",以免对方觉得受到冷遇。

3. 热情招呼

要热情招呼来宾,待其落座之后,准备好茶水,茶水八分满即可,注意水温。期间应细心询问来宾来意,可以说"您好,欢迎您的来访"或"您好,我能为您做些什么?"重要的来访应该随时记录,一般的来访请来访者填写"来访登记表"(表5-3)。

表5-3 来访登记表

序号	来访时间	来访人姓名	来访人单位名称	来访目的	要求接见人	实际接见人	备注

如果来访者比约定时间来得早,接待人员要妥当安置来宾,邀请其落座稍候,款待茶水,递送书报以供其排遣时间或与其轻松交谈,不要使来宾觉得受冷落。到预定时间的前5～10分钟时,再通知接待者。

4. 向接待者通报来访者到来

接待人员要及时通报接待者,使其可以有所准备,而且当来访者的身份比较重要时,也方便接待者亲自迎接。

5. 引导

礼貌引导来访者,明确告诉来访者要去的地点,引领时注意提醒来宾楼梯状况,并保持与来宾寒暄。

6. 介绍宾主双方

引领来访者进入会客室或接待者的办公室后,如果接待者与来访者是初次见面时,应由接待人员简单地将双方的职务、姓名、来访者的单位和来访的主要目的作以介绍。如果双方已是熟人，多次见面打过交道，则可免去这一环节。介绍时要注意顺序。

7. 礼貌送别来访者

与来访者交谈完毕或领导与来访者会见结束后，要起身微笑相送，提醒对方有无遗漏物品，并欢迎其下次再来。如果是重要的客人，就要送到门口、电梯口、单位大门口。送行是决定来访者能否满意离开的最后一个环节，要保持恭敬真诚的态度，笑容可掬地送客，目送客人上车或离开。

（二）无约来访的接待方法

在办公室日常接待中，有很多时候是无约来访的接待工作，对于没有预约的来访者也要做到热情周到的接待，根据具体情况灵活处理。

1. 热情问候

对于未预约的来访者，也要抱以欢迎的态度，热情友好的问候。

2. 了解来访者身份和意图

对于未预约的来访者先要弄清楚来访者的身份，在未了解来访者真实身份之前就将其引见相关接待者（特别是领导）是接待人员的大忌。在了解来访者身份之后，还要了解来访者的意图。来访者的意图也会直接影响接待者的接待意愿，有时即便是接待者的熟人，但接待者不愿相见，或者一些人冒充他人身份，也需要仔细甄别。当来访者不愿透露身份或来访意图时，接待人员可以说："先生/女士，希望我能够帮助您，但是您得告诉我您想要解决什么问题"。要保持耐心、平和的态度，对于一些言辞激烈或情绪躁动的来访者，也要冷静处理，避免事态恶化。

3. 对来访者进行分流

根据来访者的身份和来访意图，给予其适当的接待与分流。如果认为确实需要领导接待，要先通报领导，得到领导同意后方可将其引见。如果领导愿意会面，但今天没有时间，必须另行安排，应委婉地告诉来访者，并请其留下联系方式，以便另约时间。如果领导不愿意接待，要借口婉拒，如借口说领导不在办公室或正在开会等。接待人员要注意在未得到领导肯定答复之前，不可向来访者作出可以安排接待的承诺。如果来访者提出的问题，相关部门即可解决，则通知相关部门人员进行解决。当下即可接待来访者的，要指明该部门的名称、位置、路线，如有必要还需引领来访者前往；如果不可以当下接待来访者的，要向来访者说明情况，主动请对方留言或留下联系方式，保证尽快将留言交给被访者，或是尽可能快地安排会见时间并通知对方。要熟悉本单位的分工权限，以方便对来访者进行恰当的分流，不仅使来访者各得其所，也可以减轻领导的工作压力。

二、接待技巧

在接待工作中，意外情况是时常发生而且多种多样的，遇到情况时，既要坚持原则，又要智慧灵活地妥善处理。要掌握一些接待技巧，学会委婉拒绝来访者的不合理要求，巧妙、艺术地替领导挡驾，在接待工作中解决各种问题，提高自己的接待水平。

（一）延迟约见的处理

来访者如约而至，但预定负责接待的领导或其他约见的人员可能因为某些情况不能按时接待，这时接待人员需要作出妥当的安排。如果只是需要来访者稍作等候，应该向来访者致歉，以诚恳的态度解释理由，在取得谅解后，将来访者引至合适的地方等候，并为其送上茶水和消遣性书报。如果来访者有谈话的意向，接待人员不宜拒绝，可就来访者的问题作简单回答，遇到比较敏感的话题，应巧妙回避，或者引导来访者展开轻松的话题。在陪同来访者的同时，应关注领导的工作进展，必要时提醒领导。按照惯例，不应让来访者久候，一般不超过20分钟。如果超出20分钟，可请示领导是否另约时间或授权他人代为接待，同时也要征求来访者的意见，看其是否愿意继续等候，综合宾主双方情况，做好善后工作。

（二）因故取消约见的处理

有时预定的接待人员会因为遇到突发性的事情，需要取消事先已定好的约会，这时应该：

（1）向预定的接待人员征询处理办法。

（2）尽量及时同来访者取得联系，说明原因并道歉，以便对方及时更改出行计划。

（3）如果来访者已经抵达，应真诚地向来访者道歉并解释，以取得谅解，同时征询来访者意见，商定下次来访的日期；也可根据来访者的意愿安排活动，态度要诚恳，避免引起来访者的不满。

（三）领导授权接待

领导可能因为外出或其他原因，授权秘书代替自己接待一些来访者，这种情况秘书要注意：

1. 了解相关情况，特别是授权范围

在接受领导委托时，一定要非常清楚"5W2H"即 Why（为什么委托）、What（委托事项是什么）、Where（在哪里）、When（何时）、Who（涉及谁）、How（如何处理）、How much（处理到什么程度），也就是要清楚所托何事以及被授权的权力范围，对来访者提出的问题，怎样解决。

2. 了解来访者的意图，妥善处理来访者的要求

代替领导接待来访者，一定要弄清楚来访者的来访意图，再根据授权范围对来访者的要求进行及时处理。处理时注意不要超出自己的权力范围。

3. 事后及时向领导汇报

接待工作完毕后，应将接待过程、接待结果及时向领导汇报。

（四）给领导挡驾

为了保证领导能集中精力静心工作，或者协助领导处理一些他们不想处理的事情，秘书必须要给领导"过滤"一些来访，秘书在日常接待中起着过滤网的作用，就是把所有领导不想见、没有时间见的来访者挡在领导的视线之外。给领导挡驾不能掉以轻心，如果挡错了，轻则受到领导批评，重则产生不良后果。秘书要了解领导的人际交往范围、思维方式、工作方法和价值观念，以帮助判断是不是应该挡驾。

给领导挡驾先要弄清楚来宾的身份和来访意图，综合这两方面因素，决定接待的方法。可以先请来访者在接待室稍等，以"我去找一下领导"为由，去向领导请示。如果领导正在开会，可写张纸条递进去，请领导决定见与不见。当领导明确不见来访者时，可以这样回答来访者："实在对不起，几个办公室都找了，没见着领导；等我见到他，我一定会把您的情况向他汇报。"对于无理取闹、纠缠不清，或态度恶劣、脾气暴躁的来访者，不宜领导接待，秘书要坚决挡驾。

在挡驾时，要注意在拒绝对方之前先要倾听，尽可能地让对方把处境与需要讲得更清楚一些。耐心地倾听能让对方产生被尊重的感觉。当婉转表明自己拒绝的立场时，尽量做到不伤害来访者，而且不会让人觉得你是在应付了事。要做到在挡驾之后还能保持与各方面的良好关系，避免令来访者产生门难进、脸难看、话难听、事难办的不良印象。

总之，接待来访者的态度要冷静、谦和、诚挚、耐心、细心，展现出接待人员的良好风度和品德。

（五）制定特殊人员接待表

领导的办公室并不是对所有人都关闭的，一些特殊身份的人，如领导的上司、公司合伙人、领导重要的朋友、领导的家人，甚至某些单位内部的员工都有随时进入领导办公室的权利，除非领导正在开会或接见其他客人。秘书可以事先向领导了解哪些人是不需要提前预约甚至提前通报的，和领导制定一份不需要提前预约、提前通报的特殊人员接待表，以便灵活地接待这些来访者。

（六）掌握终止接待的技巧

秘书要关注领导接待活动的进程，以及领导的情绪与意愿。为了维护领导的形象，避免领导陷入尴尬境地，有时要替领导解围。出于礼貌，领导在很多时候不方便终止与来访者的谈话，这时就需要秘书出面帮领导解围，如可以这样讲："×××会议已经开始，是否让他们等您一下？""很抱歉，打断你们的谈话，总经理，您的下一个约会时间到了。真对不起，×××（来宾），请您多包涵！""×××公司的胡总已经在等您了，您看该怎么安排？""×××刚才打电话说有紧急事情想和您谈谈，您看什么时间比较方便？"当然，秘书也可以与领导提前约定一些暗号，当领导作出暗号时，秘书就知道结束接待的时间到了。

案例分析与点评

本节"案例导入"中秘书孙华的无约来访接待工作做得不好，不仅让毫无关系的人打扰、耽误了领导的工作，而且差点让公司蒙受严重的损失。错误在于孙华没有弄清楚两位无约来访者的身份和来访意图。对于无约来访者，秘书应根据来访者的身份和来访意图，综合考虑，迅速甄别，给予其适当的接待与分流。如果认为确实需要领导接待，在得到领导同意后即可将其引见。对于质检部张主任，孙华没有弄清楚其来访意图，结果差点耽误大事。而对于那个小伙子，孙华的处理过于简单，以为是总经理的家人，就不加细问，也不请示领导，结果反而被蒙蔽。对于无约来访者一定要仔细甄别，有时即便是领导的熟人，但领导可能也不愿相见；再有像这位年轻人那样冒充他人身份的，更会影响领导的工作。要做好无约来访的接待工作，秘书要了解领导的人际交往范围、思维方式、工作方法和价值观念，同时也可以和领导约定一份不需要提前预约（也包括提前通报的）的来访者的名单（包括领导的上司、公司合伙人、领导重要的朋友、领导的家人，甚至某些单位内部的员工），以便灵活地接待这些特殊来访者。

第四节　接待礼仪

> **案例导入**

吴婷是泰信科技有限公司的前台秘书。这天，吴婷正在电脑前打一份文件，一位来访客人走了进来。她向客人点点头，伸手一指旁边的座位，示意来访者先坐下，等她打好一段文字，才起身招呼来访者。来访者与销售部的王经理有约，吴婷就引导着来访者去销售部。一路上，她径直走在来访者前面，脑子里还琢磨着文稿的事，一语不发。到了销售部，发现王经理正在开会，没时间接待来访者。吴婷十分尴尬，而来访者更是面露怒色。

礼仪是指人们在社交活动中所共同遵守的礼节和仪式，即必须严格遵守的一种礼貌行为规范和法则。接待工作作为单位的门面、喉舌，单位形象的缩影，对办公室工作人员的礼仪要求就更为严格。办公室工作人员要树立起礼宾的意识，对一切来宾以礼相待。

一、迎客礼仪

对于来访者，无论是事先预约的，还是未预约的，都应该亲切欢迎，给客人一个良好的印象。在迎客中应特别注意的礼节有：

（一）握手

握手礼是现代社会交往过程中最常见、使用最普遍的见面礼节方式。宾主之间，主人应先向客人伸手，主动、热情、适时的握手会增加亲切感。

1. 握手的次序

通常情况下，应由身份或职位高者、年长者、主人、女性先伸手，而身份或职位低者、年轻人、客人、男性则应先表示问候，待对方伸出手后，马上伸手回握。如果一个人需要同许多人握手，符合礼节的顺序是：先女士后男士，先长辈后晚辈，先上级后下级。注意握手的主动权掌握在尊者手里。如果女士不打算与向问候自己的人握手,可以欠身微笑致意,但不能视而不见或转身就走,无端地拒绝与他人友好而善意的握手是失礼的行为。

2. 握手的方法

行握手礼时,距离受礼者约一步,上身略微前倾,伸出右手,拇指张开,其余四指并拢,在与腰际同高的位置,与对方伸过来的手认真一握。同性之间,握手应全手掌接触;异性之间,男士通常只握女士的指尖。

握手不能用左手,也不宜戴手套,如因故来不及脱掉手套,应向对方致歉。

3. 握手的注意事项

握手时,应精神集中,面带微笑,双眼注视对方,表示自己的诚恳和自信,千万不要一边握手一边眼睛东张西望,让人觉得你心不在焉、内心慌乱或轻视对方;也不要边握手边拍打对方的肩膀,这样显得不够正式。多人相见时要一一握手,但不要交叉握手。

握手时,用力要适中,时间要适度,握得太用力、太久,显得鲁莽冲动或太过热情;握得无力、太轻,时间太短,显得不够诚恳热情。礼节性的握手,持续时间以3～5秒钟为宜,礼毕即松开。

握手时,手要干净,不能伸出脏手,手上的汗也要擦干,否则会令对方难堪或感到不舒服。

另外,握手时要摘掉墨镜。除长者或女士,坐着与人握手是不礼貌的,只要有可能,都要起身站立。

(二)问候

对第一次来访的客人,可以说:"您好!见到您很高兴。我是××办公室的秘书,请问您有什么事情需要我帮忙吗?"对曾经来的客人,相别甚久,见面则说:"您好吗?很久未见了。"接待客人时的称呼,应视具体环境、场合,并按约定俗成的规矩而定。在企业界和社交场合多称男性为"先生",称女性为"小姐"或"女士";知道其职务时,在一定场合也可称职务,如"×处长""×经理""×厂长"等。用恰如其分的称谓来称呼客人,是与客人交谈的良好开端。

(三)名片礼仪

名片是一个人身份的象征,名片的递送、接受、存放也要讲究礼仪。在宾主作完自我介绍或被他人介绍之后,便可递换名片,便于双方的了解。告辞之前互递名片,以便日后联络,体现双方积极的诚意。

1. 名片的递送

递送名片时应站起来，用双手的食指和拇指分别夹住名片的左右端，以齐胸的高度递过去，名片中字的正面应朝向对方，便于对方立即阅读，同时眼睛要注视对方并面带微笑。

2. 名片的接受

接受名片时应起身，用双手接住。接过名片后，要认真仔细地看一看，并小声念一遍名片上的名字及职务，以示确认。同时，还要向对方表示感谢。

接过对方的名片后切不可随意摆弄或看也不看就扔在桌子上，也不要随便地塞进口袋里或丢进包里，更不要往名片上压东西，会令对方感到受轻视。应郑重地把名片放入名片夹内，或放进西服左胸的内衣袋，女士可以把名片夹放在手提包内。在对方离去之前，或话题尚未结束，不要急于将对方的名片收藏起来。

3. 交换名牌的顺序

交换名片的顺序一般是："先客后主，先低后高"。当与多人交换名片时，应依照职位高低的顺序，或是由近及远，依次进行，切勿跳跃式地进行，以免对方有厚此薄彼之感。

注意不可生硬地向来宾索要名片，可以含蓄地向对方询问单位、通信方式等。如果对方带有名片，就会自然送上。

二、待客礼仪

（一）交谈礼仪

在与来访者交谈时，要保持适当距离，精神集中，目视对方，表情自然大方，语气和蔼亲切。谈话中要使用礼貌语言。对于个人的疾病、年龄、婚姻、收入、私人电话、宗教信仰、政治主张等问题要避免过问，选择轻松的话题，并做到善于聆听来访者谈话。

（二）引导礼仪

在带领来访者时，应走在来访者的左前方约一米处，上身稍向右转体，左肩稍前，侧身向着来访者，配合对方的步幅，保持两三步距离，可边走边向来访者介绍相关情况或寒暄。在行走中，遵循两人行走"以右为尊"，三人行走"中间为上两边为下"的原则。

转弯或上楼梯时，要先告诉对方，提示来访者注意和明示行走方向。上楼梯时,应让来访者走在前面,接待人员走在后面;下楼梯时,则正好相反,接待人员走在前面,来访者走在后面。

乘电梯,要先告诉来访者所要到达的楼层。出入有电梯司机控制的电梯时,接待人员应后进去后出来,让来访者先进先出。出入没有电梯司机控制的电梯时,接待人员应先进后出并控制好开关钮,防止电梯门夹伤来访者。电梯停止时,要用手扶住电梯门,请来访者先出。

到达目的地时,要说明"到了,这里就是×××"或指明"这是会客室"。进入会客室一般顺序是"外开门客先入,内开门己先入",即会客室门是向外开的,接待人员先拉开门,侧身站在门旁,用手按住门,让来访者先进入;如果门是向内开的,接待人员推开门后,自己先进入,按住门后再请来访者进入。

到会客室或领导办公室后,要引导来访者就座。就座时遵循"右为上、左为下""面门为尊""中间为尊""前排为尊"的原则,用手势示意来访者,请其上座。长沙发和单人沙发中,长沙发为上座。

(三)介绍礼仪

接待人员引领来访者第一次与领导见面时,应简洁地将双方的职务、姓名、来访者的单位和来访的主要目的作以介绍。

介绍时要站立介绍,手臂向被介绍者微伸,手心向上,四指并拢,拇指张开。切不可伸出一只手指指点地介绍。

介绍的顺序遵循"尊者居后""四先四后"的原则,即先将男士介绍给女士,先将年轻者介绍给年长者,先将地位低者介绍给地位高者,先将客人介绍给主人。

介绍的内容主要是被介绍人所在单位、职务、姓名等,用语要简洁明了。

(四)敬茶礼仪

待来访者落座后,要主动为其提供茶水或饮料。可以先征询来访者的意见,如问来访者:"我们这里有×××、×××、×××,您需要什么?"。

茶水不可太满,八分满即可,也不可太烫,必要时要提醒来访者茶水很烫。

敬茶时,应双手端茶,右手拿着茶杯的杯托,左手托住杯底,避免手指接触杯沿。

敬茶的次序可以遵循"先宾后主、先主宾后次宾、先女后男、先领导后下属、先长辈后晚辈"的原则。

三、送客礼仪

"出迎三步，身送七步"是迎送宾客的最基本礼仪。当来访者提出告辞后，要马上站起来相送，主动为来访者拿取衣帽等物，帮助来访者确认并拿取所携带的物品，必要时帮助来访者小心提送。如果来访者先伸出手，可以边与之握手边说"慢走""欢迎下次再来"等话语。一般的来访者送到楼梯口或电梯口即可，要为来宾按电梯按钮，在电梯门关上前道别。重要的来访者则应送到单位门口，等来访者的车辆启动后，面带微笑，挥手告别，目送来访者的车子离开后接待人员才可离开。如果接待人员和领导一起送客时，要走在领导稍后一些的位置。

> **案例分析与点评**

本节"案例导入"中吴婷的接待工作有以下几点不妥之处。

首先，当看到来访者进来时，吴婷应马上放下手中的工作，站起来，面带微笑，有礼貌地向来访者问候。如果手头正在处理紧急事情，可以先告诉对方："对不起，我手头有紧急事情必须马上处理，请稍候"，以免对方觉得受到冷遇。而吴婷只是简单地向客人点点头，伸手一指示意其就座，不礼貌也不不热情，令来访者有不受欢迎之感。

其次，应在问清来访者的身份、来意后，需要领导出面会见或其他部门人员出面会见的，要在请示并得到同意后，带领来访者到达目的地。而吴婷在了解到来访者与销售部王经理有约之后，没有与销售部联系就引导其前往，结果到了才发现王经理没时间接待来访者，不仅令自己很尴尬，也让来访者不高兴。

再次，在引导来访者时，应走在来访者的左前方约一米处，上身稍向右转体，左肩稍前，侧身向着来宾，配合对方的步幅，保持两三步距离，边走边向来访者介绍相关情况或寒暄。而吴婷一路上径直走在来访者前面，脑子里还琢磨着文稿的事，一语不发，难怪来访者会面露怒色。

接待工作作为单位的门面、喉舌，单位形象的缩影，接待人员要树立起礼宾的意识，注意相关接待礼仪，做到对一切来访者以礼相待。

第六章 商务活动实务

现代社会是一个开放的、充满活力的社会。现代企业处于这个开放的社会环境中，必然要举行各种各样的商务活动。通过开展商务活动，不但可以增强员工的凝聚力和忠诚度，还可以展示企业的良好形象和实力，扩大企业的社会知名度。本章主要介绍商务会谈、签约仪式、庆典活动、剪彩仪式、新闻发布会、开放参观、商务宴请和商务旅行的准备工作，基本程序，活动要求和注意事项。

第一节　商务会谈与签约仪式

案例导入

犹太人谈判的制胜秘诀是在社交场所或谈判席前做好充分准备。犹太人认为，从容不迫、应对自若，就能够随心所欲地控制谈判气氛，但前提和关键是付出艰辛的前期努力，尽可能地做好充分的准备工作。

作为犹太人的杰出代表，基辛格被称为是20世纪最杰出的谈判专家。在谈判前，他非常注重做好周密的事前准备和掌握详尽的背景资料。基辛格曾说："谈判的秘密在于知道一切，回答一切。"在他看来，事先调查谈判对手的心理状态和预期目标，正确判断双方对立中的共同点，才能胸有成竹，而不让对方有机可乘；相反，不知根底，在谈判时优柔寡断，不能立即回答对方的问题，会给别人权限不够或情况不熟的印象。

一、商务会谈

（一）会谈前的准备工作

1. 收集对方的相关资料

会谈前要摸清对方的底细，如对方的主体性质、组织性质、经济状况、市场信誉、经营作风和谈判目的等。这方面的资料收集的越多，胜算就越大。这些资料，可帮助领导判断对方的真实意图，制定己方的目标和策略。

2. 通知主方参加会见、会谈的人员

会见一般由领导出面，同时还要安排陪同人员及译员。在主方参加会谈的人员确定后，秘书要及早通知有关人员，并协助做好准备。具体要通知的人员包括：主方接见人、陪同人员、主谈人以及其他会谈人员。

3. 确定会谈的时间和地点

（1）会谈的时间，应根据会谈的性质而定。礼节性的会谈，一般安排在客人

到达的第二天或宴请之前；其他会谈，则根据需要确定时间。时间安排应先征求对方的意见。

如果是重要的会谈，事先应由秘书或其他工作人员进行预备性磋商，确定会谈的具体日程。

（2）会谈的地点，一般安排在主人的办公室、会客室或小型会议室，也可在客人的住所进行。

4. 通知对方

会谈的名单、时间、地点一旦确定，应及时通知对方。同时，还要了解客人抵达的方式，以便告知主方的接送方式及接送人员。

5. 场所的布置及座位安排

会谈场所的布置以高雅、宁静、和谐为宜。

会谈中的座位次序包含两层含义：一是会谈双方的座次位置；二是会谈一方内部的座次位置。会谈座位围成圆形，不分首席，适合多边谈判；围成长方形，则适用于双边平等谈判。

（二）会谈的原则

1. 以礼相待，真诚合作

在商务会谈中，不以成败论英雄，双方都应表现出真诚的态度。在介绍己方情况时，应向对方提供翔实可靠的资料，使双方都能够相互真实地了解，从而取得真诚的合作。即使合作不成功，也要彬彬有礼，宽容大度，为今后的合作打下良好的基础。

2. 提问时语气要委婉

商务会谈中，提问一定要讲究礼仪。注意不要问对方难以回答的问题，使对方难堪和尴尬。提问的语气要委婉，不可搞"查户口"式的直问。如果提出的问题对方一时答不上来，或不愿回答，就不要一个劲儿地追问，而要随机应变，善于转换话题。

3. 回答要实事求是

在对方提出问题后，要实事求是地予以回答，不能敷衍了事、答非所问。如果对方对某个问题不了解，要用通俗易懂的语言进行解释，切不可表现得很不耐烦，甚至不屑一顾。如果有些问题不便回答，则可以婉转的说明。

4. 营造融洽的会谈气氛

商务会谈受利益驱使，因此免不了要有一番唇枪舌剑、寸利必争。但互惠互利是双方合作的基础，双方应平等协商，以达成共识。要以合乎礼仪的谈吐来表现自己的大智大勇。因此，在会谈中把握原则的坚定性和策略的灵活性，既坚持自己的原则，又可以求同存异，使整个会谈过程中始终充满着融洽的气氛。

5. 学会妥协

在任何一次会谈中，都没有绝对的胜者和绝对的败者。相反，有关各方通过会谈，多多少少都会维护自身的利益，也就是说，大家在某种程度上达成了妥协。在会谈中，妥协是通过有关各方的相互让步来实现的，这种让步对当事的有关各方只要公平、合理、自愿，只要尽最大程度维护或争取了各自的利益，就是可以接受的。

6. 互利互惠

在商务交往中，会谈一直被视为一种合作或为合作而进行的准备。因此，一场商务会谈最圆满的结局，应当是会谈的所有参与方都能各取所需，都取得一定的成功，获得更大的利益。商务人员在参加会谈时，争取的结局应当是双赢的。伙伴、对手之间既要讲竞争，更要讲合作。

7. 人事分开

在会谈中，会谈者在处理己方与对手之间的相互关系时，必须要做到人与事分离。在会谈中，要求与对方相处时，务必记住朋友归朋友，会谈归会谈，对"事"要严肃，对"人"要友好。对"事"不可以不争，对"人"不可以不敬。二者之间的界限不能混淆。

（三）会谈的步骤

1. 申明价值

此阶段为谈判的初级阶段，谈判双方彼此应充分沟通各自的利益需要，申明能够满足对方需要的方法与优势所在。此阶段的关键步骤是弄清对方的真正需求，因此其主要的技巧就是多向对方提出问题，探询对方的实际需要。与此同时，也要根据情况申明己方的利益所在。因为你越了解对方的真正实际需求，越能够知道如何才能满足对方的需求；同时对方知道了你的利益所在，才能满足你的需求。

2. 创造价值

此阶段为谈判的中级阶段，双方彼此沟通，往往申明了各自的利益所在，了解了对方的实际需要。但是，以此达成的协议并不一定对双方都是利益最大化。也就是说，利益在此往往不能有效地达到平衡。即使达到了平衡，此协议也可能并不是最佳方案。因此，谈判中双方需要想方设法去寻求更佳的方案，为谈判双方找到最大的利益契合点，这一步骤就是创造价值。创造价值的阶段，往往是商务谈判最容易忽略的阶段。

3. 克服障碍

此阶段往往是谈判的攻坚阶段。谈判的障碍一般来自于两个方面：一方面是谈判双方彼此利益存在冲突；另一方面是谈判者自身在决策程序上存在障碍。前一种障碍是需要双方按照公平合理的客观原则来协调利益；后者就需要谈判无障碍的一方主动去帮助另一方顺利决策。

（四）会谈注意事项

（1）会谈应严格守时。

（2）会谈的座位应严格按国际惯例设置。

（3）会谈入座时，主人可请客人先入座，或双方一起落座。主人不能自己抢先坐下。

（4）开始会谈时，除陪同人员和必要的翻译、记录员之外，其他人员即应退出。在会谈整个过程中，不允许其他人员随意出入。

（5）主谈人交谈时，其他人员不得交头接耳，也不能翻看与会谈无关的材料，或打断他人发言。

（6）正式会谈如果允许新闻记者采访，通常是在正式会谈开始前采访几分钟；新闻摄影是在主人和主宾站立握手、面向新闻记者时摄影。之后，新闻记者离开会场，会谈正式开始。

（7）需在桌上备好茶水，夏天要加冷饮。如果会谈时间过长，可适当准备些咖啡或红茶，以及适当的茶点。

（8）工作人员要在整个会谈的过程中，做好会谈人员的食、宿、交通和参观访问等事宜的服务工作。

二、签约仪式

（一）签约前的准备工作

1. 签约文本的准备

安排签约仪式，首先应是签约文本的准备。负责为签约仪式提供待签合同文本的主方，应会同有关各方指定专人，共同负责合同的定稿、校对、印刷、装订、盖火漆印等工作。按常规，应为在合同上正式签约的有关各方各提供一份待签的合同文本。必要时，还可再向各方提供一份副本。

签署涉外商务合同时，比照国际惯例，待签的合同文本，应同时使用有关各方法定的官方语言，或使用国际上通行的英文、法文。此外，亦可同时用有关各方法定的官方语言与英文或法文。

待签的合同文本，应以精美的白纸印制而成，按大八开的规格装订成册，并以高档质料，如真皮、金属、软木等作为其封面。

2. 签约物品的准备

要准备好签约用的文具、国旗等物品。

3. 服饰准备

签约前要规范好签约人员的服饰。按照规定，签约人、助签人以及随同人员在出席签约仪式时，应当穿着具有礼服性质的深色西装套装、西装套裙，并配以白色衬衫与深色皮鞋。在签约仪式上露面的礼仪、接待人员，可以穿自己的工作制服，或是旗袍一类的礼仪性服装。

4. 签约厅的布置

签约厅总体氛围应该是庄重、整洁、清静。

签约厅室内应当铺满地毯，悬挂签约会标横幅，上写"××××（项目）签字仪式"等字样。

正规的签约桌应为长桌，桌上铺盖深绿色的呢台布，横放于室内，其后可摆放适当的座椅。签署双边性合同时，可放置两张座椅，主左客右，供签约人就座。签署多边合同时，可以仅放一张座椅，供各方签约时轮流就座，也可为各位签约人都提供座椅。签约人就座时一般面对正门。签约桌上，应该事先摆放好待签的文本以及签字文具。如签署涉外商务合同，还需在签约桌上放置代表各方的国旗。

5. 签约座次安排

正式签署文件时，签字座次安排非常重要，工作人员一定要郑重其事，遵循特定礼仪要求进行安排。

最常见的签约座次安排是：签约桌面门横放，签约人居中面门而坐，客方就座于签约桌的右侧，主方就座于左侧。双方各自的助签人，应分别站立于各自一方签字人的外侧，以便随时给签约人提供帮助。双方其他随员，可以按照地位的高低依次自左而右（客方）或是自右而左（主方）列成一行，站立于己方签字人身后。当人员较多时，可以按照以上顺序并遵循"前高后低"惯例，排成若干行。原则上，双方随员人数应该大体相当。

（二）签约基本程序

1. 正式开始

签约仪式的第一项是宣布签约仪式正式开始。有关各方人员共同进入签约厅，相互握手致意，并在各自既定的位置上正式就座。

2. 签署文件

通常的做法是先签署己方保存的合同文本，接着再签署他方保存的合同文本。每个签约人在由己方保留的合同文本上签约时，按惯例应当名列首位。因此，每个签约人均应首先签署己方保存的合同文本，然后再交由他方签约人签约（由助签人交换）。其含义是在位次排列上，有关各方均有机会居于首位一次，以显示机会均等、各方平等。

3. 交换文本

签约人正式交换已经有各方正式签署的合同文本。此时，各方签约人应热烈握手，互致祝贺，并可相互交换各自方才使用过的签约笔，以示纪念。全场人员应鼓掌，表示祝贺。

4. 饮酒庆贺

签完约后饮酒互相道贺。所饮用的酒水应为香槟酒，由主办方开启香槟，有关各方人员在交换文本后当场饮上一杯香槟酒，并与其他陪同的人士一一干杯。这是国际上所通行的增加签约仪式喜庆色彩的一种常规性做法。

> 案例分析与点评

本节"案例导入"中基辛格之所以能成为谈判专家，是因为他做到了知己知彼，从不打无准备之仗。

在商务谈判之前，先要摸清对方的底细，如对方的主体性质、组织性质、经济状况、市场信誉、经营作风和谈判目的等。收集的资料越多，胜算的机会就越大。只有知己知彼，方能百战不殆。

第二节 庆典活动与剪彩仪式

案例导入

宏达公司经过两年多的准备,计划于 2009 年 9 月 9 日开业,公司领导让办公室李主任组织策划这次开业庆典。开业庆典要准备的东西很多,其中开业庆典方案(庆典程序)很重要,它是整个活动的主线。于是,李主任召集办公室有关人员讨论制定公司开业庆典方案。

如果你是办公室工作人员的话,该如何制定这份公司开业庆典的方案?

一、庆典活动

(一)庆典的准备工作

1. 做好舆论宣传工作

事前应利用传媒多作报道,发布广告,也可派人在公众场合散发宣传品,造成一定的舆论声势,引起公众的广泛关注。公关活动及宣传广告等活动应安排在仪式前 3~5 天进行,最多不过一周,过早和过迟都难以收到良好效果。同时还应向媒体记者发出邀请,欢迎他们届时光临现场采访报道,以便进一步扩大影响。

2. 确定出席庆典的名单

组织庆典活动,一方面可以扩大社会影响力,展示公司良好的形象;另一方面也是借此机会广交朋友,为今后的发展打下坚实的基础,因此在确定来宾时要慎重选择。一般来讲,出席者应包括:有关的上级领导、社会名流、新闻媒介人士、合作伙伴、公司内部领导和员工等。

3. 发出请柬

参加庆典活动的出席者名单拟定后,应经由单位领导审定并最终确定。举办者在庆典活动开始一周之内发出请柬,写明活动事由、方式、时间、地点等活动相关事宜，在活动前 3 天再次电话核实对方是否收到请柬，并在电话中向对方再次发出邀请。

4. 安排来宾的接待工作

为了保证庆典工作顺利地举行，接待工作显得尤为重要。举办方可以成立专门的庆典筹备小组，其成员由社交经验丰富，年轻、精干、气质形象较好，口头表达能力和应变能力较强的男女青年组成，专门负责来宾的迎送、引导、陪同和招待等接待事宜。

5. 场地的布置

（1）地点的选择。需结合庆典的规模、影响力以及本单位的实际情况来决定。如开业典礼、落成典礼一般在室外进行。周年庆典、开幕式、闭幕式可以在室内或室外进行。

（2）环境的美化。为了烘托出热烈、隆重、喜庆的气氛，可在现场张灯结彩，悬挂彩灯、彩带，张贴一些宣传标语，并且张挂表明庆典具体内容的大型横幅。如果条件允许，还可以请乐队、锣鼓队届时演奏音乐或敲锣打鼓，调动全场气氛。

（3）音响的准备。在举行庆典之前，务必要把音响准备好。尤其是供来宾们讲话时使用的麦克风和传声设备，在关键时刻绝不能出差错。在庆典举行前后，可以播放一些喜庆、欢快的乐曲。

6. 馈赠礼品的准备

赠与来宾的礼品，一方面应具有宣传性，即礼品可选用本单位的产品，也可在礼品及外包装印上本单位的企业标志、公关广告语、开业日期等。另一方面应具有独特性，向来宾赠送的礼品除了应具有本单位的鲜明特色之外，还应具有纪念价值，精巧别致，力求让人爱不释手，难以忘怀。

7. 安排娱乐节目

在庆典过程中可安排舞狮耍龙或乐队伴奏，揭幕完毕后可安排歌舞表演、鞭炮礼花，还可组织来宾参观本单位的设施、陈列等，增加宣传本单位传播信息的机会。

（二）庆典活动的程序

1. 迎宾

接待人员现场迎接来宾，签到，引导就座。若不设座位，则告诉来宾所在的具体位置。

2. 典礼开始

主持人宣布仪式正式开始,全体起立(不设座位应立正),奏乐,介绍各位来宾。

3. 致贺词

按主持人的安排,由上级领导和来宾代表先后致贺词,以表达对本单位的良好祝愿;若有贺电、贺信,应现场公告单位名称和个人身份。

4. 致答词

由庆典负责人向来宾致谢,全体人员在音乐声中热烈鼓掌祝贺。

5. 安排文艺演出

这个环节可有可无。如果准备安排,应当慎选内容,注意不要有悖于庆典的主旨。

6. 参观

引导来宾对本单位进行参观,介绍本单位的主要设施、特色商品及经营策略等。

(三)参加庆典的注意事项

1. 仪容整洁

所有出席庆典人员的仪容仪表都代表着各自单位的形象与风貌,绝对不允许蓬头垢面、胡子拉碴、浑身臭汗、妆容不整和乱戴首饰等,给本单位的形象抹黑。

2. 服饰规范

有统一式样制服的单位,应要求以制服作为本单位人士的庆典着装。无制服的单位,应规定本单位出席庆典的人员必须穿着礼仪性服装。倘若有可能,将本单位出席者的服饰统一起来,则是最好的。

3. 遵守时间

遵守时间是基本的商务礼仪之一。对主办方的出席者而言,更不得忽略此问题。如果庆典的起止时间已有规定,则应当准时开始,准时结束。

4. 表情庄重

在庆典举行期间,不允许嬉皮笑脸、嘻嘻哈哈,或是愁眉苦脸、一脸晦气、唉声叹气,否则会让来宾产生不好的想法。在举行庆典的整个过程中,都要表情庄重、全神贯注、聚精会神。

5. 态度要友好

主办方见到来宾要主动热情地问好,对来宾提出的问题应予以友善的答复。

当来宾发表贺词后,应主动鼓掌表示感谢。不能起哄、鼓倒掌,更不能随意打断来宾的讲话。

6. 行为自律

参加本单位的庆典,主方人员有义务以自己的实际行动,来确保庆典的顺利与成功。不应因为自己的举止失当,而让来宾对庆典作出不好的评价。

7. 发言简短

在本单位的庆典中发言,应谨记四点:一是上下场时要沉着冷静;二是要讲究礼貌;三是发言一定要在规定的时间内结束,而且以短为佳,不要随便发挥;四是少做手势。

二、剪彩仪式

为了庆贺成立、开业,大型建筑物落成,道路、桥梁首次通车,大型展销会、博览会开幕等活动,往往会安排剪彩仪式。庆祝活动,最终的目的是为了树立良好的形象,引起社会各界的关注。

(一)剪彩的准备工作

在正常情况下,剪彩仪式应在行将启用的建筑、工程或者展销会、博览会的现场举行。正门外的广场、正门内的大厅,都是可优先考虑的。

1. 一般性准备

如同庆典的准备工作一样,剪彩典礼也需要做好舆论宣传、发送请柬、场地布置、灯光与音响的准备等工作(具体可参考"庆典的准备工作")。

2. 用具准备

(1)彩带。是剪彩仪式中万众瞩目的焦点,不容有丝毫的马虎。它应是一整匹未使用过的,在中间扎上几朵大而醒目的花球的红色绸缎。随着节约意识的不断增强,很多彩带已经开始使用长约 2 米的红缎带、布条或纸制品作为变通。

(2)剪刀。专供剪彩者剪彩时使用。它必须是崭新、锋利的,要人手一把。事先,一定要逐把检查一下将被用以剪彩的剪刀是否已经开刃,好不好用。务必要确保剪彩者在正式剪彩时,可以一举成功,而切勿一再补刀。剪彩仪式结束后,主办方可将每位剪彩者所使用的剪刀经过包装之后,送给对方留作纪念。

(3)托盘。用来盛放剪刀和手套。最好是崭新、洁净的。为了显示正规,通常首选银色的不锈钢制品。使用时，可以铺上红色绒布或绸布。

（4）红色地毯。主要铺设在剪彩者剪彩时的站立之处，其长度可视剪彩者人数的多少而定，宽度则应在1米以上。当然，也可不铺设地毯。

（5）白色薄纱手套。是供剪彩者剪彩时戴的，以示郑重。但一般情况下无此必要。

（二）剪彩人员

除主持人之外，剪彩人员主要是由剪彩者与助剪者两部分构成。在剪彩仪式上担任剪彩者，是一种很高的荣誉。剪彩仪式档次的高低，往往与剪彩者的身份密切相关。

1. 剪彩者

剪彩者，即在剪彩仪式上持剪刀剪彩之人。根据惯例，剪彩者可以是一个人，也可以是几个人，但是一般不应多于5人。通常，剪彩者多由上级领导、合作伙伴、社会名流、员工代表或客户代表担任。

确定剪彩者名单，必须是在剪彩仪式正式举行之前。名单一经确定，即应尽早告知对方，使其有所准备。在一般情况下，确定剪彩者时，必须尊重对方个人意见，切勿勉强对方。需要由数人同时担任剪彩者时，应分别告知每位剪彩者届时他将与何人同担此任。这样做是对剪彩者的一种尊重。千万不要在剪彩开始前才强拉硬拽，临时找人凑数。

必要时，可在剪彩仪式举行前，将剪彩者集中在一起，告之对方有关的注意事项，并稍事训练。按照常规，剪彩者应着套装、套裙或制服，将头发梳理整齐。不允许戴帽子、戴墨镜，也不允许其穿着便装。

若剪彩者仅为一人，则其剪彩时居中而立即可。若剪彩者不止一人时，则其同时上场剪彩时位次的尊卑就必须予以重视。一般的规矩是：中间高于两侧，右侧高于左侧，距离中间站立者越远位次便越低，即主剪者应居于中央的位置。需要说明的是，之所以规定剪彩者的位次"右侧高于左侧"，主要是因为这是一项国际惯例，剪彩仪式理当遵守。若剪彩仪式并无外宾参加时，执行我国"左侧高于右侧"的传统做法亦无不可。

2. 助剪者

助剪者，指的是剪彩者剪彩的一系列过程中从旁为其提供帮助的人员。一般而言，助剪者多由东道主一方的女职员担任。现在一般称之为礼仪小姐。

在剪彩仪式上服务的礼仪小姐，又可以分为迎宾者、引导者、服务者、拉彩者、捧花者和托盘者。迎宾者的任务,是在活动现场负责迎来送往。引导者的任务,是在进行剪彩时负责带领剪彩者登台或退场。服务者的任务,是为来宾尤其是剪彩者提供饮料,安排休息之处。拉彩者的任务,是在剪彩时展开、拉直红色缎带。捧花者的任务,是在剪彩时手托花团。托盘者的任务,是为剪彩者提供剪刀、手套等剪彩用品。

礼仪小姐的最佳装束应为:化淡妆、盘头发,穿款式、面料、色彩统一的单色旗袍,配肉色连裤丝袜和黑色高跟皮鞋。除戒指、耳环或耳钉外,不佩戴其他任何首饰。有时,礼仪小姐身穿深色或单色的套裙亦可,但她们的穿着打扮必须尽可能地整齐划一。必要时,可聘请专职礼仪小姐。

(三)剪彩的程序

一般来说,剪彩仪式宜紧凑,忌拖沓。在所耗时间上越短越好,短则15分钟,长则至多不宜超过1个小时。所以,宜预先制定好剪彩程序。

1. 请来宾就位

在剪彩仪式上,通常只为剪彩者、来宾和本单位的负责人安排坐席。在剪彩仪式开始时,应敬请大家在已排好顺序的座位上就座。一般情况下,剪彩者应就座于前排。若其不止一人时,则应按照剪彩时的具体顺序就座。

2. 仪式开始

在主持人宣布仪式开始后,乐队演奏音乐,现场燃放鞭炮,全体到场者应热烈鼓掌。此后,主持人向全体到场者介绍到场的重要来宾。

3. 奏国歌

此刻须全场起立。必要时,亦可随之演奏本单位的标志性歌曲。

4. 致辞

致辞者依次应为主办方单位的代表、上级主管部门的代表、地方政府的代表、合作单位的代表等。致辞内容要言简意赅,并富有鼓动性。

5. 剪彩

主持人宣布进行剪彩。礼仪小姐率先登场,有的拉直彩带,有的站在彩带后1米左右端托盘。剪彩者上台,进行剪彩,全体人员要热烈鼓掌,必要时还可奏乐或燃放鞭炮。

6. 参观

剪彩之后,主办方应陪同来宾参观。还可向来宾赠送纪念性礼品,或设宴款待来客。

> 案例分析与点评

本节"案例导入"中宏达公司的开业庆典方案可制定如下：

宏达公司开业庆典方案

庆典时间：2009 年 9 月 9 日上午 10 时

地点：宏达公司

名称：宏达公司开业庆典剪彩活动

简介：宏达公司于 9 月 9 日在公司所在地隆重举行开业剪彩仪式。公司邀请许多当地的各界商业人士、新闻媒体及市政府领导出席。

程序：

9：00—10：00　礼仪小姐迎宾

10：00—10：30　开业典礼正式开始

10：30—10：35　张总经理致辞

10：35—10：40　集团公司李副总裁发言

10：40—10：45　市外资局领导讲话

10：45—10：50　领导与嘉宾剪彩

10：50—11：20　参观公司

11：30—12：30　在亚洲大酒店设宴，请嘉宾共进午餐

第三节　新闻发布会

> 案例导入

1999 年，"奥妙"的生产商联合利华在华资产重组顺利完成，奥妙洗衣粉的生产间接成本大大降低，公司决定对奥妙洗衣粉大幅降价销售。为了消除公众的顾虑，同时扩大影响，公司决定召开新闻发布会。

联合利华于第一时间在中国主要城市北京、上海、广州召开了新闻发布会。

当地及国家工商、消协部门被隆重邀请与会,各会场还邀请全国主要的新闻媒介参加,综合类媒介(经济版面/生活版面)、消费类媒介、经济类媒介以及广播电台/电视台(经济栏目/生活栏目)作为重点考虑。

联合利华家庭及个人护理产品市场总监杨牧先生被指定为此次新闻发布会的新闻发言人。在这次会上,杨牧先生正式公布了奥妙降价的消息,并回答了记者感兴趣的问题。与此同时,联合利华公司的公关人员精心遴选各个地区有影响的媒介及适合的版面、栏目,以事实来消除部分记者有可能产生的主观臆断和猜想;公关部则从不同角度撰写新闻稿,引导记者形成有利于奥妙的报道思路。这次新闻发布会达到了预定的公关目标,媒介反响强烈,形成对联合利华有利的社会舆论,没有出现不利报道。

新闻发布会也称记者招待会,是某一组织为了宣传某项重要消息,把有关新闻机构的记者召集在一起,主动进行信息发布的一种特殊形式的会议。对商界而言,举办新闻发布会是联络企业与新闻媒体之间相互关系的一种最重要的手段。

一、会前准备工作

(一)确定会议主题

新闻发布会的主题指中心议题,包括:发布某一消息、说明某一活动、解释某一事件。准备新闻发布会首先要做的是对本次新闻发布的主题进行准确定位,这里有两层意思:一是新闻炒作点的寻找与挖掘;二是新闻传播标题的确立。在选择新闻发布会的标题时,应尽量避免使用新闻发布会的字样,因为我国对新闻发布会是有严格申报、审批程序的,对企业而言,没有必要如此繁琐,所以直接把发布会的名字定义为"××××信息发布会"或"××××媒体沟通会"即可。

(二)选定会议时间

新闻发布的时间通常也是决定新闻何时播出或刊出的时间。因为多数平面媒体刊出新闻的时间是在获得信息的第二天,因此要把发布会的时间以安排在周一至周三的下午为宜,会议时间为1小时左右,这样可以相对保证发布会的现场效果和会后见报效果。在时间选择上还要避开重要的政治事件和社会事件,因为媒体对这些事件的大篇幅报道任务,会冲淡企业新闻发布会的宣传效果。

(三) 选择会议地点

新闻发布会的举行地点，除可以考虑本单位本部所在地、活动或事件所在地之外，还可优先考虑首都或其他影响大的中心性城市。举行新闻发布会的现场，应交通方便，尤其要注意方便主要媒体、重要人物。同时，采访条件要优越，面积适中，本单位的会议厅、宾馆的多功能厅、当地最有影响的地标性建筑等均可酌情予以选择。从企业形象的角度来说，重要的发布会宜选择高级酒店。但同时要注意，选择酒店的风格要与发布会的内容协调统一。

(四) 布置会议现场

1. 席位摆放

发布会需摆放席卡，以方便记者记录发言人姓名。摆放原则是"职位高者靠前靠中，自己人靠边靠后"。现在很多会议采用主席台只有主持人位和发言席，贵宾坐于台下第一排的方式。一些非正式、讨论性质的会议是圆桌摆放式。摆放"回"字形会议桌的发布会现在也不少，发言人坐在中间，两侧及对面是新闻记者坐席，这样便于沟通，同时也有利于摄影记者拍照。

2. 设备调试

最主要的设备调试是麦克风和音响。一些需要做电脑展示的还需准备投影仪、笔记本电脑、联线、上网连接设备和投影幕布等，相关设备在发布会前要反复调试，保证不出现故障。

3. 背景及外围布置

新闻发布会现场的背景布置和外围布置需要提前安排。在大堂、电梯口、转弯处设导引指示欢迎牌。

新闻发布会背景板要衬托出会议主题，所以在设计及选材上一定要慎重考虑。目前新闻发布会主要采用高清晰写真布，这种材料因为无异味、不反光和高清晰的特点，所以对新闻发布会的现场气氛营造和媒体摄像都大有好处。

(五) 确定主持人和发言人

1. 主持人

新闻发布会的主持人大都由主办单位的公关部部长、办公室主任或秘书长担任。其基本条件是：有良好的外形和表达能力，善于把握大局，能圆满完成原定计划，有现场调控能力，可以充分控制和调动发布会现场的气氛，善于引导提问。

2. 发言人

新闻发布会的发言人是会议的主角，通常应由有权代表本单位讲话的主要负责人担任。除了在社会上口碑较好、与新闻界关系较为融洽之外，其基本素质，如修养、学识、思维、记忆力和善辩力等也应该是一流的。知识面要丰富，要有很强的语言表达能力、倾听能力及反应力，外表包括肢体语言整洁、大方得体。

（六）邀请媒体

媒体邀请的技巧很重要，既要吸引记者参加，又不能过多透露将要发布的新闻。在媒体邀请的密度上，既不能过多，也不能过少。一般企业应该邀请与自己联系比较紧密的商业领域记者参加，必要时如新闻发布会现场气氛热烈，应关照平面媒体记者与摄影记者一起前往。

邀请的时间以提前3～5天为宜，发布会前一天可予适当的提醒。联系比较多的媒体记者可以采取直接电话邀请的方式。不是很熟悉的媒体或发布内容比较严肃、庄重时，可以采取书面邀请函的方式。

（七）准备会议资料

材料是新闻发布会的炒作基点，也是企业充分表达自身目的的介绍媒介。提供给媒体的资料，一般采用广告手提袋或文件袋的形式，整理妥当，在新闻发布会前发放给新闻媒体。材料的准备包括新闻通稿和背景介绍，分为四个部分：一是发言提纲，二是问答提纲，三是宣传提纲，四是辅助材料。如图表、照片、实物、模型、沙盘、录音、录像、影片、幻灯、光碟等，以便记者能在会议涉及的问题之外挖掘新闻事件、扩大报道范围。

二、会中注意事项

新闻发布会举行过程中，应做好以下工作。

（1）所发布的信息必须准确无误，若发现错误应及时予以更正。

（2）会议议程的执行要紧凑，不拖沓，有条不紊。不要随便延长预定会议时间。应有正式的开场和结尾。

（3）会议主持人应善于控场，以庄重的言谈和感染力活跃整个会议气氛，引导记者踊跃提问。当记者的提问离开主题时，要善于巧妙地将话题引向主题。如果会议中出现紧张气氛，应该及时调节、缓和。要避免出现冷场和混乱局面。

（4）发言人应注意答问的方式和程度，随机应变，不与记者争论，不要回避问题。对于不愿透露的内容，应婉转地向记者作出解释，不能简单地说"不清楚""不知道""无可奉告"等。不要随便打断记者的提问，不要以各种动作、表情和语言对记者表示不满，即使记者的提问带有很强的偏见或挑衅性，也不要激动或发怒，应以良好的涵养、平静的话语、确凿的事理给予纠正和反驳。

（5）对新闻发布会活动全过程应做详尽记录和录音，有条件的可将会议过程录像，作为资料保存。

三、会后工作

为使新闻发布会取得预期的效果，在会议结束后，还应做好以下几方面的工作。

（1）整理记录，总结经验，并以书面形式存档。尽快整理出新闻发布会的记录材料，对其组织、布置、主持和回答问题等方面的工作作一总结，从中认真汲取经验和不足，并将总结材料归档备查。

（2）搜索舆论反应，检测活动效果。搜集到会记者在报刊、电台、电视台的各类报道和评论，并进行归类分析，把握公众的反应和舆论走势，检查是否达到了举办发布会的预定目标，是否由于失误而造成了误会，并以此检测发布会活动的效果。

（3）对照新闻发布会签到簿，检查与会记者是否都发了稿件，并对记者所发稿件的内容及倾向作一个分析，以便了解新闻机构和记者所持意见、态度和产生的原因，便于以后有针对性地同他们进行沟通，或以此作为以后举办新闻发布会邀请记者范围的参考依据。

（4）对不利于本单位的报道，应采取及时的应对策略。如果是歪曲事实的报道，应主动采取行动，说明真相，并向报道机构提出更正要求；如果是反映了事实却不利于本单位的负面报道，则应通过有关媒体向公众表示歉意，并制定改进措施，以挽回单位声誉。

> **案例分析与点评**

本节"案例导入"中联合利华公司的这次新闻发布会开得很成功。主要原因是：

（1）选择的媒体好。综合类媒介（经济版面/生活版面）、消费类媒介、经济类媒介以及广播电台/电视台（经济栏目/生活栏目），避免了遍地开花的浪费，最大限度地使降价信息送达到目标受众,达到了事半功倍的理想效果。

(2)新闻发言人由联合利华公司家庭及个人护理产品市场总监担任,这个选择是最合适的,具有很高的权威性,从而极大地增强了公众对于联合利华的可信度。

(3)最关键的是,针对目标公众最为关心的降价是否降低质量等猜测,联合利华通过媒体都进行了必要的说明和解释。这对媒介以及消费者具有很大的劝服作用。

第四节 开放参观与商务宴请

案例导入

江苏一家板鸭店,过去在加工场门口曾挂着一块牌子:"工场重地,谢绝参观。"购买板鸭的人想从门缝中看看加工过程,也被工作人员劝走。后来,该店经理接受一位专家的建议,将加工场门口的那块牌子改写成"加工熟食,欢迎参观"。购买熟食的顾客可以进去参观加工场,不仅能看到盐水鸭、板鸭等熟食的制作过程,还可获得店里赠送的一张购物优惠券。许多人参观后,都兴致勃勃地选购了熟食。从此,该店生意由淡转旺,销售量日趋上升。板鸭店经理感慨地说:"我店以前在电视台、电台作了多次广告,花钱不少,但效果都不大。而这次只换了一块牌子,改了几个字,销售量便大大增加了。"

一、开放参观

(一)开放参观的类型

1. 一般参观和特殊参观

(1)一般参观,就是向一般公众开放的参观,对公众对象不加限制。这种参观应事先通过"告示"或其他传播手段广泛宣传,内容包括开放参观的目的、时间及参观须知,以争取尽可能多的参观者来参观。

(2)特殊参观,指参观者是具有特殊身份的公众,如国内外同行、协作者或上级单位的领导等。

2. 常规性参观和专题性参观

（1）常规性参观，一般没有什么特点主题，是组织常规工作的一项内容。如工厂周年纪念日、传统节日或每月一次的定期开放参观等。

（2）专题性参观，是指有特点、有目的，围绕一个明确的主题而进行的参观活动。

（二）制定开放参观活动方案

1. 确定开放参观活动的主题

开放参观活动的主题，就是单位通过这一活动所要达到的目的和希望取得的效果。常见的参观活动主题有：扩大单位的知名度，提高美誉度；促进单位的业务拓展；发展单位与社区的和谐关系；增强员工或家属的自豪感。

2. 安排参观的内容

要根据主题来安排参观活动的内容。参观的内容一般包括：

（1）情况介绍，事先准备好简明生动、印制精良的宣传小册子。

（2）现场观摩，让参观者参观现场，如生产经营设备和工艺流程，厂区环境或营业大厅，员工的教育和培训设施，科技开发（实验）中心，以及单位的服务、娱乐、福利、卫生等设施。

（3）实物展览，参观成果展览室，观看陈列资料、模型、样品等实物。

此外，参观活动内容的确定还要考虑到参观者的需要和兴趣。

3. 选择参观的时间

参观活动最好安排在一些特殊的日子里，这样更具有纪念意义。如周年纪念日、重大的节假日、开业庆典和社区节日等。

4. 确定邀请对象

一般性参观常邀请员工家属或一般市民；特殊性参观常邀请与本单位有特殊利害关系的团体和公众，如政府官员、行政主管部门、同行业领导和专家、媒体记者等。

5. 选择参观路线

参观路线的选择要综合考虑三个方面的因素：一要能引起参观者的兴趣，二要能保证参观者的安全，三要对正常工作秩序的干扰少。

6. 策划宣传工作

准备一份简明的说明书，用简洁、明了、通俗的语言，将开放参观活动的内容展现给参观者，尽量做到图文并茂、生动鲜明，要能用具体形象的图片吸引参观者，现在广泛使用的有"易拉宝"等小册子。宣传册要尽量减少专业术语。还要制作一些录像片、幻灯片和电视短片，介绍参观的内容。对于那些在参观时体现不出的特殊事项，可以用图表和数字来表示。

7. 做好解说及接待工作

做好解说及接待工作应注意：挑选并培训导游或解说人员，制作并寄发请柬，设立接待服务处，准备特殊的参观用品、礼品或纪念品。

（三）开放参观的准备

组织开放参观活动的好坏直接涉及企业在公众心目中的形象，因此活动的每一个细节都要周密考虑，精心布置。这就需要工作人员能做好相关的准备工作和接待工作。

准备工作的内容包括：寄发请柬；设立接待服务处和休息服务处；准备介绍材料；准备特殊的参观用品，如卫生服、安全帽等；准备茶水饮料；准备赠送的礼品和纪念品。

（四）开放参观的流程

开放参观活动的主要流程有以下几个方面。

1. 发宣传小册子

参观前，向参观者发放宣传册，让其对参观的对象有一初步的了解。

2. 放映视听资料

参观者到达后，在参观现场实物之前放映有关录像片、幻灯片或电视短片。同时，接待人员可在旁作相关解释。放映视听资料，一方面可以让参观者对即将参观的内容有先行的认知，另一方面还可舒缓参观者舟车劳顿的辛苦。

3. 参观现场实物

通过宣传小册子和放映视听资料，参观者对要参观的项目有了初步的了解，再通过实物的参观即可加深其印象，让先前形成的良好印象得到进一步巩固。实物参观一般由相关接待人员陪同，接待人员要按事先安排的参观路线行走，避免参观者不必要的体力浪费。同时，接待人员讲解的时候要简明扼要，避免滔滔不绝、长篇大论。

4. 休息娱乐互动

在实物参观完后，可适当安排一些主办方与来宾的互动活动。一方面放松休息；一方面听取来宾的切身感受，以此作为第一手资料，这对企业非常有益。

5. 赠送相关纪念品

在参观即将结束的时候，向参观者赠送相关的纪念品。纪念品最好是本单位自己制造的或有本单位标志性事物以及相关名称的纪念品，起到宣传的作用。

6. 征求参观意见和建议

征求参观意见和建议有多种方式和途径，可以在现场实物参观完以后，也可以在整个参观活动结束的出口处设建议栏或建议箱；可以在休息娱乐的互动过程中组织参观者座谈，也可以在该参观项目结束后，由相关人员进行电话或信函的回访。通过征求参观意见和建议，可以集思广益，挖掘参观者身上潜在的智慧，作出对本单位有益的改进。

（五）接待工作的注意事项

来宾到达后热情引导接待，放映视听资料时认真解说，参观过程中为来宾做好向导，做好招待来宾的餐饮服务，耐心解答来宾提出的各种问题，做好迎送工作。

二、商务宴请

（一）宴请的形式

根据宴请的目的、出席人员的身份和出席人数的多少，可将宴请分为宴会、招待会、茶会和工作餐等。

1. 宴会

宴会是较为隆重的正餐，可在中午和晚上举行，其中以晚宴最为隆重。宴会通常有以下几种形式。

（1）国宴。国宴是国家元首或政府首脑为国家的庆典，或为外国元首、政府首脑来访而举行的正式宴会，规格最高。宴会厅内悬挂国旗，安排乐队演奏国歌及席间乐。席间致辞或祝酒。

（2）正式宴会。正式宴会适用于宴请规格较高、活动内容较为严肃的场合，重点在于给对方以较高的礼遇，是商务活动中最重要的宴请形式。与国宴相比，除不挂国旗、不奏国歌以及出席规格不同外，其余安排大体与国宴相同。正式宴会十分讲究排场，在请柬上注明对客人服饰的要求。对桌次、座次、餐具、酒水、菜肴、宴会厅陈列以及服务员装束等都有严格要求。

（3）便宴。便宴属于非正式宴会，常见的有午宴、晚宴。这类宴会形式简便，可以不排席位，不作正式讲话，菜肴道数亦可酌减。西方人的午宴有时不上汤，不上烈性酒。便宴较随便、亲切，宜用于日常友好交往。

（4）家宴。家宴是主人在自己家中设宴招待客人。家宴往往由主妇亲自下厨烹调，也可以聘请厨师上门服务。全家人共同招待，显得亲切、友好，易于创造融洽的人际关系和良好的沟通氛围。家宴可用于官方宴请和业务洽谈宴请。

2. 招待会

招待会是指不备正餐较为灵活的宴请形式。备有食品、酒水饮料，通常不排席位，可以自由活动。常见的有冷餐会和酒会两种。

（1）冷餐会。这种宴请形式的特点是不排席位，菜肴以冷食为主，也可用热菜，连同餐具陈设在菜桌上，供客人自取。客人可自由活动，可以多次取食。酒水可陈放在桌上，也可由招待员端送。冷餐会在室内、在院子里或花园里举行，可设小桌、椅子，自由入座，也可以不设座椅，站立进餐。根据主客双方身份，确定招待会规格。举办时间一般在 12～14 点、17～19 点。这种形式常用于官方正式活动，以宴请人数众多的宾客。

（2）酒会。酒会又称鸡尾酒会。这种招待会形式较活泼，便于宾客广泛接触和交谈。以酒水为主，略备小吃。不设座椅，仅置小桌（或茶几），以便客人随意走动。酒会举行的时间较灵活，中午、下午、晚上均可。请柬上往往注明整个活动的时间，客人可在其间任何时候到达和退席，来去自由，不受约束。

鸡尾酒是用多种酒配成的混合饮料。酒会上不一定都用鸡尾酒。但通常用的酒类品种较多，并配以各种果汁，不用或少用烈性酒。食品多为三明治、面包托、小香肠、炸春卷等各种小吃，以牙签取食。饮料和食品由招待员用托盘端送，或部分放置小桌上。

近年，国际上举办大型活动采用酒会的形式渐普遍。庆祝各种节日，欢迎代表团访问，各种开幕、闭幕典礼，文艺、体育招待演出前后等，往往举行酒会。

3. 茶会

茶会是一种简便的招待形式。举行的时间一般在下午 16 时左右（也有上午 10 时举行）。茶会通常设在客厅，不用餐厅。厅内设茶几、座椅。不排席位，但如是为某贵宾举行的活动，入座时，要将主宾同主人安排坐到一起，其他人随意就座。茶会顾名思义是请客人品茶。因此，茶叶、茶具的选择要有所讲究，或具有地方特色。茶具一般用陶瓷器皿，不用玻璃杯，也不用热水瓶代替茶壶。外国人一般用红茶，略备点心和地方风味小吃。也有不用茶而用咖啡者，其组织安排与茶会相同。

4. 工作餐

按用餐时间分为工作早餐、工作午餐和工作晚餐。是现代国际交往中经常采用的一种非正式宴请形式（有的时候由参加者各自付费），利用进餐时间，边吃边谈问题。在代表团访问中，往往因日程安排不开而采用这种形式。此类活动一般只请与工作有关的人员，不请配偶。双边工作进餐往往排席位，尤以用长桌更便于谈话。如用长桌，其座位排法与会谈桌席位安排相仿。

（二）宴请的准备工作

1. 确定宴请名单

工作人员应根据宴请目的或主宾身份起草一份名单，最后由领导确定。选择客人要根据宾主双方的身份、年龄、职业等特点来考虑。一般选择与主宾身份地位接近的人。与主人关系密切的朋友、业务伙伴是比较合适的人选。

2. 确定宴会的时间

宴请的时间应对主客双方都合适。注意不要选择对方的重大节假日、有重要活动或有禁忌的日子和时间。例如，对信奉基督教的人士不要选13号，更不要选13号是星期五的日子。伊斯兰教在斋月内白天禁食，宴请宜在日落后举行。小型宴请应首先征询主宾意见，最好当面约请，也可用电话联系。主宾同意后，时间即被认为是最后确定，之后依此约请其他宾客。

3. 确定宴会的地点

宴会地点要考虑规格，规格高的安排在高级酒店或高级饭店，一般规格的则根据情况安排在适当的饭店进行。要考虑宴请对象，对文化素质高、有一定身份的宾客，宴请的卫生和环境尤其要讲究。

4. 确定菜单

宴请的酒菜根据活动形式和规格，在规定的预算标准以内安排。选菜不以主人的爱好为准，主要考虑主宾的喜好与禁忌。例如，伊斯兰教徒用清真席，不用酒，甚至不用任何带酒精的饮料；印度教徒不能用牛肉；佛教僧侣和一些教徒吃素；也有因身体原因不能吃某种食品的。如果宴会上有个别人有特殊需要，可以单独为其上菜。大型宴请，则应照顾到各个方面。菜肴道数和分量都要适宜，不要简单地认为海味是名贵菜而泛用，其实有不少人并不喜欢，特别是海参。宜用有地方特色的食品招待，用本地产的名酒。无论哪一种宴请，事先均应开列菜单，并征求主管负责人的同意。获准后，即可印制菜单，菜单一桌两三份，讲究的也可每人一份。

5. 安排桌次和座次

正式宴请都要事先排定桌次和座次。这是礼仪中很重要的问题。正式宴会一般均排席位，也可只排部分客人的席位，其他人只排桌次或自由入座。无论采用哪种做法，都要在入席前通知到每一位出席者，使大家心中有数。现场还要有人引导。大型的宴会，最好是排席位，以免混乱。

国际上的习惯，桌次高低以离主桌位置远近而定，右高左低。桌数较多时，要摆桌次牌，如图6-1所示。同一桌上，席位高低以离主人的座位远近而定，如图6-2所示。外国习惯男女穿插安排，以女主人为准，主宾在女主人右上方，主宾夫人在男主人右上方。我国习惯按身份排列，以便于谈话，如夫人出席，通常把女方排在一起，即主宾坐男主人右上方，其夫人坐女主人右上方。两桌以上的宴会，其他各桌第一主人的位置可以与主桌主人位置同向，也可以面对主桌的位置为主位。

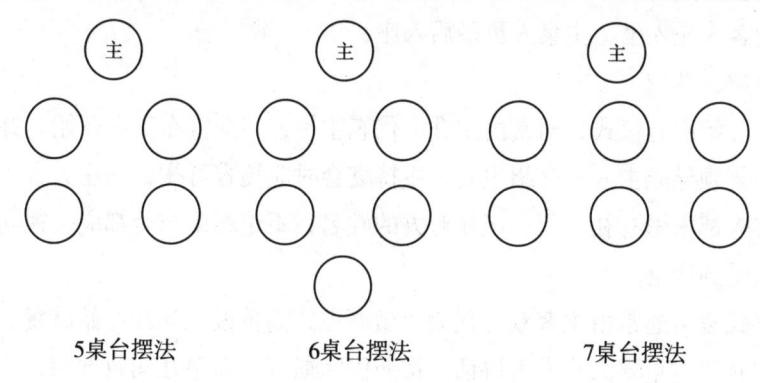

5桌台摆法　　　　6桌台摆法　　　　7桌台摆法

图6-1　桌次摆放

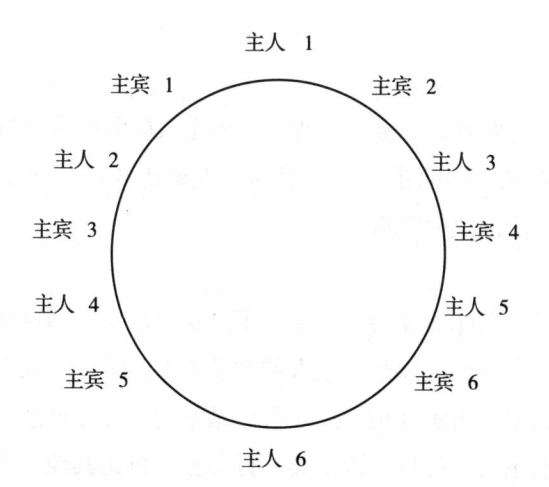

图6-2　座次摆放

席位排妥后应放座位卡。如是涉外宴请，且是我方举行的宴会，卡片中中文写在上面，外文写在下面。卡片用钢笔或毛笔书写，字应尽量写得大些，以便于辨认。便宴、家宴可以不放座位卡，但主人对客人的座位也要有大致安排。

（三）宴请的基本程序

1. 迎接客人

主人一般在门口迎接客人。也可以在宴会厅门口或休息室迎接客人，随从人员可先到大门处等候客人，引领客人进入宴会场所。如有休息室，主宾可先进休息室小坐片刻，先到的客人也可以在休息室等候。此时，主人可介绍他们与主宾认识，然后由主人带领大家进入宴会厅入席。

2. 入席

主人陪同主宾进入宴会厅后，先在主桌入座，其他人员陆续入座；也可以主桌以外的客人先入坐，主桌人员最后入座。

3. 致辞、敬酒

宴会开始应有仪式，通常由主办方代表主持，当众宣布宴会开始，并介绍主办方的主要领导或主人，介绍主宾。主持宴会时应笑容可掬，端庄大方，并且要对每位客人都彬彬有礼，留心记住对方的姓名，不论相识与否都应一视同仁，不让任何人受到冷落。

非正式宴请通常由主客双方代表以敬酒方式简单说几句即开始就餐，正式宴会则由主宾双方重要人物发表讲话。按照国际惯例，简单几句致词后，大家先彼此敬酒与用餐，酒过三巡之后，再安排正式讲话。主人先讲，主宾后讲，也可安排即席发言。

4. 进餐

不管是中餐还是西餐，在宴请过程中，做主人的要始终掌握好进餐速度，以中速为好，照顾主宾。席间主人也要引导客人愉快地参与交谈，巧妙地选择话题，使席间充满和谐愉快的气氛。

5. 散席

果盘端上来时，意味着宴会快要结束了。吃完水果后即可离席。西餐是以女主人的举动为准，在我国是以第一主人的举动为准。第一主人看到大家都已经吃好了，就可以站起来，表示宴请结束。有休息室的，可在休息室稍坐。主宾一行先行告辞，主人送主宾到门口。待主宾一行离去，再送其他客人。

> **案例分析与点评**

　　本节"案例导入"中板鸭店因开放加工场而销售量大增的案例，说明把公众请进来，让事实说话，往往具有极强的说服力。

　　俗话说："百闻不如一见。"安排公众参观访问是让外界了解企业实际状况的绝好机会，也是效果较好的公关专题活动方式。同时，让公众亲临现场，也能表示出企业对社会各界人士的善意和诚意，促进企业搞好与公众的关系。

第五节　商务旅行

> **案例导入**

　　王经理周六要去外地参加一个分公司的开业庆典仪式，他责成小雨为其商务旅行做各项准备工作。小雨很快制订出一份商务旅行计划，王经理一看，发现没有安排专车送他到机场，随即向小雨提出了这一要求。小雨点点头，记在了心里。他看到刚刚给王经理印制的名片放在他的办公桌上，认为王经理已经看见了，就默默地退出了办公室。

　　到了出发的那天早上，王经理在家里等了很久，也没有人来接他。打小雨的手机，小雨忙说自己忘了，王经理只好气呼呼地打了辆出租车去机场。

　　庆典活动中，王经理在与嘉宾沟通交流时，发现公文包里没有名片，只好将联系方式记在对方的名片上。王经理觉得很没有面子，没等庆典活动结束，就早早赶到机场，改签早一班飞机回来了。

一、拟定旅行计划和制作旅程表

（一）拟定旅行计划

　　在制订商务旅行计划前，要对公司差旅费用、交通、住宿等级的有关规定及程序等清楚明了。一份商务旅行计划至少应包括以下内容。

（1）出差的时间、启程及返回日期，接站安排。

（2）出差的路线、终点、途经地点和住宿安排。

（3）会晤计划（人员、地点、日期和时间）。

（4）交通工具的选择：飞机、火车、大巴或轿车。要列明飞机客舱种类及停留的交通安排。

（5）需要携带的文件、合同、样品及其他资料。如谈判合同、协议书、科技或产品资料、演讲稿和与会国的指南等。

（6）领导或接待人的特别要求。

（7）领导旅行区域的天气状况。

（8）行程安排、约会、会议计划、会晤人员的名单背景，会晤主题。

（9）差旅费用：现金、兑换外币、办理旅行支票。

差旅计划制订完后，要向领导报告，依其批示决定旅程。

（二）制作旅程表

旅程表是按预定的日程表和领导的计划要求、意见而制订的。旅程表的内容一般比旅行计划更详尽，工作人员要将每日的日程表打印在纸上，并按时间顺序进行编号，供领导使用。一份周密的旅程表主要包括六项内容。

（1）日期。指某月、某日、星期几。

（2）时间。出发及返回的时间，包括目的地的抵离时间和中转时间，开展各项活动的时间；就餐、休息的时间等。

（3）地点。本次出差的目的地（包括中转地点），旅行过程中开展各项活动的地点，食宿地点等。

（4）交通工具。出发、返回时使用的交通工具，停留的交通安排等。

（5）具体事项。商务活动内容，如访问、洽谈、会议、宴请娱乐活动以及私人事务活动等。

（6）备注。记载提醒领导注意的事项，如抵达目的地需要中转的中转站或中转机场、休息时间、飞机起飞时间，以及当地为旅客提供的特殊服务，需要注意的一些风俗习惯和礼仪等。

旅程表除行动计划外，还应将必要的信息尽量详细地写入：旅馆名、所在地、电话号码，当地的联系人姓名、地址、电话号码，会晤者名、企业名、所在地及电话号码，海外出差时当地的中国大使馆所在地及电话号码等。

二、预订票务

（一）预订票务

在预订票务之前，先要明确领导的目的地，而且还要与领导商定出行的交通工具。预订票务时，工作人员需要掌握以下信息。

1. 确定交通工具

确定交通工具时要考虑以下几个因素：时间、费用、安全度和舒适度。有时是几种交通工具变换着用，目的就一个：节约时间。要熟悉各种交通工具的开行时间和订票方式。

2. 需考虑的因素

旅行目的地，包括出发地点和到达地点。合适的启程时间，包括上午、下午、傍晚、夜间。领导喜欢乘坐的交通工具的详细信息（飞机、火车、汽车），如预订机票，包括到达地点、时间、航班、座次等信息。希望的座次等级，是否需要往返交通服务等。

（二）取票

工作人员在拿到所订的票后，要仔细核对预订时所提出的要求，看是否有出入。着重核对以下信息：航班号或火车车次是否正确，出发时间是否符合预订要求，飞机（火车）是否在预订的地点起程，到达的城市是否无误等。

（三）取消预订

如果领导改变出行计划，工作人员要把未用过的票退回去并请求退款。如果是用信用卡支付票款，未使用的部分必须在信用程序开始之前退回，并要求开一张信用收据，存入档案，直到这笔赊账出现在"赊账卡账单"上。如果时间很紧，工作人员可以打电话取消预订。

（四）注意事项

（1）在准备预订车票（或机票）的时候，一定要查用最新的时刻表，因为现在有许多季节性的或临时性的车次或航班，稍不留心，就会订不上。

（2）各单位对职员和干部出差的待遇都有不同的规定，比如，按规定飞机的头等舱不是每位出差者都可以乘坐的。因此，工作人员在预订车票和机票之前，一定要弄清领导出差时能享受哪一级的待遇。

（3）出差途中，最麻烦的就是换车，倒来倒去，稍不注意，就会误车误点，所以能直达的就最好不要换车。如果是在大站换车，在时间上一定要安排得宽裕些。

（4）为了预防意外，在日程表上要注明交通工具，如飞机或轮船起飞、起航的时间，这样能根据实际情况，及时灵活地换乘其他交通工具。

（5）如果遇到票务紧张的时候，工作人员要通过多渠道订票，若确定已预订到车票后，一定要记得取消其他预订。

三、安排旅行住宿

（一）选择住宿地点

1. 交通方便

领导的出行时间大多比较紧密，每天有很多事情需要处理，所以交通问题要放在首位。方便的交通，既能使领导有更多的精力投入工作，又能节省时间。

2. 费用问题

交通的方便与费用是成反比的。在相同的条件下，收费便宜的酒店往往交通不方便。这就需要工作人员在选择住宿地点时，从多方面考虑，以求最佳的选择。

3. 食宿配套

领导在旅途中比较劳累，希望能抓紧时间吃饭休息。食宿配套的住宿地点要既方便卫生地就餐，又避免浪费时间、影响领导休息。

4. 环境优雅

住宿环境嘈杂，卫生条件不好，会妨碍领导的休息，这样不利于领导的身体健康，因此要选择环境优雅的住宿地点。

5. 食宿安全

领导在旅途中，饮食卫生安全很重要，住宿安全是同样很重要的。工作人员在预订住宿地点时，要充分了解住宿的条件和设施，以保证领导的人身和财产安全。

（二）预订客房

预订客房有旅行社预订、网络预订和电话预订三种方式。

1. 旅行社预订

工作人员可以通过旅行社预订酒店。但旅行社签约的酒店相对固定，选择余地不大，而且还要向旅行社支付一定的手续费。

2. 网络预订

工作人员可直接在网上完成预订,国内较知名的预定网站有携程网、黄金假日、e龙、商之行等。

3. 电话预订

采用电话预订前,首先要由领导确定住宿地点,工作人员通过酒店的免费电话,直接与该酒店预订房间。

(三)预订需提供的信息

预订客房需提供的信息有:住宿者的姓名、抵达时间与退房时间、房间类型及特殊要求。这些信息在订房后应加以确认。

四、资料、物品及差旅费的准备

(一)文件资料和物品的准备

工作人员必须为领导准备好相应的文件资料与有关物品,可将文件及物品按公用与私用分别列出清单请领导过目,以免遗漏。商务旅行用品一览表如下表所示。

商务旅行用品一览表

商务活动文件资料	差旅相关资料	办公用品	个人物品
谈判提纲 合同草案 协议书 演讲稿 日程表 产品资料 公司简介 对方公司的资料	目的地的交通图 旅行指南 请柬 介绍信 通讯录 日历 世界各地时间表	笔记本电脑 光盘或U盘 录音笔 照相机/摄像机 手机 名片 现金、支票	护照 签证 身份证 信用卡 药品 车、船、机票

(二)预支差旅费

有些公司和单位为出差人员提供预支差旅费,出差回来后报销。工作人员要填写"申请表",提取预支的差旅费。差旅费包括往返及当地的交通费、住宿费、餐费,以及其他可能会发生的活动费用。差旅费的携带方式是现金、信用卡或旅行支票。

案例分析与点评

本节"案例导入"中作为负责王经理这次商务旅行准备工作的小雨，对王经理的尴尬之行是有责任的。

首先，小雨在王经理提出去机场的交通问题时，应立即标注在旅行计划和自己的工作日志上，并及时与相关部门提前预约车辆，以明确王经理旅行接送站的交通工具。

其次，小雨应提醒并帮助王经理检查随身携带的常用旅行用品，如名片、手机及充电器等。

最后，小雨应该制定一份详细的常用旅行物品一览表，以备王经理旅行时准备与清点所需物品。

第七章 办公室信息工作实务

办公室工作要以信息为核心，高质量的信息工作是做好办公室工作的最重要的保证。信息工作就是对获取的各种数据进行加工、分析、综合、归类和过滤，从中获取有用的资料、信息，进而提炼出新的思想和理论，用以指导工作实践的全过程。办公室信息工作包括信息的收集、整理加工、信息的储存和信息的传递四个部分。调查研究是办公室获取信息的重要方法，调查研究工作是办公室其他工作的基础，办公室工作人员在工作中要注意了解掌握调查研究工作的基本原则、程序和方式方法。

第一节　信息的收集

案例导入

今年7月，小王大学毕业后来到某公司行政办公室工作。某公司最近正忙于推出一项新产品，公司老总要小王提供竞争对手的同类产品信息。小王以为只要找到这些同类产品的相关资料就行了，于是查到去年类似产品的相关数据，又找了两家竞争对手同类产品的销售信息交给了老总。老总看了非常不满意，批评小王数据过时，资料不全面，根本就没有参考价值。

一、信息概述

信息泛指人类社会传播的一切内容，是对客观事物发展变化的规律和对事物运动状态的客观反映。人们通过获得、识别自然界和社会的不同信息来区别不同事物，得以认识和改造世界。20世纪之后，信息越来越成为重要的战略资源。

（一）信息的分类

依据不同的角度和标准，信息可以有多种分类方法。

1. 按信息的运行方向划分

按照这种分类方法，信息可以分为上行信息、下行信息和平行信息。

（1）上行信息，是在组织中按照组织管理关系，下级向上级传递的信息，它可以描述出组织的当前状态。

（2）下行信息，是上级向下级传递的各种信息，主要包括最高层制定的战略、目标以及各管理阶层发出的指令。

（3）平行信息，是在职能业务部门和工作小组以及个人之间进行沟通联络时传递的信息。

2. 按信息的来源划分

按信息的来源，信息可以分为内部信息和外部信息。

（1）内部信息，是社会组织内部各项活动所产生的各种信息，如决策管理信息、人力资源信息、财务信息、生产信息、销售信息、物资采购供应和技术开发信息。

（2）外部信息，是指来自组织以外、对组织活动产生影响的信息，如政策法令信息、国内外政治经济形势信息、社会文化环境信息、外部群众情绪意见信息、自然环境信息、科技信息、竞争对手信息、消费需求信息、市场销售信息、金融信息、生产资源分布与生产信息等。

对组织而言，内部信息主要描述了组织中特定业务的内容和情况，外部信息描述了组织周围的环境，它们都是组织活动必不可少的。

3. 按管理的层次划分

按管理的层次，信息可以分为战略级信息、战术级信息和作业级信息。

（1）战略级信息，是供组织的高层管理人员制定长期战略和决策的信息，外部环境信息将在其中发挥重要作用。

（2）战术级信息，是供组织中层管理人员监督和控制各项业务活动、有效分配资源的各类信息，与中层管理部门的职能活动有关。

（3）作业级信息，又称为执行级信息，是反映组织中各项工作和具体业务活动执行情况的信息，如组织中的会计信息、库存信息、生产进度信息、质量和废品率信息、产量信息等。这类信息来自组织内部，基层主管人员是这类信息的主要使用者。

相关链接

战略信息与战术信息的区别

战略信息与战术信息的区别在于：战略信息的时效性要长于战术信息；战术信息的寿命较短，有的只有一次使用价值。战略信息的来源多来自外部；战术信息则内外兼有。战略信息的加工方式灵活，可以采用文字、数字或模型；战术信息的加工方式相对比较固定，多为报表。战略信息使用频率较低，可能一年甚至五年才使用一次，精确度也较低，允许有一定限度的误差；战术信息使用频率较高，精确度比较高，甚至不允许有丝毫误差。在实际工作中，只有准确把握战略信息与战术信息的不同性质，才能正确地使用信息。

4. 按信息的稳定性划分

按信息的稳定性，信息可以分为固定信息和流动信息。

（1）固定信息，是指具有相对稳定性的信息，在一段时间内可以重复使用，不发生质的变化，如计划合同、档案、各类定额标准和规章制度等。一般来说，固定信息约占组织管理系统中周转的总信息量的75%，整个组织管理系统的工作质量很大程度上取决于固定信息的管理。

（2）流动信息，又称为作业统计信息，是反映各项业务活动实际进程和实际状态的信息，因此它会随着业务活动的进展不断更新。这类信息时间性较强，一般只有一次性使用价值，但它是控制和评价社会组织活动的重要信息。

5. 按社会组织的活动划分

按社会组织的活动，信息可以分为财务信息、人力资源信息、管理信息和资产信息等。企业中还可以有原材料信息、产品结构信息、客户基本信息、供应商基本信息、营销信息、技术信息、设备基本信息、质量信息、管理考核信息及其他重要活动信息等。

6. 按信息的加工程度划分

按信息的加工程度，信息可以分为原始信息和综合信息。

（1）原始信息，是指从信息源直接收集的信息。

（2）综合信息，是在原始信息的基础上，对之进行综合加工后产生的新信息。综合信息往往对管理决策更有用。

7. 按信息发布的渠道划分

按信息发布的渠道，信息可以分为正式渠道信息和非正式渠道信息。

（1）正式渠道信息，是指由正式社会组织通过正式渠道，如会议、文件、信件、正式谈话和新闻媒体等发布的信息。这类信息的准确性和权威性都比较高。

（2）非正式渠道信息，是指从正式渠道以外获取的信息。这类信息需要加以认真分析、鉴别后才能使用。

（二）信息的特点

1. 可识别性

可识别性是指信息可以通过感官或各种探测仪器加以识别。信息只有通过识别，才能发挥其作用，才能使信息资源得到开发。可识别性是信息的最本质的特性。

2. 可传输性

可传输性是指通过一定的通道和载体可以进行信息传递，从而形成信息联系。信息传输须依赖于一定的物质形式，如借助于文字、图像、胶片、磁带、电波、声波和光波等物质形式，进行空间和时间上的传递，从一处传到另一处，为人们所感知、所接受。

3. 时效性

信息作为客观事物的一种反映，总是先有事实，后有信息的，使得信息有一定的滞后性，同时信息也不是一成不变的。因此，信息一旦生成，就须赶快传递，尽快减少信息的滞留时间。人们获取信息的目的在于利用，而只有那些及时传递出来并适合需求者的信息才能被利用。信息的价值即在于传递给更多的需求者，从而创造出更多的物质财富。社会需求的时间性带来了信息的时间性，越是及时的信息越有价值，时过境迁，新闻变成旧闻，过时则价值小甚至没有价值。

4. 可共享性

信息借助于载体，其内容既可被传递又可被人们所共享。这是信息不同于一般物质或能量的属性。信息与实物不同，实物经分享必有所失，信息却是可以反复共享的。

5. 可开发性

信息作为一种资源，取之不尽，用之不竭，因而可以不断探索和开掘；信息所载的内容，由于客观事物的复杂性和事物之间的相互联系性，反映事物本质的非本质的信息常常交织在一起，加上它们难免会受到历史和人们认识能力的局限，因而需要开发；信息所具有的价值在于利用信息可以开发出新的材料和新的能源，将信息转化为物质。不仅新材料和新能源的开发有赖于信息的利用，而且新材料和新能源要得到充分和有效的利用，也有赖于信息的开发。

二、信息工作的基本要求

信息传播的基本形式是由"信源"发出信息，而信息的内容由"载体"（声、光、电波、文字、图像等）通过"信道"传递至"信宿"（信息的归宿，即接收处）。办公室既是信宿，又是信源，又是信息的集散地和传播者。办公室工作人员要树立强烈的信息意识，积极主动地挖掘、搜集、利用有利于领导决策和办公室工作开展的各种信息。办公室信息工作应做到：

1. 及时

在瞬息万变的信息时代快速作出决断，关键在于能不能及时得到信息。在信息工作的每个流程，都应突出"快"字。收集快，整理快，传递快，要减少信息传递过程中的迟滞，讲究时效。信息处理不及时，就会失去信息的价值，甚至造成严重的损失。

2. 准确

准确即信息的内容要准确无误，真实可靠。只有提供准确的信息，才能保证各级决策建立在正确的基础上。办公室工作人员要以高度负责的精神，尊重事物的客观性，认真如实的反映和描述。不要为迎合领导的意图而把信息任意夸大或者缩小，造成信息的失真。

3. 全面

某个侧面或者一时的情况，无法真实地反映事物的全貌，因此要注意信息收集的广泛性、全面性和完整性。只有掌握事物各个方面的信息，才能权衡利弊，作出正确的判断和决策。

4. 适用

有价值的信息对于不同层次不同部门的领导，其参考价值并不相同，因此必须要注意不同服务对象的不同要求，有针对性地提供其真正需要的信息，区别对待，适用对路。

三、信息收集的方法

办公室的信息收集工作是指根据决策与管理的需要，把有关信息从信息源检出、编码，准备传送给决策者的过程，主要方法有：

1. 调查研究法

是指通过开展相关调查，收集信息素材，通过研究，掌握事物的基本情况和发展规律，得出相应结论的方法。调查研究法是信息收集的基本方法，也是最直接、最有效的方法。

2. 直接接收法

是指通过来信、来访、来电得到信息素材的最为直接的收集方法。办公室工作人员具有应用此法的客观条件。要重视接人待物和来信、来电，从中得到有用的信息素材，利用好"送上门的信息"。

3. 询问法

是指信息搜集者通过提问请对方作答来获取信息的方法。按其所采用的方式和手段，可分为面谈询问、电话询问、书面询问等；根据访谈人数的多少，可分为个体询问法和集体询问法。询问法需要信息搜集者及时做好记录，细心思考，总结信息材料。

4. 阅读法

是指通过阅读带有信息生成源的文字材料而获得信息的收集法。与其他方法相比较，阅读法更方便快捷，信息可靠程度较高。通过阅读文件、报纸、相关的期刊杂志、浏览相关网页等，利用这些直接刊发、传递信息的重要工具，搜集信息。

5. 观察分析法

是指通过现场的观察分析来搜集信息的方法。观察分析法简单灵活，能获得较为原始的第一手材料。信息无时不有、无处不在，许多信息是可以看得见、摸得着的，只要肯于观察，善于观察，就可以收集到。但是观察分析法获得的信息量有限，且不易获得深层次的信息。

6. 交换法

是指以自己拥有的信息与有关对口单位进行相应的交换，从交换得来的信息中获取自己所需信息的方法。信息具有共享性，在一定范围、一定时限内，通过交换，互通有无，相得益彰，相互受益。

7. 检索法

是指利用信息资料检索工具，从现成的信息资料文档中查检有关信息资料的方法。可分为手工检索和计算机检索。

（1）手工检索，是通过检索工具查找信息资料的方法。手工检索工具是一种广泛搜集相关信息资料、按一定体制系统编排、以供人们迅速查找到特定信息资料的信息资料文档，主要有目录、索引、文摘等二次文献和年鉴、手册、百科全书等三次文献。

（2）计算机检索，是通过计算机终端从计算机信息库中查找已有信息资料的方法。目前，大量的统计数据库系统、企业数据库系统、产品数据库系统、市场行情数据库系统以及金融数据库系统正处于开发和完善之中，已能通过计算机信息网络检索到全国各地甚至世界范围内主要信息库中存储的各种数据和信息。

检索法，既可以用于查找符合特定需求的具体信息，也可以用于查找信息的线索。计算息检索与手工检索的基本原理是一致的，二者所不同的是存储与检索手段上的区别。

8. 委托法

是指委托有关部门、有关人员代为收集信息或提供情况的一种收集信息方法。委托法适用于收集部门不能亲自收集、时间又比较紧迫，而被委托的部门或人员又具备收集能力，且能够按时完成任务的时候。

9. 购买法

是指花一定的代价，通过购买有关信息载体而搜集相关信息的方法。购买法是社会组织获得外部信息的常用方法之一。

四、信息收集的渠道

信息收集的渠道是指信息工作者用于信息收集的途径和通道。办公室信息渠道甚多，关键在于是否善于利用，善于积累，构成能够发挥作用的信息网络。信息收集的渠道是多种多样的，归结起来包括如下渠道。

1. 政府信息网络

现在省市（以至县）都建立起以办公厅为中心的纵向（省、市、县）和横向（各厅局、部委）的信息网。

2. 社会组织内部渠道

组织的网站，组织内部的文件、资料、各种数字记录、会计记录、统计记录、内部简报等文献资料，还有组织内部的其他工作人员都可以为办公室提供信息。

3. 大众传播媒介渠道

包括广播、电视、报纸、期刊及其他文献载体，网络、影视、出版等部门构成的信息渠道，大众传播媒介是现代社会获取信息的重要途径。

4. 社会专业信息机构

如各种类型和层次的图书馆、情报机构、档案馆、博物馆以及近年来成立的信息中心和各种咨询机构。信息社会滋生出庞大的信息传播中介机构，发挥着信息传播重要作用，成为信息源的集散地，是人们获取、利用信息的主要场所。要善于利用信息机构所储存的丰富信息资源，可委托信息机构定向收集相关信息。

5. 关系渠道

指业务往来关系、横向人际关系、纵向从属关系渠道，办公室工作人员要在业务往来活动中获取信息，要在人际关系交往中捕捉新情况、新动向、新信息，要善于与人交友，利用交谈、来信、来访和接听电话了解信息，获取第一手材料；要善于在上级主管部门的指导、监督工作中把握信息，在会议、会谈中收集信息，在收文、承办的文书中获取有价值的信息。

6. 供应商和客户渠道

供应商可提供的信息包括产品目录、广告材料，需要其提供的服务信息。客户能提供的信息有市场信息、服务的反馈信息等。

7. 贸易交流渠道

利用各种贸易交流机会，如展销会、交易会、洽谈会、学术交流会、技术鉴定会、新闻发布会等，了解情况，索取信息材料，在相互交流中获得相对集中的信息内容。

8. 调查渠道

有目的、有计划地进行市场调查，亲自深入现场，通过各种途径和方式，收集第一手资料，挖掘层次更深、质量更高的信息内容。

五、信息收集的注意事项

信息的收集是办公室信息工作的开始，是最基础的工作，只有打好基础才能做好信息处理的后续工作。办公室信息工作要秉着"够用为度，适用为则，实用为标"的基本原则，同时注意以下几点。

1. 信息收集要广泛

不同层次、不同角度、不同人员、不同行业甚至不同国家、不同环境的信息都要广泛收集，从而保证能全面的思考问题，防止片面、主观。

2. 收集原始性资料

收集原始信息是信息工作的基础，越是真实的、第一手的资料，信息的"含金量"越高。

3. 信息收集要客观

信息收集忌"依长官意志办事"，不要受权威人士的束缚；忌"先有结论，后有调查"，不要受主观臆断的限制。

4. 信息收集要有目的性

信息收集要有一定的目的性，要紧密围绕某个问题或某项活动收集相关信息材料，有了明确的目的，才能有针对性地收集信息，收到事半功倍的效果。

案例分析与点评

本节"案例导入"中的行政办公室工作人员小王没有正确认识信息和办公室信息工作。

信息泛指人类社会传播的一切内容，人们通过获得、识别自然界和社会的不同信息来区别不同事物，得以认识和改造世界。概括地说，信息是对客观事物发展变化的规律和对事物运动状态的客观反映。信息具有可识别性、可传输性、可共享性、可开发性和时效性，人们获取信息的目的在于利用，而只有那些及时传递出来并适合需求者的信息才能利用，越是及时的信息越有价值。小王提供的去年类似产品的相关数据，时过境迁，已经丧失了时效性，变得没有信息价值了。

对于办公室信息工作，小王要先树立强烈的信息意识，要能够敏锐地感受到社会信息的变化对办公室工作带来的有利和不利影响，能够积极主动地挖掘、搜集、利用有利于领导决策和办公室工作开展的各种信息。其次，信息收集要有一定的目的性，要紧密围绕某个问题或某项活动收集相关信息材料，有了明确的目的，才能有针对性地收集信息，收到事半功倍的效果。小王以为只要找到这些同类产品的相关资料就行了，结果数据过时，资料不全，根本就没有利用价值。再次，办公室信息工作要秉着"够用为度，适用为则，实用为标"的基本原则，及时、准确、全面地完成办公室信息工作。而小王仅仅提供两家竞争对手同类产品的销售信息，没有达到全面、够用的信息工作基本要求。

第二节　信息资料加工

案例导入

行政办公室张青参加工作时间不长，由于在办公室具体工作中切实体会到了信息工作的重要性，所以平时非常注意信息的搜集和保存。日积月累，各种文件、资料、参考书、广告、宣传手册、计划塞满了文件柜。她还热衷于积累网络信息，每天浏览多个网站，常常担心自己错过了重要信息，电子信息资料也保存了好多。虽然信息搜集了不少，却显得杂乱无章，查找起来很是费时费力。

有一天，总经理询问她分公司市场拓展的相关情况，张青翻遍文件柜、查遍电子文档，急得一身汗，用了好长时间才找到，让总经理非常不满意。

信息工作具有很强的服务性，收集信息的目的在于应用。办公室工作人员要对收集来的原始信息进行进一步加工处理，筛选出有用的信息，为单位或领导服务。信息资料加工是对收集来的信息进行去伪存真、去粗取精、由表及里、由此及彼的加工过程。是在原始信息的基础上，生产出价值含量高、方便用户利用的二次信息的活动过程。信息的整理加工，是整个信息工作的核心，是对收集到的原始信息在数量上加以浓缩，在质量上加以提高，在形式上加以规范，使之便于储存和转递的过程，整理加工的产物成为便于利用的信息资料。

一、信息资料的表现形态

信息资料的内容可以分为三种具体的表现形态：一文字；二声像；三记忆。

1. 文字形态的信息

文字形态的信息即以书面文字为载体的信息资料，一般分为以下10种类型。

（1）报纸、期刊中与企业经营活动相关的国际信息、社会信息，包括社会动态、时尚习俗、市价涨落、顾客情绪和自然灾害等。

（2）专业工作用的参考图书、专著、百科全书和专门词典。

（3）有关政府出版物、法律法规汇编和政策汇编。

（4）各类宣传品。

（5）统计资料：与单位、企业相关的国内外经济技术统计资料。

（6）各类专业文献年鉴、国内外科技信息资料。

（7）图谱、图录、样图、地图。

（8）档案：本单位、本行业历史资料，包括史志，大事记等。

（9）内部文献：业务信息资料、本单位或本行业的现实情况。一是静态资料，即各类基础材料、统计数据；二是动态信息，即经常发生的新情况、新问题、新经验。

（10）与本单位有关的人名录、名片、企业名录、电话号码簿和通讯簿。

> **相关链接** ▶▶
>
> **一次文献、二次文献和三次文献**
>
> 报纸、杂志、文件、图书、档案等信息通常为原始信息，称为"一次文献"，价值较高。词典、百科全书、年鉴、名录等信息则是经过整理、编摘的，往往不能显示其全貌，又可能掺有编者的意图，是所谓"二次文献"或者"三次文献"，价值相对较低，只能作为参考或索引。但这些信息资料的优点是信息量大、涉及面广、综合性强，可为信息收集者节省不少的时间和精力。

2. 声像形态的信息

声像形态的信息即脱离文字形式，以直接记录声音和图像为载体的信息资料。这类信息资料的数量正随着其制作和传播手段的不断现代化而逐年增加。目前，直接记录领导的讲话与活动、单位的庆典、经营活动、公关活动和技术交流活动等的音像信息资料大致有：录音带、录像带、幻灯片、新闻影片、科教影片、唱片和实物模型等形式。这类信息的优点是声、形、色、像并举，具体、真实且栩栩如生，给人以视觉、听觉或感觉的强烈印象，但往往不够全面、深刻。有些从观念、心态、思想等抽象出来的内容以及对未来进行想象或预测的内容往往不能很好地体现。所以，最好是将声音信息与文字信息配合使用，互相补充、相得益彰。

3. 记忆形态的信息

记忆形态的信息即存在于人们脑海中还未以文字或声像表达的信息，又被称为"零次文献"或"零次情报"。是指在人际交流的过程中产生、传播和被接收而只在人脑中存贮的不确定记录载体的信息。这类信息只能通过采访、交谈才能获取。其优点是尚未发表过，具有新鲜性；缺点是不成熟，具有不确定性。

二、信息资料的加工处理

信息价值的实现在于被利用，办公室信息工作的核心是信息资料的加工和处理。即运用科学的方法对原始信息资料进行分类、筛选、加工，使其系统化、条理化的过程。信息资料并非如"韩信点兵、多多益善"，过多的信息会白白浪费精力和物力。即使收集时已注意选择，但一段时间之后，积累起来的信息资料仍会大大超过实际的需要量，这就需要进行分类、筛选和加工。

（一）信息资料的分类

信息资料的分类是根据信息所反映的内容性质和特征的异同，分门别类地组织起来的一种科学的方法。面对五花八门的信息资料，办公室工作人员要分清资料的内容、性质，以类归并，便于查找利用。分类方法如下。

1. 字母分类法

按信息标题、作者、单位名称、主题等字母顺序分类组合的方法。优点是分类规则容易掌握，操作简单，不需索引卡片。缺点是查找信息须知道姓名或单位名称、标题，某个字母下排列的信息较多时查找费时。

2. 主题分类法

按信息的主题和内容进行分类的方法。为了全面、准确地反映主题，便于利用，可按多级主题分类。优点是能使相关内容信息集中存放，信息能按逻辑顺序排列便于检索。缺点是分类标准不好掌握，标题不能很好地反映主题时归类不易准确。

3. 地区分类法

按信息产生形成所涉及的地区或行政区等特征，将信息分为各个类别，按字母的先后顺序排列的方法。优点是便于查找具有地区特性的信息，分类方法容易掌握。缺点是采用地区分类需要有一定的地理知识，只适用于某些单位或部门。

4. 数据分类法

将信息以数字排列，对每一位通讯者或每一专题给定一个数字，用索引标出数字所代表的类别的方法。优点是信息按数字从低到高顺序排列，规则简单，通过在后面添加号码进行存储扩展，适宜电脑存储，适合于大型信息系统。缺点是查找信息需要参照索引卡片，花费时间。如果分类号码有误，查找信息麻烦。

5. 时间分类法

按信息形成日期先后顺序分类的方法。优点是可用作大型信息系统的细分，案卷内部的信息可按时间排序。缺点是需要与索引系统配合使用，仅适合于时间性强的信息。

6. 形式分类法

按信息资料的形式分门别的方法。即将单据、合同、广告稿、新闻稿、报告书、建议书、信函、文件、调查记录、报刊文章等按形式区分，相同形式的信息资料再按时间细分，形成一种按形式汇集的文档。优点是有利于及时查找到同种形式的多件信息资料。缺点是内容主题不能集中。

7. 来源分类法

按信息资料的来源作出分类，把相同来源的信息资料归在一起的方法。如来自上级主管部门的信息；来自某一信息中心的信息；来自咨询机构的信息；来自组织内某一部门的信息及来自消费者方面的信息等。优点是有利于对公关信息资料内容的权威性、可靠性、真实性作出判断。缺点是综合性较差。

（二）信息资料的筛选

提高信息质量的关键是筛选，通过筛选可以提高信息的准确性和易用性。信息资料的筛选即对信息资料进行甄别，经过初步分析和研究，淘汰内容贫乏的，精心筛选出内容新颖、有价值的、急需的、重要的信息。概括地说,就是要力求选出的每条信息都符合"实、新、精、准"的要求。剔除无用的或用处不大的,留下真实、信息价值高的材料。要注意的是,负面信息也有价值,有利于全面掌握情况,做好综合治理。信息的筛选可以通过查看信息的来源是否具有权威性,从标题和正文内容上判断信息是否具有时效性、准确性、典型性和可用性等,由此决定取舍。

1. 筛选真实、准确的信息资料

真实性是信息工作永恒的主题,信息资料的筛选首先就要判断其真实和准确程度,对一些重要事实和数据,要追根溯源,反复核实,也就是说要对信息资料进行校核,核实原件、地名、人名、时间、事实和数据等信息,确保准确无误。信息资料的校核可采用的方法如下。

(1)分析法,即对原始信息中所表述的事实和叙述方法进行逻辑分析,发现其中的破绽和疑点,从而辨别其真伪。如同一材料中前后矛盾,就可以判断其中必有一个有错,或者两个都错。分析法的优点在于一般不需要借助于其他手段,仅从原始信息本身就能发现某些错误。

(2)核对法,即依据权威性的信息材料进行对照分析,发现和纠正原始信息中的某些差错。所谓权威性材料,即其本身的正确性是毋庸置疑的。如借助于有关工具书核准数据。

(3)调查法,即对原始信息中所表达的事物的运动变化情况,通过现场的调查来验证它的真实性和准确性。这种方法需要花费较多的人力和时间,一般只对重要的原始信息进行现场调查鉴别。

2. 筛选核心资料

办公室的信息工作要紧密围绕领导工作的需求,有意识、有目的、有重点地收集和选择信息资料,并加以全面系统地归纳、综合和概括,才能切实服务于领导。

3. 筛选典型资料

原始信息资料是分散、零星、不系统的,反映的往往只是社会现象的表层与局部,缺乏具有代表性的资料。要通过筛选过滤去粗存精、去伪存真,通过由此及彼、由表及里的分析综合,把收集到的大量信息加以浓缩,升华为高质量、深层次的信息,才能真正反映出事物的内在规律、本质,小中见大,才是典型性资料。

4. 筛选新颖资料

筛选新颖资料是指信息中所反映的问题或提出的观点有新意。对现存的信息资料要依照事物的内在联系和发展规律进行推理、判断再总结，得出新结论、作出新概括。也可以把不同的信息资料或不同时期的有关信息资料从横的方面连接起来，形成新的信息。

5. 筛选简洁资料

信息资料中，有许多是重复多余的，只有剔除了这部分信息，选留有用信息，才便于加工整理、利用和存储。

（三）信息资料的加工

信息资料的加工是更具创造性的整理阶段。加工的范围非常广泛，涉及信息的内容和形式各个方面，加工方法也是多种多样，是十分复杂繁重的逻辑思维过程，必须投入大量的人力、时间和精力。对信息的加工，应当充分、精确，否则，信息就失去功用。最基本的信息资料加工是要对信息资料的语言文字、表达、结构进行修饰润色，有时是提取某类信息中最能反映事物本质特征和发展趋势的部分，组合成简洁、凝练的信息，保持信息量不变，仅仅是文字压缩；有时是对残缺不全的信息通过调查、查阅资料或参照其他现有信息等方法加以补充，使其充实、完整，提高信息的价值量。因此，在信息加工过程中要遵循两条最根本的原则：一是准确析义，二是合理推导。

1. 准确析义

准确析义就是指分析信息中所包含的真实意义。任何信息都要弄清其三方面的内涵：

（1）形式语义，即信息的表面语义是什么。

（2）内容实质，即该信息的本质精髓是什么。

（3）价值效用，即该信息在实践中会产生什么样的效果。

准确析义就是运用逻辑手段对信息的语义进行正确理解，分辨实质性内容，知道其价值效用。

2. 合理指导

合理指导是从信息的精髓中进一步引申推导出更多、更深刻的意义，使其价值增值，提高其有用度。仅仅固守信息本身的涵义，而不进一步挖掘新的内容，只会让使用者处于被动状态。合理推导既要求运用复杂的逻辑手段，又需要辩证的思维。信息资料的加工一般可以采用：

（1）纵深法充实内容。对零碎、肤浅、杂乱而又有价值的信息，要弄清它的性质、范围、意义和发展趋势，充实、丰富它的内容。可以采用纵深法，按原始信息资料提供的某一主题层层逼近，或按某一活动的时间顺序，或按某一事件的历史进程生发开去，以搞清问题的来龙去脉，找到解决问题根本方法，形成深刻独到的见解，成为具有较高利用价值的高层次信息。

（2）归纳法综合分析。即对获取的信息先从整体上进行系统的归纳、分类，然后作出定性、定量的分析和判断，通过对同类或相关的信息进行综合分析，可以发现带有规律性的变化和倾向性的问题。可以采用归纳法将反映某一主题的原始信息材料集中在一起，加以系统地综合、归纳，以完整地、明晰地说明某一方面的工作状态。

（3）对比法提出意见。即对经过整理的一些重要信息资料提出相应的处理意见，供领导参考。办公室工作人员在信息整理的过程中，可以把相关信息放在一起进行比较，在比较的基础上进行分析，发现事物变化的特征，找出问题的原因，在此基础上有的放矢地提出参考性建议、办法、观点和方案，从而真正发挥信息工作的作用。

三、信息资料的编制

信息资料的编制是把经过筛选、整理的信息转变成语言文字形态的信息过程，同时对信息进行有序化处理。是信息整理的最后步骤，也是信息传递的基础。办公室工作人员在撰写总结、调查、简报和制作文件汇集时，都需要调用已有的信息资料，这就是在进行信息编制。信息编制的质量如何，直接影响到信息作用的发挥。信息的编制方法如下。

1. 转换法

原始信息资料中若有数据出现，应把不易理解的数据转换成容易理解的数据。使用转换法要注意两点：一是要找出合适的转换对象，转换对象之间要有可比性。二是转换的结果要通俗易懂，不能越转换越深奥，使人不得要领。

2. 对比法

对比法就是用比较的方法强烈地反映出事物变化的特征。对比法有纵向的对比和横向的对比两种。纵向的对比，就是将某一事物自身变化的今昔进行对比。横向的对比，就是将某一事物的某一阶段发展状况与同类事物同阶段发展状况进行对比。

3. 图表法

如果原始的信息资料中的数据有一定的规律性，就可以将数据制成图表，使人一目了然，既便于传达，也便于利用。

> **案例分析与点评**

本节"案例导入"中的行政办公室工作人员张青信息工作存在的问题是：只注意了搜集信息，而没有注意对信息进行分类、筛选和加工。

信息工作具有很强的服务性，收集信息的目的在于应用。需要办公室工作人员对收集来的、原始的、未经加工的信息进行进一步处理，筛选出有用的信息，为组织或领导服务。面对五花八门的信息资料，办公室工作人员要分清资料的内容、性质，以类归并，便于查找利用。分类方法有字母分类法、主题分类法、地区分类法、数据分类法、时间分类法、形式分类法和来源分类法，可综合使用。信息资料的筛选即对信息资料进行甄别，经过初步分析和研究，淘汰内容贫乏的，精心筛选出内容新颖、有价值的、急需的、重要的信息。就是要力求选出的每条信息都符合"实、新、精、准"的要求。信息的筛选可以通过查看信息的来源是否具有权威性，从标题和正文内容上判断信息是否具有时效性、准确性、典型性和可用性等，由此决定取舍，从而筛选出真实准确的、核心典型的、新颖简洁的信息资料。

第三节　信息传递与反馈

> **案例导入**

某鞋业公司行政办公室工作人员叶丹，在参加某地区大型服装鞋帽展销会时，了解到随着生活水平和日常观念的转变，农村人也开始热衷于穿皮鞋，但是在农村皮鞋非常不好买。叶丹敏锐地察觉到这是一条非常有用的信息，她进一步深入农村，切实考察了农村皮鞋市场的现状，得出可以开拓农村皮鞋市场的结论，并结合实际情况提出一些销售上的建议。叶丹将这些消息迅速上报给公司，公司很快采纳了叶丹的建议，并陆续在某地农村设立了十余家皮鞋销售点。之后，叶丹又深入追踪皮鞋销售点的销售状况，认真了解农村消费者对皮鞋的相关评价，尤其是那些带有负面意味的评价。并将这些反馈信息经过综合整理，汇报给公司。公司根据这些反馈信息，进一步完善了产品设计与营销方案，设计制造出更加适合农村的皮鞋产品，改制适应农村的皮鞋销售策略，同时拓展销售地区，增设了30余家销售点，为公司创造了可观的销售利润。

一、信息的储存

经过加工处理的信息资料都要进行系统存储，以便查找和利用。信息存储就是用科学的管理方法，将有保存价值的信息系统化。信息存储能够丰富信息资源，利于集中管理信息，使信息的查找方便、迅速，减少信息的无序存放和丢失，充分实现信息资源共享。一条有价值的信息，不管是否被领导采用，都应该合理进行存储、归档。存储的信息，一方面可以产生资料价值；另一方面在某种特殊情况下也许仍然会产生信息价值。信息具有很强的时效性，所以信息经传递并被使用之后，人们往往产生误解，认为信息已经没有价值了，而被丢失或遗弃。但与一般消费品不同，信息还有另一种特性，在一定的范围内，它的价值可能是永恒的。任何一种信息，不论是否被使用过，也不论是否已过时，都是对历史的记录，不应因被使用过了就失去了它的全部价值。因而，对所有的信息都应当存储，暂时不用但在将来有用或可能有用的信息也要加以存储。

信息存储的载体有纸质载体和磁性载体。磁性载体包括硬盘、U盘、磁带、光盘、缩微胶卷、缩微胶片等。

信息存储的方式如下。

1. 手工存储

主要是针对纸质载体的存储，通过手工将信息保存在信息存储装具与设备中，如文件夹、文件盒、文件袋、文件柜与文件架等。手工存储便于利用信息，阅读信息，存储设备便宜。但存储设备占用空间大，信息可能受到火、潮湿、蛀虫的破坏，信息排放有误会影响查找效率。

2. 计算机存储

是将信息资料转换为电子档案的格式，存放于硬盘、U盘、光盘等电子介质中，以数据库、电子表格、文字处理或其他应用程序的形式形成信息来实现电子化存储保存。计算机存储的信息量大，节省存储空间，容易编辑或更新。保存于网络系统的信息，能迅速查找，但设备昂贵，信息可能被病毒破坏，也容易丢失。要对信息进行定期备份,并将备份另行存放。重要信息要制作书面备份。

3. 缩微胶片存储

利用照相方法,将信息记录保存在缩微胶片上。缩微胶片存储节省空间,节省存储设备费用。但照相和阅读胶片需要昂贵的设备,缩微胶片图像的质量会随时间的推移而下降,需要加标签、索引排序。

有序化保存的信息要进行保管,做到防火、防潮、防高温、防虫害,防失密和信息被盗。定期或不定期地进行清点,及时剔除失去保存价值的信息,扩充新的信息。建立查阅、保管制度,实施科学保管。

二、信息的传递

将信息资料传递到需要者手中,就是信息的传递。办公室工作人员在进行信息传递时,要考虑使用什么载体、什么手段,快速准确地将信息传递给使用者。

(一)信息传递的基本要求

一般来说,信息资料的传递基本要求是"多、快、好、省"。

1. 多

是就数量而言的,要求在一定条件下传递的信息资料数量尽可能大,或者说在一定渠道中通过的信息尽可能地多。

2. 快

是就速度而言的,指信息资料的传递特别要注意时限,能够在尽可能短的时间内,使信息到达指定目标.信息的传递应尽量减少周转,简化手续,尽可能用直达、先进的传递方式,使信息及时传递,充分发挥其时效性和共享性。

3. 好

是就质量而言的,要求信息资料的传递准确可靠,防止失真。信息传递无论是用口头方式、书面方式、电讯方式或电子邮件方式,都要发挥人为和机器的积极因素,避免差错,排除故障或干扰,做到尽可能的准确

4. 省

是就效益而言的,要求信息资料的传递中讲究经济效益,以最少的费用传递尽可能多的信息。

此外,信息资料的传递还需要保密。有些信息具有共享性,无需保密,只要求准确和迅速,谁先抢到谁就能先发挥优势作用。而有些信息具有专用性,就需要保密,一旦泄密就会失去优势,甚至造成损失或危害。信息传递的保密包括传

递人员、传递方式、传递时间和传递过程的保密。

（二）信息传递的基本方式

1. 单向传递

即由信息资料的发出者把信息直接传递给需要者。这种传递是单向进行的，如广播、电视、报刊、新闻发布会以及各单位发出的简报和报表等。

2. 双向传递

即双方在信息资料的传递过程中都向对方发出信息，共同参与传递过程。如各种讨论会、交流会以及资料交换活动等。

3. 反馈传递

即信息资料的发出者根据接受者提出的要求，有针对性地选择信息内容进行传递。如上级主管部门向下属单位下达了本年度利润指标后，要求把各阶段指标完成情况和存在的问题及时汇报上来，各下属单位按要求传递信息资料，就形成了反馈传递。

（三）信息传递的方向

1. 内向传递

内向传递是为了进行协调与合作，办公室在单位内部进行信息交流，有信件、备忘录、通知或告示、传阅单、单位内部刊物等传递形式。

2. 外向传递

外向传递是办公室在日常工作中，利用各种宣传媒介及时、准确、有效地向公众宣传经营政策、业务进展、产品销售情况等。一般通过信件、新闻稿、新闻发布会、报刊简短申明等形式传递信息。

（四）信息传递的途径

随着现代通信技术的迅速发展，信息传递的途径也越来越广泛。

1. 语言途径传递

语言途径传递是将信息转化成语言传递给信息接受者，如对话、会议、提出请求、听取汇报、演说等，是通过使用语言、姿态、倾听等方式来传递信息。优点是简洁、直接、快速，信息反馈及时，较少受场合地点的限制。缺点是获取信息零乱，对信息接受者来说较难储存。重要的信息资料或距离较近者可采用这种传递途径。

2. 文字途径传递

文字途径传递是借助文本、表格、图表等形式传递信息，将信息转换成文字、符号、图像传递给信息接受者。可避免信息失真，实现远距离多次传递，便于利用和储存。

3. 电讯途径传递

电讯途径传递是借助电话、电报、传真、广播、电子邮件和网络发布等传递信息资料。电讯传递速度快，效果好，抗干扰力强，不易失真。

三、信息的反馈

信息反馈是信息工作的重要环节，是把输出信息的作用结果返送回来，并对信息的再输出产生影响，起到控制和调节的作用。在办公室工作中，某个消息或某个决策发布之后，工作人员就要及时了解来自各方面的反映，收集消息或决策相关者对消息、决策实施的意见，把各种指令执行情况的偏差信息反馈给决策者，以便发现问题，纠正偏差，修正完善决策与措施，作出新的布置，发出新的信息。所以，做好信息反馈是各级办公室信息工作中的重要内容。

（一）办公室信息反馈程序

办公室信息反馈程序包括以下四个步骤。

（1）确立信息传递活动的具体目标和具体要求。

（2）根据具体目标和具体要求所涉及的内容，明确消息关涉的部门、人员和确定反馈信息收集的范围，及时搜集和回收各种反馈信息。

（3）对反馈信息进行加工、分析，并将其结果与既定目标和要求进行比较分析，找出差距。

（4）运用各种手段、方法和具体行动，使信息工作和信息传递活动的实施情况回到完成既定目标、满足原有要求的正确轨道上来。

（二）信息反馈的方式

1. 口头反馈方式

口头反馈方式是指信息的接收者用口头语言将反馈信息传达给信息的发出者。多用于传递距离较小的信息反馈中。信息接收者在信息传递中了解的情况、受到的影响、取得的效果，通过口头语言反馈给信息的发出者，其反馈的内容十分广泛、丰富，同时还具有及时和接近的特点。运用这种方式有两种具体形式：

（1）一对一的传递，即某一信息接收者单独向信息发出者反映情况。

（2）由信息发出者召集座谈会或意见征询会，由众多接收者与会并通过会议反映情况。

2. 书面反馈方式

书面反馈方式是指信息的接收者以书面形式向信息发出者传递反馈信息。多用于传递比较单一的反馈信息，对于传递比较复杂的反馈信息则较少使用。书面反馈方式更正规，而且还可作真迹档案保存，为日后的查考提供根据。

3. 网络反馈方式

网络反馈方式指信息的接收者借助相关网络系统向信息发出者传递反馈信息。现在各单位、组织都建有自己的网站，在网页中设有相关论坛、电子留言板，有的则通过直接在网站上发布相关调查，来收集反馈信息。网络反馈信息十分迅速，能够记忆和存储，并能随机检索利用，也能打印输出，方便利用。但网络反馈技术要求高，投资成本大。

除上述信息反馈的方式外，还有调查研究反馈、行为观察反馈等，都是信息反馈的重要方式。

（三）正确对待信息反馈

信息反馈，通俗的说法就是"把信息发送回来"。但是在控制论中，这种解释是片面的，信息反馈应该是指施控系统将信息输出，输出的信息对受控系统作用的结果又返送回施控系统，并对施控系统的信息再输出产生影响的过程。信息反馈有正反馈和负反馈两种。

1. 正反馈

正反馈是使系统的输入对输出的影响增大，不断地打破旧的平衡状态，促使系统的变化和发展。也就是说，返回来的信息对决策者的组织指挥起肯定或加强的作用，使工作或生产经营按既定的方向发展，一般为反映决策执行中的成绩、经验方面的信息。

2. 负反馈

负反馈是使系统的输入的影响减少，可以及时发现和纠正系统的偏差和谬误，使系统偏离目标的运动得到纠正，趋向稳定状态，保证系统达到预期的目的。也就是说，返回的信息对决策者的组织指挥起减弱、否定或部分否定的作用。改变或部分改变原来的工作或生产经营活动的方向和状态，以期取得系统目标的最佳效益。

在办公室信息工作中，反馈回来的信息是复杂的，有赞成或持支持意见的，也有反对或持部分否定意见的，有反映良好传递效果的，也有反映不良传递效果的。工作人员在捕获到各种反馈信息后，必须正确对待，应该懂得任何信息反馈是在一定基础上产生并发出的，因此应客观地看待反馈信息，辩证地分析反馈信息，并将反馈信息科学地应用于计划、决策以及信息传递活动方案的制订、修正和调控过程之中。

另外，搞好办公室信息反馈工作，还要科学合理地把握反馈量和反馈频率。要做到：

（1）合理控制信息反馈量。如果对负反馈不加控制，过量反馈，就不能客观地反映实际情况，就会使领导怀疑决策的正确性，动摇信心，影响决策的顺利实施。如果对正反馈不加控制，过量反馈，容易夸大成绩，淹没负反馈量，难以帮助领导及时发现问题，采取纠偏除弊的措施。所以要合理控制。

（2）做好二次反馈。二次反馈是对上一次反馈所产生的效果的反馈，主要是对领导决策的贯彻情况的反映。以促进信息流的循环，使实际工作达到原定目标。

（3）要恰当地进行信息集束与分流。

①集束，是在反馈中将各方面的情况汇集成一束消息，以便领导掌握全局的情况。

②分流，是根据反馈信息的不同内容，向不同的方向传递，从而形成反馈信息流的不同流向。

在实际工作中，要将集束与分流有机地结合起来，灵活运用，"语当其时，谏当其用"。

案例分析与点评

本节"案例导入"中的行政办公室工作人员叶丹的信息传递与反馈工作做得非常好。

将信息资料传递到需要者手中，就是信息的传递。办公室工作人员在进行信息传递时，要考虑使用什么载体、什么手段，快速准确地将信息传递给使用者。叶丹实现了信息资料的传递基本要求，即"多、快、好、省"。叶丹深入农村，切实考察农村皮鞋市场的现状，获得第一手资料，加工整理得出可以开拓某地农村皮鞋市场的结论，又结合实际情况提出一些销售上的建议，并将这些消息迅速上报给了公司。

信息反馈是信息工作的重要环节，是把输出信息的作用结果返送回来，并对信息的再输出产生影响，起到控制和调节的作用。当公司确定在农村设立皮鞋销售点之后，叶丹及时去了解、收集此项决策落实后农村市场的反馈信息，并加工整理发现问题，纠正偏差，反馈给公司，以修正完善决策与措施，作出新的布置、发出新的信息。同时，叶丹也能正确对待反馈信息中的负反馈。任何信息反馈是在一定基础上产生并发出的，客观地看待负反馈信息，辩证地分析负反馈信息，将负反馈信息科学地应用于公司的决策的制订、修正和调控过程之中，实现了公司的进一步发展。

第四节　调查研究工作

案例导入

某集团公司为了提高员工的工作积极性和竞争意识，决定实行"末位淘汰制"的人事制度改革。该项工作由人事部落实，由分管人事工作的张总经理负责。这项制度颁布两个月时，行政办公室工作人员小王主动向张总经理申请承担了对人事制度改革的调查研究工作。小王深入到各部门，特别是各基层班组去走访，收集员工的真实看法；组织不同级别员工座谈会；还设计问卷调查表进行调查；并在公司的网站上开展了网络调查。在各种调查的基础上，小王完成一份以"末位淘汰制"为主题的内容具体、材料真实的调研报告，为集团人事制度改革落实状况提供了"第一手"信息资料；小王在报告中结合集团的实际情况，分析了出现的问题，提出了自己的一些意见看法，为集团领导层的下一步决策提供了极大的参谋辅助作用。

一、调查研究的含义

调查研究是办公室工作人员的基本功，也是办公室工作人员获取信息和反馈信息最重要的方法。调查研究是指人们运用科学的方式、方法，有目的、有计划地对经济和社会现象进行考察了解与综合分析。它包括两个方面的内容：调查和研究。

（1）调查是一种感性认识活动，是指通过各种方法和手段，了解、掌握客观世界各方面的实际情况，主要功能在于搜集资料。

（2）研究是一种理性认识活动，是指根据调查所获得的材料，以科学的方法为指导，进行分析、综合、判断和归纳，从而弄清事实真相，把握事物的内在联系及变化情况。

调查和研究是同一认识过程的两个阶段。调查是研究的基础和前提，研究是调查的深入和发展，通过研究得出结论才是调查的目的。若只调查不研究，调查的材料再多也说明不了问题，更解决不了问题。不对调查的材料进行深入地分析研究和必要的数据处理，单凭粗浅的印象便草率地作出结论，不仅违背了调查研究的宗旨，而且调查工作也将前功尽弃。若不调查，只凭想象论断，就要犯主观武断的错误。

二、调查研究工作的基本原则

一名合格的办公室工作人员在从事调研工作中，必须坚持以下的原则。

1. 客观性原则

从事调研工作的目的在于了解问题和情况，并对此有所认识，进而找到解决问题的办法。而情况和问题是客观存在的，要了解它，掌握它，就必须坚持客观性原则。不能以领导意图或书本上的条条框框为准，不能带有私人成见和想法，不能屈从外来的压力，不能看风行事。要以客观事实为准，不迁就、不动摇、不隐瞒，如实反映真实情况，脚踏实地获取相关信息。

2. 全面性原则

必须学会全面地看问题，在调查研究过程中不管是调查阶段，还是研究阶段，都要坚持全面性原则。调查研究要全面、系统，如果以偏概全，势必得出错误结论，形成错误信息。

3. 具体性原则

在调查研究中所要认识的事物都是具体的，世界上的事物千差万别，具体问题具体分析，所以必须坚持具体性原则。

4. 动态性原则

调查研究的事物是发展变化的，调查研究工作本身又是一项社会实践活动，这就决定了必须要坚持动态性原则。

三、调查研究工作的内容

调查研究工作是办公室各项工作的基础，办公室工作人员要自觉地开展调查研究，就内容而言，经常开展的调查研究工作主要有：

1. 基本情况调查

应经常地对本地区、本行业、本单位的基本情况做了解调查，以掌握全面确凿的资料。只有通过调查研究掌握基本情况，才可能密切配合领导工作，以备领导咨询之需；才可能掌握工作的主动权，变被动服务为主动服务。基本情况调查可采用实地观察、个别访问、查阅书刊文件和梳理统计报表等方式。一般情况下，基本调查应在平时利用工作之便或工作之余分散地进行，日积月累，才会有成效。

2. 专题性调查

这项调查往往是上级部门交办的、或领导指定的、或配合中心工作对某个专题进行的调查。专题性调查通常要求工作人员在短时间内集中力量进行，掌握专题有关的一般情况和特殊情况。专题性调查可采用召开座谈会、个别访谈、查阅资料、书面问卷等方式进行。

3. 经验性调查

指对某个社会组织、部门、个人的工作或生产经验进行深入的调查、总结，以便宣传、推广。经验性调查要求选准调查对象，确认先进单位或先进个人的经验比较成熟，具有一定的代表性。进行经验性调查，可采用访问单位、部门负责人，听取介绍，采访当事人和召开群众座谈会听取意见等方式。

4. 突发事件或事故的调查

指地区范围或社会组织内部突然发生的事件或事故，或是政治性的，或是经济性的，或是生产技术性的；有发生于集体的，也有发生于个人的；有人为的，也有自然因素造成的。突发事件或事故的调查，要求办公室工作人员迅速查明事实真相，查明原因及后果，分清责任并尽可能提出处理的办法，以便领导决策解决。这类调查特别要认真、细致，注意某些关键性细节，尤其是应注重对材料的分析研究。突发事件或事故的调查，可采用现场勘察、访问当事人和知情人、查阅技术资料和档案材料等方式进行。

四、调查研究课题的确定

办公室工作人员要搞好调查研究工作，必须选好调查研究的课题。在一定意义上说，调查研究课题选择是否得当，不仅影响着整个调查研究的进行，而且决定着调查研究成果的价值和效用。调查研究的课题可从以下几个方面确定。

1. 从原始信息中确定

从原始信息中发现线索，确定调查研究的课题，这种方式在调查研究中运用较为普遍。原始信息资料纷乱无章，给领导提供的信息价值不大，但其中却含有重要的信息线索，可以从中发现有可能进一步挖掘新信息的线索，由此确定出调查研究的课题。

2. 从领导意图中确定

领导意图，是指领导者个人、领导班子集体或领导机关，在指导其所属党政组织或有关部门实现某一目标过程中所提出的意见、决定、指示、交办事项等。领导意图有的是文字或口头明确表达的，有的蕴含在有关的文件或口头指示中。需要工作人员根据领导意图，主动确定调查研究的课题。

3. 从中心工作中确定

每个社会组织在一定时期会有其特定的中心工作，这些工作常常是关系全局的重要工作，也是领导十分关注的工作。中心工作开展以后，会出现一些意想不到的新情况、新问题，如果对出现的新情况和新问题不调查、不研究，未能适时作出决策，就有可能影响中心工作的开展。所以，调查研究课题要注重从中心工作中发现、确定。要调查研究中心工作开展以后的进展情况、发展趋势及存在的问题，特别要调查在中心工作开展过程中出现的一些政策性较强的问题；还要调查研究中心工作开展后的成功经验，看能否将其推广，以推动工作的深入开展，这其实是从对中心工作的反馈信息中确定调查研究课题的方式。

4. 从反馈信息中确定

反馈信息难免存在片面、偏颇和零碎等问题，这就需要对此进行调查研究，将一些具有代表性、倾向性和苗头性的情况及时梳理，以发现并解决存在的问题。

五、调查研究工作的基本程序

调查研究工作大致都要经过准备、实施和完成三个阶段，每个阶段又包括若干内容，其程序是：

1. 确定调查题目

办公室调查研究工作的展开，往往是因工作需要或回答领导提出的问题而进行的，但这一般只是为调查什么问题确定了一个范围，调查的具体内容与题目尚需调查者在这一范围中进一步确定。调查题目要具有必要性和可能性。

（1）必要性，是指与课题无关的项目不应习惯性或想当然地列入。

（2）可能性，是指题目要切合实际，有这方面的资料或被调查者能够回答；也包括设计题目时要考虑到被调查者的文化程度和知识面，尽可能让人容易理解，便于回答。

2. 明确调查目的

在确定调查题目的同时，必须明确调查目的。调查目的是调查研究工作的出发点，只有明确调查目的，才能确定调查什么和怎样调查，这能使调查研究事半功倍。

3. 确定调查对象

根据调查目的，确定调查的范围大小、对象的多少，确定用何种类型、何种方式去调查和研究，应选择最能反映真实、可靠、准确材料的组织或个人作为调查对象。

4. 拟订调查计划和提纲

调查研究是一项复杂的工作，必须根据调查目的，拟订调查计划和提纲。调查计划和提纲主要应把调查的目的、对象、方法、步骤和进度等明确下来。

5. 实施调查计划

完成了调查的准备工作后，就要将调查计划付诸实施。实施调查计划是调查工作的中心环节。实施调查计划的过程不是单纯地搜集材料，从总体上说，在调查研究的全过程中，前半段着重于调查，弄清情况，后半段着重于对搜集到的材料进行分析研究。实施调查计划的过程，同时也是不断研究的过程，即在调查过程中要及时研究归纳、分析整理所获材料，从而明确下一步调查的方向和目标，必要时还应对整个调查计划进行修改。只有这样，才能真正完成调查任务。

6. 研究调查资料

在充分占有材料之后，要对材料进行综合、分析和研究，从而达到去粗取精、去伪存真、由此及彼、由表及里的目的。调查所得的各种信息资料先要经过整理、核实、筛选、誊清、分类，然后进行分析研究。研究时要注意资料的全面性与重点性。

（1）全面性，指的是既要注意正面的，又要注意反面的；既要注意现实的，又要注意历史的；既要注意本地区的、本国的，又要注意外地的、外国的；既要重视书面的，也不可轻视口头的。

（2）重点性，是指某些资料是少数甚至个别的（如某些工作细节），却又是很重要的，不可忽视，应把它们挑选出来单独研究，或进一步求证。

研究调查资料要运用正确的观点、理论和方法，包括运用数学方法和有关计算、统计的工具和手段。

7. 起草调研报告

起草调研报告是形成调查研究工作的成果阶段。调研报告的内容主要包括标题、开头、正文和结尾四个部分，必要时还应有附件。标题要力求精练、贴切、醒目；开头要力求开门见山，言简意赅，不要绕圈子、故弄玄虚；正文力求观点突出，思路清晰，说理充分；结尾要起到画龙点睛、深化主题的作用。无论是开头还是结尾，都没有固定模式，应该灵活多样，不拘一格。最重要的是一定要实事求是，如实反映情况，清晰表达观点。

六、调查研究工作的基本方法

办公室常用的调查方法，按调查对象的不同主要分为：普遍调查、抽样调查、典型调查和重点调查等方法。根据调查的内容和目的不同主要分为：专题调查和综合调查。在选择调查研究的手段上主要分为：统计调查、追踪调查、对比调查和分次调查等。

1. 普遍调查

普遍调查是在一定范围内对所有对象进行调查，以达到准确无误地了解总体情况的一种调查方法。普遍调查也称全面调查法或全体调查法。

2. 抽样调查

抽样调查是在需要调查的客观事物总体中，按照一定原则抽取部分样本作为调查对象进行调查，并用调查结果推断总体一般情况的一种科学方法。

3. 典型调查

典型调查是在一定的调查范围里，选择具有代表性的特定对象进行调查。通过典型调查，获得典型的经验或教训，用以指导实践，推动工作，可以起到明显的效果。

4. 重点调查

重点调查是指在一定的调查范围内，选取重点对象进行调查的方法。在调查对象的总体中，往往存在一些重点对象，在总体中起主要的、决定性的作用。这些对象虽然数量不多，但却占整个调查总体的绝大比重。通过对重点对象的调查，即可得到对总体状况的一般认识。

5. 专题调查

专题调查是指围绕某一专题进行调查研究的方法。其特点是，从调查一开始就有明确的目的，调查的内容比较单一，调查的形式比较多样，比较灵活，信息反馈比较快。即使要对专题以外的内容进行调查，也只是作为旁证或背景情况去调查的，最终必须为所要解决的专题服务。专题调查进行到最后，必须提出解决某个问题的总体方案或提出有关建议。

6. 综合调查

综合调查是指对全局的基本情况进行调查研究的一种方法。调查的内容必须是全面的、普遍的、综合的。并且相对比较分散，项目比较多，一般要涉及各个主要的问题，调查收集到的材料比较零散。综合调查主要用于领导分析全局工作的基本情况，或总结和布置工作，或定期收集资料供今后分析研究，或制定重大决策。

7. 统计调查

统计调查就是按照一定的目的和要求，采用科学的统计方法和统一的报告制度，有组织地搜集各种资料和进行研究的方法。统计调查是综合工作中进行定量分析、研究数量关系、数值变化及其规律的重要手段，是数理统计在调查研究中的应用。

8. 追踪调查

追踪调查就是对调查对象某些特征量随时间发展变化情况，或是社会生活实践对这些特征量的检验情况，进行调查研究的一种方法。追踪调查需要预先制定追踪调查表格，并通过口头询问、问卷填表等方式展开。

9. 对比调查

对比调查就是选择两组或多组不同性质的样本，就一些问题对比地进行调查，从而找出差距、发现问题的本质、探索解决问题的方法。对比调查所选择的对象一般都是各具特征的一类事物中最典型的代表，问题的本质才能最为明显地显现出来。

10. 分次调查

分次调查就是将较大项目的调查研究任务分解成多次来进行的方法。分次调查，零敲碎打，并不是不重视调查研究的系统性，而只是将调查研究的时间和任务分散开来，化整为零。调查目的要明确，搜集资料要有目的性、系统性，要用一条主线将每次获得的情况和资料编织起来。

七、调查研究工作的基本方式

便于办公室开展调查研究工作的基本方式有：

1. 开调查会

这是调查研究的最基本方式。必须注意要合理确定调查会的出席人数，每次人数不必过多。同时，要选好参加调查会的代表。

2. 个别访问

个别访问就是分头找各种各样的人个别谈话，分别了解某个问题的全貌或细节。在个别访问中应注意选准对象，要讲究个别访问的艺术性。

3. 实地考察

即调查者深入事件现场进行有计划的、周密细致的考察，以便得出准确的判断。亲自到现场进行实地考察，可以获得第一手材料。实地考察是一种非常常用并且重要的调查方式。

4. 问卷调查

也叫书面调查，就是用问卷的形式调查情况。问卷或调查表应根据调查目的和要求设计而成，发给被调查者，以文字或符号形式自行填写，然后进行集中的统计和分析。

5. 专家论证

即召集有关方面的专家、学者，对重大的决策性问题或技术性问题进行咨询、论证。专家论证是一种通过召开特殊的座谈会，进行调查研究的方式。

6. 查阅文献资料

在当今社会中，各类文件、报刊、书籍等文献资料很多，它们是信息的海洋、知识的宝库。从这些信息中，可以分析、归纳出很多精华信息，学到许多知识，推动调查者找寻、发现调研的重要动态情况。

7. 蹲点调查

根据一定的调查目的和任务，办公室工作人员深入某个工作点一段时间，持续地了解情况、掌握信息。蹲点调查是调查研究的一种比较好的方式，有利于深入、全面、准确地掌握可靠的第一手材料。

8. 网络调查

指利用网络进行调查研究的方法。按网上调查采用的技术可以分为站点法、电子邮件法、随机 IP 法和视频会议法等。

（1）站点法。也叫在线问卷法，是将调查问卷设计成网页形式，附加到一个或几个网站的 Web 页上，由浏览这些站点的用户在线回答调查问题。站点法属于被动调查法，是目前网上调查的最基本的也是最主要的方法。在线问卷法也可以委托专业公司进行。

（2）电子邮件法。通过给被调查者发送电子邮件的方式将调查问卷发给一些特定的网上用户，由用户填写后以电子邮件的形式再反馈给调查者。电子邮件法属于主动调查法，与传统邮件法相比，邮件传送的时效性大大提高了。

（3）随机 IP 法。是以产生一批随机 IP 地址作为抽样样本的调查方法。随机 IP 法属于主动调查法，其理论基础是随机抽样。利用该方法可以进行纯随机抽样，也可以依据一定的标志排队进行分层抽样和分段抽样。

（4）视频会议法。是将分散在不同地域的被调查者，通过互联网视频会议功能虚拟地组织起来，在主持人的引导下讨论调查问题的调查方法，适合于对关键问题的调查研究。该方法属于主动调查法，其原理与传统调查法中的专家论证法相似，不同之处是参与调查的专家不必实际地聚集在一起，而是分散在任何可以连通 Internet 的地方，如家中、个人办公室等，因此网上视频会议调查的组织比传统的专家论证法简单得多。

案例分析与点评

本节"案例导入"中的行政办公室小王调查研究工作完成得非常好。

调查研究是办公室工作人员的基本功，是办公室工作人员获取信息和反馈信息最重要的方法。小王配合中心工作主动对本单位的人事制度改革问题进行专题调查，并在短时间内集中力量，本着"客观性、全面性、具体性"原则，深入基层，灵活采取多种调查方式，召开座谈会、个别访谈、设计调查问卷和组织网络调查，掌握了集团人事制度改革的最基本情况和特殊情况。在掌握第一手材料的基础上，小王写了内容具体、材料真实的调查报告，为集团人事制度改革落实状况提供了最基础的信息，也为领导制定决策起到了极大的辅助作用。办公室工作人员在了解情况、掌握信息方面要积极主动，凡是与本单位工作有关的信息，都要主动地去收集，特别是对领导决策执行情况的反馈信息，要及时、准确地掌握，主动向领导汇报，以保证领导耳目灵敏、决策正确、指挥得力。

第八章 办公室日常事务工作

办公室日常事务工作内容涉及广泛，本章主要介绍办公环境的设置与管理、办公室时间管理、接打电话与处理邮件、印信与值班工作。具体包括办公室的整体布局、内部办公设备的陈设与布置、办公室工作环境的营造、办公室个人与领导工作时间的安排、公务电话的接打技巧、公务邮件的分拣与处理、单位印章和介绍信的保管与使用以及单位日常和节假日值班工作的安排等。

第一节　办公环境的设置与管理

> 案例导入

小叶大学毕业应聘到一家公司上班。公司办公室原来的秘书跳槽了，老总决定让同是秘书专业毕业的小叶接替原秘书的工作岗位。

小叶上班第一天早早就来到了公司，当她打开公司办公室的门时，一股呛人的味道扑面而来，眼前的景象使她惊呆了。只见办公室内一片狼藉：办公桌上书本、文件胡乱堆放在一起，开着的电扇把桌上的资料吹得到处都是，地上不仅有散落的烟灰，还有纵横交错的电线，墙角的纸篓中的垃圾溢到了篓外，窗台上摆放着几盆已经枯萎的花草，旁边还有喝剩的半杯浓茶……

小叶顾不得休息，赶紧动手收拾屋子，心想：这样的办公环境，这个秘书也太不称职了！她首先打开窗户，让办公室空气流通；然后又关掉电扇，屋子里立刻安静了，纸张也不乱飞了；接着她又清理纸篓，用吸尘器吸掉地面上的烟灰，将所有垃圾都倒掉；最后又将办公桌上堆得像小山一样的文件、书本简单整理了一下。干完这一切，屋子里立刻清爽、整齐了许多。小叶本想一鼓作气，将办公室彻底清理干净，可是上班时间到了，她只好先坐下来办公。

经理交给她的第一个任务是查找一份三年前公司与外单位签订的一份合同。小叶先在桌上的文件堆里找了大半天，桌上翻遍了也没找到。她又到文件柜里去找，却发现文件柜里的文件夹都没有分类标签，而且有些文件夹竟然是空的。没有办法，她只好求助于电脑。伸手开电源，发现电脑根本就没关；拉出键盘，看到的是黑乎乎沾满污渍的打字键，有的连字母都看不清了，键盘缝里还有烟灰、饼干渣和面包屑。小叶好不容易找到了电子文件，一打印，结果打出的文件是黑的，原来打印机的硒鼓坏了。换了硒鼓，打出了文件，小叶还没来得及喘口气，电话铃又响了。电话放在办公桌的右边，小叶拿起听筒，对方要求留言，桌上的纸笔早被风扇吹得不知去向，小叶只好放下电话，跑到物品柜里现拿了纸笔记录。刚放下电话，经理让小叶去给他送一份材料，小叶抓起桌上的材料就往办公室外跑，没想到被地上的电线绊了一跤，连人带电扇都摔在了一起。

小叶上班的第一天，就让她非常不开心。她觉得自己很认真，也很努力，但工作效率还是不高。

办公环境，又称办公室环境，是指办公室工作时所处的自然环境，包括空间环境、视觉环境、听觉环境、空气环境、健康与安全环境等。对于上班族而言，每天的大部分时间都待在办公室里，办公环境的好坏直接影响工作效率。为了尽可能减轻工作疲劳，提高工作效率，就必须适当地调整办公场地、设备、光线、颜色、声音、温度等环境因素，以适应工作人员的生理和心理要求，使其获得最佳的工作状态。

一、办公环境的设置

（一）办公室的布局形式

办公室是一个单位活动的重要场所，要求明快、整洁、方便、实用，应本着"方便、舒适、整洁、和谐、统一、安全"的原则。办公室的布局可以分为开放式和封闭式两种形式。

1. 开放式布局

开放式布局是指在一个大的工作间中设立众多单个的工作位，若干工作人员同在这一间大办公区域办公。这种布局的特点是没有私人的办公室，工作间的位置可以根据需要，利用可移动的物体（如屏风、隔板等）随机确定，每个工作位都有独立使用的桌椅、电话、电脑等办公设备。

开放式办公布局的优点：降低了办公室的能源、设备和建筑成本，减少了办公室的占地面积；使工作单元灵活机动，可以根据工作需要而随时改变；打破了地位和级别的界限，增加了员工之间的平等感，使员工间更易于交流沟通；既相对独立又连成一体，使工作流程更加畅通，同时也便于领导监督下属的工作活动。

开放式办公布局的缺点：房间大，人员多，易有噪声，如说话声，打电话等影响他人工作；难以保障私人空间的独立，很难集中注意力；不适合做机密性工作。

2. 封闭式布局

封闭式布局是指一种比较传统的办公室设置方式，即按照工作职能的不同，分设不同的独立办公房间，每个房间供一名或几名员工使用，每个房间拥有一套专属的办公设备。

封闭式办公布局的优点：安全性、保密性好，便于保证信息不被窃取；可以让员工有自己的私人空间，保证员工的隐私；可以保证工作不受干扰，比较适合专业性、机要性强的工作。

封闭式办公布局的缺点：非办公空间的比例较大，整体空间利用成本高；工作流程不通畅，不利于员工间的交流；不利用领导对下属的工作监督。

开放式和封闭式办公布局各有利弊，各单位在确定自己所拟采用的办公布局时，要综合考虑空间利用成本、办公室职能、工作流程、机构的建制和员工人数等因素，根据工作需要和本单位的实际情况确定适宜的办公室布局方式。

（二）办公室内的布置

办公室内的整体布置对组织形象和工作效率都有一定的影响。一个良好的工作环境有利于组织形象的塑造，一个整齐有序的办公室则会提高工作的效率。

1. 整体布局方便实用

布置办公室，最好先画一张设计草图，按比例尺标明房间的面积，门、窗等的固定位置。桌、椅、橱柜等可移动的物件，用彩色纸按比例尺缩小剪出样块。然后，办公室成员共同在设计草图上摆移，找出最佳方案。

（1）办公室内总体布局的要求：

①相关的部门和常用设备应尽可能安排在相邻的位置，以避免不必要的来回走动或影响他人。

②秘书的工作位置应紧邻领导的办公区，以便联系领导。

③主管的工作位置应位于员工的最后方，以便监督；也可以用玻璃门隔开，以免其接洽工作时转移和分散其他工作人员的视线和精力。

④饮水机应置于方便所有人饮水的位置；公告板应放置在醒目的地方。

⑤电话最好是 5 平方米空间范围一部，以免接电话离座位太远，分散精力，影响效率。

⑥装设充足的电源插座，以方便办公设备的使用。

⑦常用设备应放在既方便使用，又不妨碍他人工作的地方。

（2）办公室内桌椅摆放的要求：

①办公桌的排列应按照直线对称的原则和工作程序的顺序，其线路以最接近直线为佳，防止逆流与交叉现象。

②同室工作人员应朝同一个方向办公，每个办公区域可用高度 1 米左右的隔

板分隔，不可面面相对，以免相互干扰和闲谈。

③各座位间通道要适宜，应按照方便处理公务的原则设置工作位置，以免往返浪费时间。

④办公桌上只放置常用的办公用品，如电脑、电话、文具以及必要的文件等。

另外，办公室应根据需要设置垂直式档案柜、旋转式卡片架和来往式档槽，用以存必要的资料、文件和卡片等，便于随时翻检。这些用具应装置滑轮，平时置于一隅，用时推至身边，方便实用。

2. 办公环境安静舒适

办公室的布置应该让工作人员感到安静清雅，这样才会更有效地提高工作效率。

（1）为减少来客对办公室工作秩序的影响，接待区的位置应安排在办公室入口处。

（2）有条件的办公室可以铺设地毯、设置屏障等吸音、隔音设备，以降低噪声的影响。

（3）易产生噪声的打印机、复印机、传真机等办公设备，应集中放置在远离办公区域的角落。

（4）办公座椅最好选用有扶手和靠背且能够转动和调节的椅子，这样可以缓解因久坐而引起的身体不适。

（5）条件允许的话，可以在办公区域内设置休息区，并提供长沙发、茶几等休息用具。

（6）室内可以摆放几盆花草，如仙人球、吊兰、天竺葵等，用来净化室内空气，起到保健作用。

3. 工作环境安全保密

办公室工作环境的安全包括人身财产安全和信息安全两部分。

（1）人身财产安全：要消除办公室的安全隐患，各种办公设备所用的电线不要裸露在办公通道上，应置于角落或铺设在地板或地毯下；要配备消防设施，墙上要张贴安全疏散示意图等消防标志。

（2）信息安全：为保证办公室信息安全，办公室内要张贴相关的保密制度，重要部门的入口处应有警示标志；机密文件要单独保管，不能公开放置在办公桌上；存有机密信息的电脑不要放置在门口等人员流动较大的地方，同时要设置安全密码。

（3）办公室内可以适当悬挂或放置一些美术作品和工艺品，如油画、照片、书法作品等，以改变办公室单调的格局。但必须注意，所选用的作品一定要在色彩和情调上与办公室整体环境相配，颜色宜淡雅、清新，不宜过于花哨。

二、办公环境的管理

办公环境的设置只能满足基本的工作需要，要想工作得更加舒适，还要加强对办公环境的管理。办公环境的管理主要包括：

（一）视觉环境的管理

视觉环境主要包括办公室内的色彩和照明两部分内容。

1. 色彩

色彩对人的情绪有直接的影响，办公室的色彩是否和谐，直接影响办公室的气氛。办公环境的色调从总体上来说应该单纯柔和，使人置身其中时能感觉平静舒适。地面、墙壁、天花板、办公家具等的色彩应和谐统一。墙面和天花板最好采用白色或乳白色，以增加光线的反射率；地板可采用不易被污染的棕色；窗帘、椅套的颜色宜素雅，并与办公室整体色彩相一致。

2. 照明

办公室照明宜遵循以下设计原则：室内灯光应分布均匀，采用光线柔和的日光灯，利于保护视力；减少光源的强度，避免用一个发光体，宜多用几盏灯，降低光源强度，避免集束光而用均匀的散光；窗上宜装半透明玻璃，以免用直接光而用间接光；光源宜置高处，并从后方或左侧射入；尽量利用自然光，办公室的窗户可以使用能调节光线的百叶窗。

亮度不足的照明会引起眼睛疲劳、头疼、困乏和出错。有些地方，比如做校对等精细工作的地方，足够亮度的灯光必不可少。

桌、椅，特别是客人的椅子，不要放在直对光源的地方。

（二）听觉环境的管理

听觉环境主要指办公室内的声音，办公室内的声音分有益声音和有害声音。有益的声音，如伴奏音乐或愉快交谈的声音；有害的声音，如办公设备运行时发出的噪声等。由于办公室所处的周围环境常有噪声发出，如小汽车、摩托车、卡车的喇叭声、谈话、开会、打电话的声音和人们必要的活动发出的声音等。因此，控制有害的噪声就成为办公环境管理又一项重要任务。控制噪声可以从以下三个方面着手进行：

（1）积极消除噪声的来源。如办公室的选址最好远离闹市区，或选择不临街的一侧；办公室的门窗应采取一定的隔音措施，如加装双层玻璃，粘贴密封条；墙壁、天花板宜采用吸音效果较好的材质，地面可铺设地毯等。

（2）办公室内可以播放轻柔舒缓的无主题的背景音乐，以减轻工作疲劳，并消除噪声引起的烦恼。

（3）对于工作时噪声较大的办公设备，可以用设置屏障、加装消音罩等方法来减少或降低噪声的影响。

（三）空气环境的管理

办公室的空气环境管理，是指为了减少人们的精神消耗，增强舒适性而对办公室的空气进行精心调节。办公室的空气环境包括温度、湿度、空气的流通和净化等内容。

1. 温度

一般来说，工作环境中最舒适并有益于健康的工作温度是 20～25℃。

2. 湿度

通常情况下，最适宜工作的湿度为 40%～60%。

3. 空气流通

必须有良好的通风设备，使空气流通无碍。在没有大气污染的情况下，应经常开窗通风换气，以保持室内空气的充足与新鲜。

4. 空气净化

为减少办公室的污染和尊重所有工作人员的感受，办公室内应该禁止吸烟，以保证空气的新鲜。办公室内空气的净化包括打扫、拖洗、擦净、上光与打蜡，用吸尘器吸尘等。

（四）空间环境的管理

办公桌面上要整洁，应尽可能少放东西。工作期间不放除手机、台历、水杯之外的私人物品。最常用的东西要放在不必起身就可伸手拿到的地方。桌上所放材料应限于当天要用的资料，每天下班前应分类放回应放的地方，重要文件要入柜锁好。用过的资料、文件要及时归档或收起来。其他常用物品，如订书机、信封、文件纸和工作手册等应有序地放在抽屉里，以取用方便为原则。对悬而未决的工作，备以专门的文件夹，每天检查一遍，对必须要做的事情加以注明。用不同的文件夹分门别类地存放需要签名的信函，为便于识别，可在文件夹上做上标记。

桌子的抽屉和门要随时关好。废弃物放进垃圾桶，保持地面干净。办公设备用完放回到规定地点。

> **案例分析与点评**

本节"案例导入"中的秘书小叶没有责任，问题出在办公环境上。一个整齐有序的办公环境是十分重要的，而小叶所处的办公环境存在很多问题，这直接影响了她的工作效率。

小叶所面临的问题就是要彻底改造办公环境，对此，她在上班前所做的一系列清理、打扫的工作都是正确的，但还不彻底。小叶还需要做的工作有：整理文件，将办公桌上的文件、书本进行分类，把书本放进书柜，当天要用的文件放在桌上，其他文件分门别类放在资料柜的文件夹里，并给每个文件夹贴上标签；办公桌上电话最好放在左手边，便于接听，电话机附近要随时准备纸笔，以便记录电话留言；整理电线，将散落在地上的各种电线重新布置，可将其放在地毯下面，或改变其走向，使其延墙壁伸展，而不是横在办公通道上。

还应该注意以下问题：要注意安全，每天下班前要关掉不用的办公设备，如电脑、电扇等，以免引起火灾。办公设备要经常检修，发现问题及时补救，如打印机的硒鼓发现漏粉就应该及时更换。电脑键盘、鼠标等要保持清洁卫生，定期用酒精擦拭、消毒；不要一边用电脑，一边吃东西。办公室要经常开窗通风，保持空气清新。为净化空气，可以适当摆放一些花草，但要精心照顾，勤于浇水；如果花草枯萎或凋谢了，要及时清理，以免有碍观瞻。字纸篓可以每人一个，自己负责清倒。有条件的办公室可以配备碎纸机，这样还可以保证机密材料不外泄。

总之，办公环境对工作的影响是很大的，工作人员必须为自己，也为他人营造一个整洁有序、安全舒适的办公环境。

第二节　办公室时间管理

> **案例导入**

小杨是某公司新聘任的女秘书，她不仅人长得年轻漂亮，且能说会道，干起事来也是风风火火的。不熟悉的人都会觉得她一定是个称职的好秘书，但熟悉她的人却对她另有评价。不说别的，单看她的办公桌就够了：新旧文件杂乱无章地堆在一起，找一份文件至少要花半小时；台历从来不用，都9月份了，台历还停留在2月份上；笔筒里笔倒有不少，但能写字的不多；一上班就打开电脑，先把QQ挂上，领导一不在，就偷偷和好友聊天……

一天，经理将小杨叫到办公室，想询问一下当天的工作情况。小杨以为经理发现了自己上网聊天的事，很是惶恐，一进门就紧张地问："经理，有啥事吗？"经理看了她一眼，说："把今天上午的重要来电讲一下。"小杨一听这话，提着的心顿时放下来，她想了想，说："没啥大事，明天是中秋节，兴达公司李经理提前祝您中秋快乐。""还有呢？""还有就是有一个人打电话推销保险，让我给回绝了。""还有呢？""没有了吧？"小杨含含糊糊的回答。"那和龙胜公司老总约定的会谈时间确认了吗？""啊，糟糕，我忘了跟他们联络了！"小杨脱口而出。"马上去联系！"经理生气地说。小杨不敢怠慢，赶紧抓起电话就打。可惜，对方已经下班了。

所谓时间管理，是指用最短的时间或在预定的时间内，把事情做好。办公室时间管理，也就是指秘书对自己和上司的时间进行有效的计划和控制，从而在有限的时间内提高工作效率，这是秘书最大、最基本的管理。办公室的时间管理包含两个层次：一是秘书个人的时间管理；二是秘书对所服务的领导的时间安排。

一、秘书个人的时间管理

秘书与从事其他工作的人一样，要做好工作必须加强时间管理，明确目标任务、分清轻重缓急，科学合理地分配时间，有计划、有组织地工作。秘书个人的时间管理可以采取如下方法。

（一）学会科学地分工与协作

办公室工作内容较多，秘书务必要弄清楚每天的工作任务中，哪些是必须由自己亲自完成的，哪些是应该由他人或他人协助完成的，哪些是应该由他人完成而你是不必参与的。弄清这些，秘书就知道自己每天该做的事情是什么，然后对其进行科学的编排和计划，再有条不紊地去完成。

科学的分工与协作不等于"各人自扫门前雪，不管他人瓦上霜"，而是合理地支配时间，以便更好地完成工作任务。如果每个人都能理解并做到这一点，办公室的整体工作效率不仅不会降低，反而会大大提高。

（二）做好工作计划，分清轻重缓急

秘书每天的工作非常繁杂：除了自己的工作，有时还要协助领导处理事务；除了每天必做的常规工作，有时还要处理紧急突发的事件。如果没有一个科学、合理的时间规划，可能每天都忙得不可开交，而工作完成得却并不出色。

要想解决这个问题，就要对自己的工作时间作一个总体的计划，大到每周要做的事情，小到每天要做的事情，都详细地把它一一罗列出来。然后，按照事情的重要和紧急的程度排定完成的先后顺序。一般来说，重要、紧急的事情要排在首位；其次是紧急但不重要的事情，完成这类任务一定要尽快，用尽可能短的时间，以免耽误其他重要事情；再次是完成重要但不紧急的事情，这类任务要计划好开始做的时间，并值得花大量的时间把它做好；最后是既不重要也不紧急的事情，这类事情一般是常规性的工作，应该在完成了所有重要任务之后去做，但要尽量控制做这类工作的时间。

（三）合理分配自己的时间和精力

每个人的时间和精力都是有限的，要想在有限的时间和精力下完成尽可能多的任务，就要学会合理地分配时间和精力。一般情况下，上午人的精力、体力、脑力等都处于最佳状态，能够完成各种复杂艰巨的任务。中午13～14时是脑力和体力较低的时候，适宜做短暂的休息。下午15～18时，人的脑力又开始活跃起来，可以处理一些比较重要的事务。而晚上的20～22时，人的思维又开始活跃，形成一天里的第二个高峰，有些白天没有来得及完成的工作，在这个时间段里还可以继续。

合理使用时间，还包括"捍卫"自己的工作时间，一个优秀的秘书人员，要学会拒绝别人，安排"不被干扰"的工作时间，不让额外的要求扰乱自己的工作计划。在答应一件事情之前，要考虑清楚这件事是否重要、是否是你的分内工作、是否会影响你的工作进度。如果是，就要委婉拒绝。否则，既打乱了你的工作计划，也可能耽误对方的事情。当然，拒绝是需要正当的理由和技巧的，否则你就成了别人眼中不善于合作的人。

假如你每天能有一个小时完全不受任何人干扰地思考一些事情，或是做一些你认为最重要的事情，这一个小时可以抵过你一天的工作效率，甚至可能比三天的工作效率还要高。

（四）规定工作完成期限，讲究统筹方法

巴金森在其所著的《巴金森法则》中有这样一段话："你有多少时间完成工作，工作就会自动变成需要的那么多时间。"如果你有一整天的时间可以做某项工作，你就会花一天的时间去做它。而如果你只有一小时的时间可以做这项工作，你就会更迅速有效地在一小时内做完它。这句话给我们的启示是：要对每项工作任务都规定一个完成期限，这样，就会赢得大量时间来干更多的事情。人都是有惰性的，而时间就像海绵里的水，只要肯挤，总还是有的。给自己一个时间限定，人的惰性就被赶跑了，而时间就这样被挤出来了。

在每天的工作中，有些内容相近、形式相似的事可以合并来做的，比如上网查询和打字、打印和复印资料、打电话和发传真等。将这样的工作集中起来专心致志一次完成，可以避免多次重复。当你重复做一件事情时，会熟能生巧，效率一定会大大提高。

（五）遵循80/20定律，灵活安排时间

用你80%的时间来做20%最重要的事情，这是著名的80/20定律的内容。工作中肯定会有一些突发事件和迫不及待要解决的问题，如果你发现自己每天都在处理这些事情，那表示你的时间管理并不理想。对秘书来说，一定要了解，哪些事情是最重要的，成功者往往花最多的时间在做最重要但不是最紧急的事情，而一般人往往将紧急但不重要的事放在第一位。因此，必须要改变原有的思维方式，学会如何把重要的事情变得紧急。

对于秘书来说，工作时间并不完全属于自己，因为领导随时会有工作分派下来，而办公室的工作也随时要作出调整，以应对临时性和突发性的事件。对此，秘书在规划自己的工作时间时，一定不能把任务排得太满，要灵活安排时间。一般只将时间的50%～70%计划好，其余的时间应当属于灵活时间，用来应对各种打扰和无法预期的事情。

二、领导的时间管理

秘书独特的工作性质使其时间管理具有特殊性。秘书自己本身的时间安排往往是被动的、从属的,必须随时根据所服务的领导的时间进行调整。所以,秘书的时间管理除了要进行自我的时间管理之外,更重要的是要协同领导,科学合理的安排好领导的活动等,确保领导公务活动顺利地运转。

秘书对领导时间的管理,在实际工作中就是对领导的工作日程进行安排。

(一)安排领导工作日程的原则

1. 计划先行,事先确认

秘书对领导的时间管理必须计划先行。秘书要对领导每一周、每一天的活动及时进行安排,列好活动计划表,以防止活动时间发生冲突或重要活动疏漏。每周周末,秘书要将下一周领导要召开的会议、参加的活动等列出一个时间表来,及时交由领导审定,然后按照领导审定的计划表去落实。如果遇到特殊情况需要进行必要的更改和变动时,要及时向领导反馈并征得其同意。除了一周安排表外,秘书还应该有一个每天安排表。在所有的日程表中,当天的日程表要非常具体,这张表必须在头一天就让领导确认;对于经常外出的领导,还要复印一份让领导自己带在身上,把有关方的电话号码等一些注意事项记在上面。

2. 统筹兼顾,劳逸结合

秘书对领导的时间管理必须统筹兼顾。在现实工作中,领导平时的活动非常繁忙,有时两个活动同时进行且同样重要,都需要领导参加,这时候就需要秘书进一步协调,统筹兼顾,把两个活动的地点尽可能安排得近一些,并尽可能地错开一些时间,以便领导能两边都兼顾。

当然,在制订计划表时,一定要安排得适时和得当,做到疏密结合,劳逸结合,这样才能保证工作的质量和效率。人的脑力和体力必须每隔一段时间就变换不同的工作内容,做到劳逸结合,张弛有度,例如有时候上午已经安排了一个大会,那么下午就尽可能别再安排开会了,可以安排得轻松一些,让领导处理一下文件,理一理思绪,适当的休息等。这样,人的脑力和体力才可以得到有效的调剂和放松,从而兼顾了工作效率与领导的身体健康。

3. 重点突出,适当保密

秘书对领导的时间管理必须抓住重点。时间管理的重点不在于管理时间,而在于如何分配时间,特别是领导每天都要处理很多事情,但精力和时间毕竟有限，这就要求秘书在进行时间管理、为领导安排活动日程时一定要抓住重点，合理地安排最主要的工作和最关键的问题，让领导把主要的精力重点放在处理重要事务上。这样，就会像机器的主轴带动整个机器运转那样，促使其他的事情按时完成。

领导的工作日程安排要制作成一览表形式，打印好送给领导本人和其他相关部门。但应注意给相关部门的日程表，内容不能太详细。因为日程表越详细，泄密的可能性就越大。因此，在制定日程表时可以使用一些表示特定工作内容的符号。另外，日程表旁边最好还要留一定的空白，以便随时能用铅笔补充内容或作特定的标记。

4. 机动灵活，留有余地

秘书对领导时间的管理必须机动灵活。秘书在为领导安排时间时要注意为其留出机动时间，避免用各种活动把一天的时间排满。如果把每天的时间都排满而没有留出一点儿机动时间，出现意外情况，领导就不得不放弃计划中的工作，来处理突发事件。而今日未完成的工作，就必须加进明日的工作表中，这样就打乱了计划，会使后面的工作压力不断加大。

每天为领导留些机动时间，即使没有发生突发事件，领导也可利用机动的时间来处理一些较次要的问题；或与下属联络一下感情；也可休息一会儿，考虑一天工作中的得失等。这样，领导就可以有条不紊地完成一天的工作。

（二）安排领导工作日程的方法

领导的工作分为日常性工作和突发性工作。日常性工作是指事先有计划、相对固定的工作内容，如开会、出差等；突发性工作是指事先无计划、临时安排的工作内容。秘书对领导工作日程的管理一般是将日常性工作提前写入日程表中，有突发性工作时再进行临时调整。

领导的工作日程安排可以分为年度、月度、一周和当天工作的形式。安排的详略程度视领导的实际需要而定。一般来说，年度、月度等中长期计划宜粗线条的大致写出个轮廓，而每周和每天的工作计划应写得比较具体、详细。

1. 年度工作日程表的制定

年度工作日程表一般是在上一年年底制定。这种表不必做得太细，也不可能做得太细，只要把单位在一年中的例行活动，如董事会、股东大会、公司成立周年纪念日、法定节假日和公司其他特定纪念活动以及可以确定必须参加的活动列入表中即可。

2. 月度工作日程表的制定

月度工作日程表是根据年度日程表来制定的，按时间先后注明领导出差、开会等预定事项，特别要注意抓住当月的重大活动。月度工作日程表每个月连续制定，一般当月的日程表应在上个月月底之前制作完成。

3. 一周工作日程表的制定

一周工作日程表是将领导一周之内的主要活动，如约会和会议等预定好的工作记入表内，这是领导一周之内具体工作安排的基本依据。此表一般是在上一周的周五制作完成。日程表做完之后，要送给领导审阅，请领导确认。

4. 当天工作日程表的制定

当天工作日程表是根据每周工作日程表制定出来的，它把当天工作的一些主要内容和注意事项记在上面，交给领导。此表必须在头一天就让领导确认，当天早晨上班后，复印一份让领导再次确认。对于经常外出的领导，最好复印一份让领导随身携带，并把有关方的电话号码等一些重要事项记在上面。

5. 领导差旅日程表的制定

对现代企业领导而言，出差和商务旅行是一项经常性的工作，因此为领导制定差旅日程表也是秘书的经常性工作。领导的差旅日程表与其他日程表没有本质的区别，只是要求做得更细致，在时间安排上要更准确。领导的差旅日程表要考虑天气、交通工具等因素对工作的影响，并有针对性地作出相应的预案。

6. 多位领导日程表的制定

有时秘书要同时给几位领导制定日程表，这种情况最好采用一览表的形式。如果出现新的情况（比如需要召开全体董事紧急会议）需要调整大家的工作日程时，调整起来就非常方便。

这几种日程表的制定要灵活掌握，对于领导的工作安排，既不要重复，也不要遗漏；这几种日程表定出来以后，要随时注意它们之间的衔接，最好经常把它们集中起来，相互对照。

（三）领导工作日程表的编排程序

企业重大的商务活动一般都会在年度计划表中提前作出安排，由企业高层管理者集体研究讨论后决定。所以对秘书而言，在日程安排方面的经常性工作就是进行每月、每周和每天的工作日程安排。以每周工作日程安排为例，其编排步骤是：

（1）在本周的前几天，请每位领导在工作预定表上填写自己下一周将要处理的主要事项或将要参加的重要活动。

（2）在周五，将每位领导的工作预定表收集起来加以整理。如果有人没有时间填表，秘书要以口头的形式询问对方，帮其填好表格。

（3）对收集上来的工作预定表进行仔细地阅读和统计，并与当月工作日程表进行核对，如有矛盾之处，应立刻向领导本人询问，以便及时调整。

（4）将工作预定表的内容梳理后编制成下周的工作日程表，打印出来送给每位领导一份。

每月的工作日程表和每周的工作日程表制作步骤是一样的，下月的工作日程表要在本月末制作完成。每天的工作日程安排，则是按照时间先后逐一列出。

（四）制作领导工作日程表的注意事项

1. 分类有序，重点突出

对企业而言，在日常工作当中，有很多客户都要求与领导面谈，但要想全部安排见面几乎是不可能的，因为领导的时间毕竟是有限的。因此，秘书在给领导安排工作日程时，要对领导的工作进行分类，以保证领导的工作效率。作为重点，对于那些确实需要与领导面谈的客人，秘书也需要对他们所关心的问题和与自己公司的关系作出判断，这样在安排约会的时间和顺序的时候，就能做到心中有数，确保领导的日程安排科学合理。

2. 随机应变，机动灵活

在实际工作当中，情况经常会发生变化，需要改变领导原来的日程安排。在这种情况下，秘书要能根据具体情况，随机应变，采取相应的措施：如果是在时间范围较长的预定期间内出现新的情况，秘书应及时提醒领导注意；如果实在不能避免，要及时与对方和有关部门联系，并对日程表进行修改，请领导确认；如果能够对预定的日程安排作相应的调整，应与客户和其他有关方面进行联系；如果约会时间延长，影响其他工作，秘书要告诉领导，听取领导的指示。一旦日程上有变更，要马上修改日程表，并通知相关人员。

案例分析与点评

从本节"案例导入"中可以看出，秘书小杨既不善于有效地管理自己的时间，也不能科学合理地安排领导的时间，属于办公效率和时间管理都比较差的一类秘书人员。

小杨的具体错误首先在于办公桌的管理，虽然这些内容属于办公环境的范畴，但是它却直接影响秘书的工作效率：从文件堆中寻找文件需要花费时间，从笔筒里找出能写字的笔需要花费时间，工作时间聊天更是浪费时间。台历本来是可以用来当日志用的，而她却一点都没有发挥它的作用。其次，小杨的错误在于没有管理好领导的时间，该打的电话没有打，会直接影响领导的工作日程安排。因为这件看似小事的失误，领导原定的工作计划就要进行很大的调整，公司因此可能就会遭受损失。

针对本案例的情况，正确的做法是：作为秘书，首先，要保持自己办公环境的整洁，尤其是办公桌的整齐有序，文件要分门别类的摆放以便于快速查找；文具要经常检查，以保证随时可用；上班时间不要上网聊天，所有聊天工具都应关闭。其次，要对自己每周、每日的工作进行详细计划，并将其用文字或表格的形式固定下来，打印或手写后放在醒目的位置，以便于按部就班的执行。再次，要科学合理地安排领导的时间，将领导每周和每日的重要活动内容逐一用文字或表格的形式写下来，并提前打印给领导，在必要的时候，还要提醒领导不要遗忘重要的约会等。

秘书只有科学的管理时间，才能够充分利用时间，才可以最大限度地提高工作效率。

第三节　接打电话与处理邮件

案例导入

周一一大早，秘书小王刚进办公室，电话铃就响了。他赶紧抓起听筒，"喂，你哪位？"对方说是北京某公司的一个业务经理，想跟他们公司技术部合作开发一种新产品，小王想都没想，一句"这是总经理办公室，你打错了"就挂断了电话。刚坐下，电话铃又响了，小王嘴里咕哝了一句"真烦"，不情愿地又拿起听筒："找谁？"对方说要找公司总经理，小王一听是找总经理的，不敢怠慢，马上说"您稍等，我现在就给您转接总经理电话"。小王转接完电话后，就开始整理昨天一个会议的文件资料。没过多久，总经理气冲冲地走了进来，冲着小王大声质问："你这个秘书是怎么当的，什么电话都转给我。你知道他是干什么的吗？他是推销墓地的。"小王一听也蒙了，心想，原来在办公室转接电话还真是有好大学问的。

一、接打电话

接打电话是办公室日常工作中重要的组成部分，这件看似简单的工作实际需要注意的事项很多。如果掉以轻心，轻则耽误工作，重则会给单位造成重大的恶劣影响甚至经济损失。

（一）接打电话的原则与要求

1. 态度热情礼貌，语气清晰温和

电话是单位对外的一个重要窗口，接打电话时代表的是单位的形象。因此，态度一定要热情礼貌，说话时语气要温和，为保证对方听清自己的话，口齿要清楚，吐字要清晰。

2. 语言简洁，表达规范、正确

为提高办事效率，节省通话时间，接打电话时要统一使用标准的普通话，语言要简洁明了。

3. 注意通话时间和保密

（1）通话时间，一是指接打电话的时机，二是指通话时间的长短。一般来说，刚上班和快下班时不宜打出电话，打电话时也不宜通话时间太长，以免影响其他工作。

（2）保密，是指在通话过程中注意内容的保密，有些涉及秘密内容的事项不宜在电话中与对方交流。

（二）接听电话

1. 接听电话的步骤

接听电话一般分以下几个步骤：准备记录物品—迅速摘机应答—主动自报家门—确认对方身份—听记对方陈述—及时提出疑问—复述来电内容—礼貌结束通话—轻轻放下话筒—整理电话记录（电话记录单）。

2. 接听电话的注意事项

（1）接听电话时要先亲切问候对方，然后主动报出单位名称，并表示愿为对方服务。

（2）如果遇到对方拨错号码时，不可大声怒斥或用力挂断电话，应礼貌告知对方。说话时声音要诚恳，语气要舒缓，要让对方感受到你的友善。

（3）为了尊重对方，在接听电话时不要与旁人打招呼、说话、吃东西或小声议论某些问题。如果在听电话的过程中非要处理某些事物，一定要向对方打个招呼，并道声对不起。

（4）接听电话时必须保持足够的耐心和热情，要注意控制语气、语态、语速、语调，语言要亲切简练、礼貌和气。要仔细倾听对方的讲话，一般不要在对方的话没有讲完时就打断对方。如实在有必要打断时，则应该说："对不起，打断一下。"

（5）避免在电话中有不佳的情绪反应。对方声音不清晰时，应该善意提醒一下。转接电话，首先必须确认同事在办公室，并请对方稍等。如同事不在，应先向对方说明情况，再询问对方名字，并考虑如何处理。

（6）电话交谈时要尽量简短，不要讨论无关要紧的问题，避免在电话中与对方争论，以免浪费时间。

（7）通话结束时，要表示谢意，并让对方先挂断电话。最后不要忘了说"再见"。

（三）拨打电话

1. 拨打电话的步骤

拨打电话一般分为以下几个步骤：准备通话提纲—核查电话号码—拨出电话—自我介绍—陈述内容—解答疑问—再次确认重点内容—结束通话—挂断电话—整理记录。

2. 拨打电话的注意事项

（1）理清思路，准备通话提纲。当你拿起电话听筒之前，应先考虑一下自己想要说些什么，可以先在心中设想一下要谈的话题或列一个通话提纲，不要在毫无准备的情况下，给他人打电话。

（2）养成随时记录的习惯。在办公桌上，应时刻放有电话记录纸和笔。通话时一手拿话筒，一手拿笔，以便能随时记录。

（3）主动自报家门。拿起电话时，应首先道出自己的身份以及自己所属单位的名称。

（4）确定对方是否具有合适的通话时间。给他人打电话时，应该在开始讲话时询问对方是否有空与你通话。如果对方正忙，可以另外再约时间通话。

（5）讲明自己打电话的目的。当你拨通电话并进入正题后，应及时向对方讲明自己打电话的目的，以免浪费时间或让对方产生误解。

（6）设想对方要问的问题。在电话中与他人进行商务谈话时，对方肯定会问你一些问题，所以你应该事先准备好如何作出回答。

（7）不要占用对方过长的时间。给别人打电话时，应尽量避免占用对方过长时间。如果问题不便当时回答，你可以挂上电话，要求对方回电告知你；或者你过一会儿再打过去。这样就不会过长时间地占用他人的电话线，以影响他人的正常业务。

（8）拨错号码应道歉。拨打电话时，应记准电话号码，以免打错。如果拨错号码，应礼貌地向对方道歉，不可随手挂机。

（四）接打电话的礼仪

1. 接电话的礼仪

（1）电话铃声一响，应尽快去接。不要让电话铃声超过3响，且最好在铃响的间隙拿起听筒。

（2）听电话时注意力要集中，回答问题要有耐心和热情，不能用生硬、冷淡或漫不经心的语调说话。

（3）接到打错的电话时，应该向对方说明自己单位的名称和电话号码，而不应该简单粗暴地以一句"打错了"，就"啪"地挂断电话。

（4）电话交谈完毕，应尽量让对方先结束对话，然后轻轻放下话筒。

2. 打电话的礼仪

（1）选择适当的时间。一般刚上班或快下班时，人们都要先安排或整理一天的工作，因此不宜打出电话。另外午休和周末，没有特别紧急的事务也不要拨打公务电话。

（2）通话时，首先通报自己的姓名、身份。必要时，应询问对方是否方便，如果方便才可继续交谈；若不方便，可再约定一个时间。

（3）电话内容要简明扼要，通话时间不宜太长。

（4）拨错电话时，要向对方说声"对不起"，以表歉意。

（5）电话打通后，若要找的人不在，不能马上就挂掉电话，这是不礼貌的。

（6）电话交谈完毕，在确认对方无事后，可先挂断电话。结束时应说声"再见"，然后轻轻地放下话筒，以示尊重。

二、邮件处理

邮件处理是指在邮件、信函的收取和发出过程中所要进行的一系列工作。邮件包括各类信函、报刊、包裹和电子信函等。

（一）邮件的接收程序

邮件的接收程序是：邮件分类—邮件拆封—邮件登记—邮件分办。

1. 邮件分类

比较常见的邮件分类方法有以下几种。

（1）按邮件的重要程度，邮件分为重要邮件和普通邮件。凡邮件封皮上有"机要""急件""快递""保价""挂号"等标记或其他带回执的邮件，或落款是重要人物、重要单位的，属重要邮件。其他为普通邮件。

（2）按邮件的性质，邮件分为公务邮件和私人邮件。公务邮件又细分为：重要邮件、普通邮件（即上一种分法中的重要邮件和普通邮件）和报刊、广告、小册子等印刷品。私人邮件既包括寄给组织中具体某一个人的邮件，也包括那些封皮上标有"亲启""私人""保密"等字样的邮件，对于这类邮件，一般都要将其直接交到收件人手里。

（3）按邮件的紧急程度，邮件分为急件、次急件和普通件。

2. 邮件拆封

邮件分好类后，应抓紧时间对属于自己处理的邮件予以拆封。

（1）拆封公务邮件，要求用剪刀、拆信器或电动邮件启封机等工具，不能用手撕，以免不小心而破坏邮件上的一些重要信息，同时也可以保持邮件封皮（如信封）的美观。

（2）如果得到领导授权，秘书应及时对信函进行阅读处理。

3. 邮件登记

在拆启邮件及阅函过程中，还应对与单位有关的重要邮件进行登记，这样既方便对重要邮件的去向、来函办理情况等的掌握和跟踪，也能保证重要信函的安全归档。

在对邮件进行拆封登记的过程中，还要求在邮件的右上角加盖或手写收件日期。这是因为有些信函的成文时间与发出时间可能会有较大的间隔，同时也方便分辨信函是否已经做过处理。

4. 邮件分办

按照轻重缓急程度对需呈送的邮件再作细分，保证重要信函得到优先处理。

（二）邮件的寄发程序

邮件的寄发程序是：邮件准备—邮件签字—查核邮件—邮件登记—邮件寄发。

1. 邮件准备

信函起草完毕后，秘书应该按照正确的格式进行打印，并保证字句、用词及标点的使用正确，同时附上需要的附件。信件要整洁、清楚、防止疏漏。

2. 邮件签字

许多邮件在写好以后需要领导签名，领导的亲笔签名会让对方对邮件内容予以重视，甚至有人在收到信后还会确认是否有领导签名。因此，请领导在信件上签名是一件不可忽视的事情。除紧急的信件必须立即请领导签字之外，一般的信件可以集中在一起，找一个方便的时间统一请领导签字。

3. 查核邮件

在邮件封装寄发之前，需要仔细查核邮件。查核的内容包括：查核附件是否齐全、正确。查核信封、信皮的格式是否正确，姓名、地址、邮编是否正确，标记是否注明（标记有两种类型：一种是邮件性质标记，如"保密"等；一种是邮寄方式标记，如"挂号信""特件"等）。

4. 邮件登记

对重要邮件要在登记册上登记，以便日后与接收单位核对。

5. 邮件封装

查核完毕的邮件折叠装入信封后，要仔细封好开口，并贴上邮票。注意：给邮票和封口上胶水时，要同时使用吸湿器。吸湿器能吸干过量的水分，以免玷污信封。

6. 邮件寄发

如果邮件的数量和种类都较多，可以先对邮件进行汇总并分类，如境内平信、国际航空、特快专递等，因为不同的类型往往意味着不同的寄发要求。

要了解邮政方面的规章制度和寄发时间，选择适当的邮寄方式。

案例分析与点评

本节"案例导入"中的秘书小王在接电话的过程中存在以下问题：

（1）小王接听电话时不符合办公室接听电话的礼仪。在接听电话时，应该先亲切问候对方，比如"您好"，然后清楚讲明所在单位的名称与自己姓名，如"这里是××公司总经理办公室"，并表示服务意愿，如"请问您有什么要求？"或"请问您需要什么帮助？"

（2）对方不了解小王公司的业务分工，找错了部门。这时，小王不应该简单、粗暴地回答对方，并用力挂断电话。应先礼貌告知对方"对不起，先生（或女士）你打错了，这里是总经理办公室"，然后再友善地告诉对方所要找的部门的准确电话号码。这一方面显示了个人的良好修养，另一方面也在无形中展示了公司的良好风貌。

（3）小王在接到第二个找公司总经理的电话时，首先应询问对方有何事情，或有无预约，如对方拒绝回答或执意不说，应礼貌告知这是公司的规定。根据对方的回答，再作出判断是否转接给总经理本人。根据本案例分析，来电话的人是推销墓地的，与本公司业务毫无相关。小王作为秘书，完全可以一口回绝他而不必将电话转接给总经理。

总之，小王作为经理办公室工作人员，首先头脑中应该有服务的观念，并养成热情、友善的工作态度。其次，要熟练掌握基本的办公室工作技能，如接打办公电话的技巧等。再次，作为总经理办公室工作人员，要熟悉公司业务范围和总经理工作内容，对来电内容应先于过滤，与公司业务相关，属于总经理工作范围之内的电话，才能转给总经理本人，而且还要注意总经理是否有空，不能凡来电话找总经理，就不问青红皂白一概转接给总经理，这样不仅会浪费总经理的时间，也会使总经理觉得你的工作能力太差。长此以往，像小王这样的员工很有可能职位不保了。

第四节　印信与值班工作

> 案例导入

这个周末轮到县政府秘书小潘值班。小潘因为平时工作很忙，没有时间陪孩子玩，好容易赶上周末，孩子死活缠着他要去儿童乐园。小潘没有办法，想到以往周末值班都没发生什么事，不过是在办公室看报纸、玩电脑，偶尔接待个群众咨询啥的，不如今天就把孩子带上。如果班上没事，就带孩子去儿童乐园转转。

来到值班室，小潘就打开电脑，让孩子玩游戏，自己则无所事事地看报纸。过了一个多小时，孩子玩腻了，吵着闹着要出去。正在这时，有人敲门，小潘开门一看，是信访处的老王，因为处理一件纠纷要到下边的青田乡去调查情况，需要开具一封介绍信。小潘见是熟人，就拿出一张空白介绍信，跟老王说："我要带孩子出去玩会儿。你自己填吧，公章就在办公桌抽屉里，填完自己盖章。"说完，就急急忙忙往外走，临出门还不忘叮嘱了老王一句："走时别忘了帮我把门锁上啊。"

正当小潘和孩子在儿童乐园玩得高兴时，老王气喘吁吁地找来了："潘秘书，赶紧回值班室吧，出大事了，领导都急了。"小潘一听，心想：坏了。紧赶慢赶回到值班室，只见县委办的郑主任和主管文教卫生的副县长都来了，还有几个其他科室的负责人，正在一脸严肃地商量着什么，桌上的电话铃响个不停。小潘一看这阵势都懵了，呆呆地站在那儿不知如何是好。郑主任扭头看见他，气呼呼地对着他吼道："让你值班你跑到那儿去了，看现在这个乱摊子你怎么收拾？"

原来小潘刚离开值班室，电话铃就响了，有群众报警说有一辆装有剧毒农药的大卡车不慎翻到河里去了，可能有泄漏，问该哪个部门来处理这件事。幸亏老王当时还在值班室，赶紧打电话先通知消防部门紧急打捞大卡车，然后又打电话将此事汇报给了县委办的郑主任。郑主任感觉事关重大，第一时间将情况汇报给了主管文教卫生的副县长，这才有了小潘刚才看到的大家忙做一团的一幕。小潘此时的心情非常沉重，觉得自己太大意了，没想到会酿成大错。

一、印信管理

印信管理指机关单位对印章和介绍信的使用和管理。印章是单位职责和权力的象征,介绍信是单位对外联系的凭证,二者都代表单位行使职权,如果管理使用不当,就会给单位和社会造成危害,所以办公室工作人员必须认真对待此项工作。

(一)印章管理

印章,也叫图章,是指国家机关、社会团体和企事业单位在处理公务时所使用的单位印章和领导人的名章。

1. 印章的种类

机关、单位常用的印章按其性质和作用,可分为正式印章、专用印章、钢印、领导手章、个人名章和戳记等。

(1)正式印章。正式印章也叫单位公章,是按照国家规定由上级领导机构正式颁发给所属机构使用的代表一定职责、权力的印信凭证。

(2)专用印章。专用印章是各级领导机构或业务部门为履行某一项专门职责而使用的印章。这种印章不代表整个领导机构,只代表领导机构某项专门业务内容和权力。它包括财务专用章、合同专用章、业务专用章等。

(3)钢印。钢印是用钢质材料制作的印章,它用于加盖各种证件。加盖钢印,就是采用模压方法加盖无色印章,只显出印章凸出的字样、式样和图样,而不显出图样、字样的颜色,一般加盖在证件与照片的交接处。钢印不能作为文件、介绍信以及其他票据凭证的有效标志,也不能独立使用。

(4)领导手章。领导手章是指刻有单位领导姓名的图章,它可以是领导个人亲笔签名的字体,也可以是其他标准字体。领导手章属于单位公章一类,它代表领导者的身份,是行使职权的标志,具有权威性。它的适用范围很广,通常用于任免、调动干部,另外还用于合同、协议、毕业证书、聘书等重要文书和证件上,具有凭证作用。

(5)个人名章。个人名章属于私人印章,使用名章可以代替手写姓名,加盖个人名章可作为个人对某事负责的凭信。如会计、出纳、校对等人员的名章,可以加盖在经他们手处理的某些文件或票据上,以示负责。

(6)戳记。戳记是刻有一定字样的、带有标识性质的印章。这种印章字迹醒目,常加盖在显要的位置上,起着提示的作用。如财务单据上盖的"现金收讫",文书处理中所盖的"急""特急"等。

2. 印章的式样

印章的式样由印章的形状、尺寸、印文和图形构成。

(1)形状。不同的单位,因其级别性质不同,印章的式样也不同。国家机关和企事业单位的印章,一律为圆形;某些业务专用章(如收发、财务、校对等)可以是长方形、椭圆形或三角形;领导名章为方形。

(2)尺寸。印章的尺寸国家是有专门规定的,刻制印章时,必须按照中央和国务院有关印章问题的具体规定办理。按照规定:国务院的印章,直径6厘米;省部级政府机关印章,直径5厘米;地、市、州、县、政府机关印章,直径4.5厘米;其他机关、部门、企事业单位公章,直径4.2厘米。

(3)图形。县以上政府及公检法机关的公章,中心部分图案为国徽;党的各级机关印章,中心部分图案为党徽;其他企事业单位的公章,中心部分为五角星。

(4)印文。公章上的文字要使用规范的简化汉字,字形为宋体,从左而右排列环形;领导名章个人自定;民族自治机关的公章应并列刻出汉字和当地的民族文字。印章所刊的名称应是该机关的法定名称,如字数过多,可采用通用的简称。

3. 印章的制发

(1)刻制。印章的刻制是一件非常严肃的事情,任何单位和个人都不得随意刻制公章。单位公章的制发一般采用分级负责的原则,下级机关的公章由上级领导机构批准后刻制颁发。刻制本单位印章时,必须由本单位、本部门申请,开具公函,并详细写明印章的名称、式样和规格,经上级单位批准,到单位所在地的公安部门办理登记手续。印章必须在公安部门指定的刻字单位制作,在刻制过程中,要严格按保密要求办理。本单位不许自行刻制自己单位的印章,刻制本单位的业务用章,也须持有本单位的正式公函,刻字单位才能办理刻制手续。对于伪造印章和使用伪造印章者,应当依法惩处。

(2)颁发。颁发印章要正式行文,一般是向使用机构发布启用公章的通知。颁发印章时,要严格履行颁发手续,确保安全。制发印章单位颁发印章时,要进行详细的登记,并要留下印模。

颁发印章的方法,可以派专人送给受印单位,也可以打电话通知受印单位来专人领取,取送印章要按照取送机密文件一样对待。取送重要印章时必须两人同行。

4. 印章的启用

印章的启用是指印章从何时开始生效使用。在正式启用印章时，应该提前向有关单位发出正式启用印章的通知，注明正式启用日期，并附印模，同时报上级单位备案。颁发机关和使用机关、单位都要把启用日期的材料和印模立卷归档，永久保存。只有在规定日期开始后，印章才能使用。强调印章的启用日期，在以后的工作中能起到辨别票据真伪的作用。启用通知上的印模应用蓝色印油，以表示第一次使用，启用通知的发放范围视该印章使用范围而定。

业务专用章的启用，可由各单位自行决定。对外产生效用的印章，如财务专用章、收发文件专用章等。在启用时，应该将启用的时间和印章式样通知有关单位。

5. 印章的使用

（1）申请与审批。机关、单位在使用印章时要十分审慎，每次用印要先提出申请，经由相关领导审查同意后方可用印。用印要经专职人员审查，决不允许随意委托他人代取代用，也不允许在空白的凭证上用印。

（2）审核签字与内容。用印时，首先应检查是否有机关或单位负责人批准用印的签字。原则上，机关或单位都制定有关用印的规定，用印应由这个机关或单位的有关负责人批准。其次，用印前要仔细阅读用印的文件内容，不能不看内容就盲目盖印。同时，还要检查留存材料是否交全。

（3）用印登记。每次用印都进行登记。登记项目包括：用印日期、编号、内容摘要、批准人、用印单位、承办人、监印人、用印数以及留存材料等。除了机关单位的介绍信有存根、发文有发文登记簿不用登记外，其他每次用印，不论大事或小事，都应进行登记。

（4）用印地点。使用正式印章要在办公室内，一般不能将印章携带出机关或单位以外使用。印章不能脱离印章管理人员的监督。在一般印刷厂套印有单位印章的文件时，应有印章管理人员在现场监印。

（5）盖印方法。盖章时精神要集中，用力要均匀，使盖出的印章端正、清晰、美观，便于识别。印章文字不能盖歪或盖得颠倒、残缺。以机关名义发出的公文或函件必须加盖机关的印章。机关的正式公文只在文末落款处盖章。带有存根的介绍信、证明信或公函等要盖两处印章，一处盖在落款处，一处盖在公函连接线上。凡是在落款处加盖的印章都要端正盖在成文日期的上方，并做到上不压正文，下压成文日期中4个字（视印章大小而定），俗称"骑年盖月"。

6. 印章的保管

（1）选择合适的保管地点。印章一般要放置在单位的机要室或办公室，以便随时取用。若该单位不设机要室或办公室，则应指定专人负责印章保管，并存柜加锁，防止被盗。不能将印章随意放置在办公室桌上或敞开的保管柜里。节假日应对存放印章的地方加锁或封条，以防被盗。

（2）确定专门的保管人员。印章是机关单位对外的凭证和信物，因此必须选择政治上可靠，工作上认真负责，保密观念强，敢于坚持原则的人员来保管印章，以确保印章的正确使用。

（3）制定严密的保管制度。单位、机关要制定严密的保管制度，建立印章保管和使用登记册。印章保管人员应该明确责任，保证印章的正常使用和绝对安全，防止印章被滥用或盗用。印章保管人员不得委托他人代取代用。保管印章要牢固加锁。用印完毕后要妥善放好。一旦发现保管的印章有异常情况或丢失，应该保护现场，报告领导，查明情况，及时处理。

（4）注意印章的保养。印章保管人员要注意保养印章，及时进行清洗，以确保盖印时清晰。印章使用的时间一长，表面就会被印泥糊住，使盖印时字迹不清楚，难于辨认。保管人员应先把印章浸湿，再用小刷子反复在清水里刷洗，就可除去印泥残渣。

7. 印章的停用

单位印章在该单位名称变更、机构撤销、合并或因其他原因不复存在时，印章应停止使用。印章停用应该按照上级规定及领导的指示，认真负责地做好印章停用后的善后工作。

（1）发文给与该单位有业务往来的单位，通知已停止印章的使用，并说明停用的原因，标明停用的印模和停用的时间。

（2）彻底清查所有的印章。停用的废印章要及时地送交原颁发单位处理，不能在原单位长期留存。

8. 印章的存档和销毁

印章停用后，应对其进行全部清查，并把清查结果报告单位领导或上级机关，视具体情况慎重处理：根据不同的情况，或上缴颁发机构切角封存；或由印章作废单位填制作废印章卡片，连同作废印章一起交给当地档案馆（室）立卷备查，并将作废印章予以销毁；或由本单位自行销毁。对于重要的、具有保存价值的印章要妥善保存；对于一般的、没有保存价值或保存价值不大的印章，应该集中起来，定期销毁；属于领导个人的手章，应该退给本人；一般戳记可经批准销毁。销毁废旧印章，必须报请单位负责人批准，销毁时要有主管印章的人员监销。所有销毁的废旧印章都要留下印模保存起来，以备日后查考。

（二）介绍信的管理

介绍信是一种使用广泛的身份证明。一个单位的人员要出差办事，需有说明任务、证明身份的介绍信。介绍信的使用要严格管理，当开则开，不当开坚决不开。开介绍信要履行一定的手续。

1. 开具介绍信的手续

开具介绍信需要履行一定的审批手续：需要单位介绍信者，应填写单位介绍信审批单，经主管领导批准后，工作人员根据此单填写介绍信相关内容，盖章后发给需用人。履行审批手续，一是可以防止个人乱用介绍信，二是可以使机关或单位领导掌握介绍信的使用情况。

2. 介绍信的管理

机关和单位介绍信的管理，应建立一种严格的管理制度，做到有据可查。大的机关单位的介绍信可以分给几个部门管理使用，但办公室在给职能部门分发空白介绍信时必须严格履行登记签收手续，并随时对各部门使用介绍信的情况进行检查。

3. 介绍信的使用

（1）负责管理介绍信的工作人员，应严格执行介绍信使用签批手续。

（2）使用介绍信者的身份与事由要严格审核，用信人的姓名、身份、人数和事由要写清楚，防止冒用和伪诈。

（3）填写介绍信时，单位名称要用全称或规范化的简称，签署、用印和时间都要一一写明。

（4）介绍信要有编号和骑缝章，存根和发出的信要一致。

（5）严禁发出空白介绍信或在空白介绍信上盖章，更不能委托他人代为填写和盖章，也不能让领用人自己填写和盖章。

（6）介绍信存根应妥善保管，按保密要求归档。

（7）对已经开出但没有使用的介绍信，应立即退还，未及时退还的，工作人员应该主动收回。收回后，将它贴在原存根处，并写明情况，以免丢失。

（8）若发现介绍信丢失，领用人应立即向本单位反映，并及时采取相应措施。

二、值班工作

值班工作是指单位为保证组织正常运转而指定专人职守工作岗位，处理单位工作事项的一种工作方式，是办公室的日常工作之一。

（一）值班工作的形式

值班工作的组织形式根据工作需要大体上有以下三种形式。

1. 专职值班

专职值班设有专门的值班机构，多称值班室或总值班室，配备专职值班人员，负责本单位全天 24 小时的值班工作。一般党政机关和大中型企业通常采取这种值班形式。

2. 兼职值班

兼职值班也叫轮流值班，主要负责单位在每日下班后和节假日期间的值班，目的是维持单位正常运转，保证各项工作不至于中断或延误。这种值班一般由单位秘书和其他行政人员轮流担任，值班地点通常就在自己的办公室内。大多数基层机关和中小企事业单位多采取这种值班形式。

3. 专兼职相结合的值班

专兼相结合的值班形式是将专职和兼职两种值班形式综合起来，即白天有专人值班，晚上由一般工作人员轮流值班；平时由专人值班，节假日由一般工作人员轮流值班。

（二）值班工作的内容

值班工作内容很繁杂，大体来说可以归纳为以下几种。

1. 完成领导交办的事项

值班工作很大一部分内容是承办领导交办的各种临时性的紧急事务。如：通知有关人员参加会议，查问有关部门和人员对某一事项的办理情况，受委托做好接待工作，根据领导指示了解下级部门的情况，向有关单位或人员转告领导的指示等。领导交办的事务很多，范围也很广，需要根据具体情况灵活办理。

2. 保证信息联络的畅通

保证信息联络的畅通是值班工作的一项基本任务，包括上情下达和下情上达两部分。

上情下达就是指把上级的指示和通知及时传达给本单位领导，或把本单位的有关事项及时通知下级单位或部门。

下情上达就是指把本单位的事项及时汇报给上级单位，或将下属单位的事项及时汇报给本单位领导，保证重要的工作事项不被耽误。

3. 妥善处理来函、来电

在下班后或节假日，单位的各种邮件和电话业务一般是由值班人员来负责处理。对于急电、急件，值班人员应及时通知具体承办单位、部门或报告分管领导；对电话请示和文电内容，值班人员一般只负责传达而不能随意表态，以免造成机关和领导工作被动。若领导有批示或指示，再按领导的要求及时办理。

4. 负责各种接待工作

对来访人员，值班人员应热情接待，酌情处理：能直接答复处理的，按照有关政策规定直接妥善处理；需由有关职能部门处理的，则转请相关职能部门接待处理；问题重大的，应请示领导后再做决定；需由领导直接处理的，经领导同意后要做好会见的具体安排。如是外地来访者，要在规定范围内，妥善为其安排好食宿等。

5. 处理紧急突发事件

值班期间如遇重大生产或交通事故、火灾、暴雨、地震等突发紧急事件，值班人员要处变不惊，临危不乱，能够沉着、冷静地加以处理。一面组织人力进行抢救，一面立即向领导报告。

6. 做好安全保卫工作

值班人员在值班期间，除做好上述工作外，还要协助有关人员做好安全保卫工作，防止单位重要物品的丢失、被盗、破坏等问题的发生。

7. 掌握领导的外出活动情况

领导外出时应由秘书告知值班室，以便随时取得联系。值班人员要详细记录领导外出的情况，尤其是领导出差在外，要及时与领导联系，了解领导外出所在地的住址和电话号码，以便遇到急事能随时找到领导，保证工作的正常开展。

（三）值班工作的要求

一般来说，值班人员要遵守以下几条值班工作要求。

1. 坚守值班岗位，不擅离职守

值班人员在值班时间内，必须坚守工作岗位，要做到人不离岗、人不离机（电话机），始终保持通信联络畅通。值班室要接纳来自方方面面的函电信息，随时都可能有突发性的事件报到值班室，有许多紧急事件无规律可循，因此，必须有人接收、传送和处理，以便随时准备应付复杂情况和处理突发性事件。值班人员有事要提前请假，如无接班人员，值班人员不得离开岗位。

2. 认真处理事务

值班室工作庞杂、琐碎、无规律可循，处理起来有时比较麻烦，如果出现差错或处理不当，轻则耽误工作，重则造成严重后果。因此，值班人员必须要认真负责地处理好每一件事情，不得有丝毫的大意和马虎，如认真处理邮件、仔细转接电话等。

3. 做好值班记录

值班记录包括值班期间的电话记录、接待记录和值班日志三种。这三种记录都可以采取表格的形式。

（1）电话记录，要写明来电时间、来电单位、来电人姓名、对方的电话号码和来电内容等，必要时还可以使用录音电话进行录音。

（2）接待记录，要详细登记外来人员的姓名、身份、证件和联系事由等，以备查考。

（3）值班日志，是对值班期间的工作内容进行的记录，主要包括对外来的信函、邮件、电话、来访以及突发事件的处理情况，以便接班人员能保持工作的连续性。

4. 热情接待来访，发挥疏导作用

值班期间常见的工作是接待各种来访，对较大的单位来说，每天来访的人员较多，值班室对各种来人要根据不同情况作出恰当的处理。对前来洽谈工作的来访者，要仔细查验身份证件，问清意图后，协助并指引其办理有关事务；对于一般咨询问题者，只要不涉及单位机密，值班人员应尽可能地给予帮助。

5. 增强保密意识，加强安全保卫

值班工作的内容之一就是做好单位的安全保卫工作，因此，值班人员一定要处理好热情接待来人和严格门卫制度的关系。既要热情接待，又要严格执行制度，严防坏人混入作案。如遇到紧急情况和可疑人员，应及时向领导、公安和保卫部门报告。值班人员要有保密观念，不能把亲戚或朋友带到值班室留宿，不能泄露机关秘密，不得擅自拆阅机密文件和他人信函。

6. 严格执行交接班制度

一般单位的值班工作是有时间规定的，所谓交班是指上一班值班人员在规定的值班时间结束时，要将自己值班期间未完成的工作交代给下一班的值班者；所谓接班是指下一班的值班者在自己上岗前，要详细询问上一班的值班者有哪些工作还需要继续做完。每一个值班人员都要严格履行交接班制度，交班时要向下一班交代清楚，接班时要向上一班询问清楚。这样，才能保证值班工作的连续性。

> **案例分析与点评**

本节"案例导入"中小潘的错误是多方面的。

（1）在值班期间，不能将无关人员带到值班室，小潘带孩子值班本身就是错误的。

（2）在值班期间，应认真查看上一班的值班记录，看有无需要自己这一班承办的工作，而不能无所事事。

（3）有人来开具介绍信，即使是熟人，也要验看是否有领导同意的签字，不能让对方自己填写介绍信的内容，更不能让持信人自己盖章。公章和介绍信的管理应按照相关的保密规定执行，不能开具空白介绍信，也不能将公章随意放置，以免丢失或被不法分子利用。

（4）值班期间不能擅离职守，如确实需要离开，一定要向上级请假，待有人来替班时才可以离开。否则，无人值守时发生紧急突发事件，将会直接影响事件的处理，严重时甚至会造成人员伤亡或财产损失，给社会带来不稳定因素。

第九章

办公室档案管理

　　档案管理是指对于处理完毕并具有保存价值的各种文件实体及信息进行收集、整合、鉴定、保管、开发和提供利用的一系列业务活动。在现代社会，档案不仅是各类单位在行政管理、产品研发、生产、销售以及经营管理等活动中必然会形成的资源，而且又是一个单位管理创新、技术创新和提高竞争力的一种重要的信息资源。因此，档案管理成为各单位的一项必不可少的、具有较强专业性的管理工作。本章着重介绍档案收集工作、档案整理工作和电子档案的管理三个方面的知识。

第一节　档案收集工作

> **案例导入**

档案学专业毕业的小王应聘到一家国有企业档案室工作。档案室人手不多，工作也比较简单，小王的工作能力也得到了领导的肯定和赏识。公司每年年底都要对档案进行一次大规模的收集，这次部门主管叫小王去科研处收集去年的档案。

到了科研处，当小王说明来意后，得到的答复是"还没到时间呢！不是最迟到明年6月底吗？"小王解释说，按照规定年底接收档案，只有个别特殊情况能推延日期。早点收也是为了便于档案整理及以后各项工作的开展，大家用起来方便。可是那人却不以为然地回答说："便于你们整理，便于大家利用，可是对我们而言没什么方便啊！我们这里也需要这些档案！"说完就头也不抬地做自己的事情去了，小王只好无功而返。

到了6月底，领导又派小王去了科研处，他想这次收集那些档案肯定没问题了。没想到，科研处的人却说："我们现在还没有整理好，你过两天再来吧！"小王很生气，大声对那个人说道："怎么这样啊？半年前我来，你说没到时间。这次到时间了，你又说没整理好。你们到底在干什么啊？归档制度你懂不懂啊？""你说什么？我不懂，你懂啊！让你多跑两趟又怎么了？这是你的工作，你不跑谁跑！"就这样，两人互不相让地争吵起来。

档案收集工作，是指将分散在单位内部工作机构的有保存价值的文件材料向单位档案室或负责管理档案的人员移交、集中的工作。《中华人民共和国档案法》第十条规定："对国家规定的应当立卷归档的材料，必须按照规定，定期向本单位档案机构或者档案工作人员移交，集中管理，任何个人不得据为己有。"收集工作主要是依靠建立健全归档制度来完成的。

一、收集工作的意义

（1）档案收集工作是整个档案管理工作的首要环节，通过收集档案，才能将凌乱、分散在各处的档案文件集中到档案保管机构，为档案的集中管理以及再利用奠定基础。

（2）档案收集工作是贯彻档案统一管理原则的一项重要内容和具体措施，是积累档案资源的最基础环节。只有通过档案收集工作，才能把单位的全部档案集中到档案保管部门，实行统一的科学管理。

（3）档案收集工作的质量直接影响后续的档案管理工作，如果档案收集不够完整系统，将会影响档案的整理、鉴定、保管及统计工作的质量和效率，造成无效劳动，最终，不能为单位提供档案服务。

总之，收集工作作为整个档案管理工作的第一个环节，具有至关重要的作用，做不好档案收集工作，就没有完整的档案，也就不会有健全的档案体系。

二、收集工作的要求

1. 丰富和优化室藏

丰富室藏的要求是：数量充分，质量优化，成分充实，结构合理。

优化室藏的要求是：将具有重要价值的档案收入档案机构内，达到室藏档案的优质化。

2. 加强室外联系和指导

档案工作人员与本单位各部门工作人员之间应保持密切联系，加强对业务工作进程的了解并指导其对已经办理完毕的文件进行整理和归档。

3. 推行入室档案质量的标准化

为规范管理，要严格进室档案的质量标准，对收集的档案进行优选，选择真正有价值的档案进室，保证室藏档案的质量。

4. 保持全宗和全宗群的不可分散性

在收集过程中，应保持全宗的完整性，同一全宗的档案不能分散，不同全宗的档案不能混淆。

三、档案的收集

（一）文件接收

文件接收是指档案室或档案工作人员定期对各部门处理完毕的、具有保存价值的文件，经文书部门或承办部门整理立卷后的接收过程。在一个具体的单位中，文件接收是一项涉及文书部门和档案部门两个部门的工作。文书部门在文件归档中要做的工作是对处理完毕的文件进行鉴定和整理；档案部门在文件归档中要做的则是接收文书部门移交的案卷。

1. 接收的范围

凡是反映本单位工作活动、具有查考利用价值的文件材料均属接收范围。属于接收范围的文件包括如下几种类型。

（1）反映本单位主要职能活动和基本历史面貌的，对本单位工作、国家建设和历史研究具有利用价值的文件材料。

（2）单位工作活动中形成的在维护国家、集体和公民权益等方面具有凭证价值的文件材料。

（3）本单位需要贯彻执行的上级单位、同级单位的文件材料。

（4）下级单位报送的重要文件材料。

（5）其他对本单位工作具有查考价值的文件材料。

2. 接收的时间

接收的时间是指文书处理部门或有关业务部门将需要归档的文件向档案部门移交的时间。应该根据各种文件的形成特点和规律，具体规定其移交时间。

（1）管理文件。一般在形成的第二年上半年内向档案部门移交。

（2）科技文件。根据文件形成的具体情况有不同的要求。一般有以下五种情况。

①按项目结束时间移交；

②按工作阶段移交；

③按子项结束时间移交，大型项目或研究课题，往往由若干子项组成，这些子项相对独立，工作进程也不尽相同，当一个子项工程结束后，所形成的文件可现行移交；

④按年度移交，对活动和形成周期长的科技文件或作为科技档案保存的科技管理性文件，一般按年度移交；

⑤随时移交，对于科技文件复制部门和科技档案部门合一的设计单位的施工图、机密性强的科技文件、外购设备的随机材料以及委托外单位设计的科技文件等，应随时移交。

（3）会计文件。在会计年度终了后，暂由企业财务会计部门保管一年，期满后移交给档案部门保管。

（4）人事文件。一般应在办理完毕后的10天或半个月内向档案部门移交。

（5）对于一些专业性强，特殊载体形式的或机密性强的文件，驻地分散的下属单位的文件、形成规律较为特殊的文件及新时期涌现出来的企业文件，为了便于实际的利用和管理，经过一段时间的实践和总结，可适当地调整移交时间，既要便于在文件形成后一定时间内企业工作人员的就近利用，也要便于有保存价值的文件及时移交。

3. 接收档案份数

接收档案份数是指企业文件归档的数量。总的来说，凡是需要归档的文件一般归档一份，重要的、使用频繁的则需归档若干份。规定不宜过于笼统，也不能作出过于简单划一的标准。

4. 履行接收手续

按"移交清单"移交双方交点清楚。"移交清单"一式两份。确保清单无误后，双方签字，各留一份，以备查考。科技文件归档时，还需编写归档文件简要说明，由归档人员编写。一般包括以下内容：项目的名称和代号、项目的任务来源、工作依据和实施过程，项目的科技水平、质量评价和技术经济效益，科技档案质量情况，项目主持人及参加者姓名和分工，文件整理者和说明书撰写人姓名、日期等。

（二）工作职责

1. 监督文件的形成过程

当发现文件的形成和管理过程中存在问题时，及时向有关部门或领导反映，并提出改进建议。

2. 督促归档制度的落实

通过参与本单位归档制度的制定，开展归档制度的宣传，对单位归档制度的执行情况进行监督等措施，确保归档制度的落实。

3. 指导文书部门的立卷归档工作

要协助单位确定立卷地点和分工立卷的范围，参与编制文件立卷方案，对立卷操作进行业务指导，进行归档案卷质量检查。

4. 开展零散文件的收集工作

由于种种原因，单位即使建立了归档制度，也难免会出现零散文件的现象，因此需要开展对零散文件的收集工作。

案例分析与点评

本节"案例导入"中的小王想做好档案收集工作,可结果却事与愿违。其实,他只要动动脑子,想想为什么科研处的人不愿意给他档案,也许就明白了。一个企业的科研处不同于其他部门,他们产生的档案具有自身的特点,数量多而且利用频繁。如果他们上交就可能对利用带来不便。因此,档案处在制定归档制度时,应该根据不同部门的特点有区别地对待。对于科研处,可以根据其做的项目的特点,按项目完成时间归档,可以适当地推迟归档时间。如果生搬硬套归档制度,不针对实际情况灵活应变,就会造成不必要的麻烦,以至于影响单位的整体工作。

第二节 档案整理工作

案例导入

某市进行企业结构调整,将该市原来的第一机械厂、第二机械厂、第三机械厂合并为"某市机械设备制造公司"。原来三个工厂的档案由新组建的某市机械设备制造公司档案室接收。该公司档案室工作人员在接收档案的过程中遇到两个方面的问题:其一,合并前后三个工厂以及新成立的公司的档案如何管理的问题,是打破界限合并在一起,还是按照原来的单位界限分开管理?其二,原来三个工厂的档案管理状况较差,相当数量的档案凌乱,缺少系统性。在这种情况下,档案工作人员还需要对档案进行分类、立卷等工作,将其组成有秩序的整体。那么,他们应该如何完成这些工作呢?

一、档案整理工作的内容、类型和原则

(一)档案整理工作的内容

档案整理工作的内容主要包括:区分全宗、全宗内档案的分类、立卷(组

卷、卷内文件的排列和编号、填写卷内目录和备考表、拟写案卷标题、填写案卷封面)、案卷排列和编号、编制案卷目录等。

(二) 档案整理工作的类型

根据不同的整理工作内容,档案整理工作可以分为以下三种类型。

1. 系统排列与编目

对所接收的档案按照本单位的统一规定,对其进行统一的分类、排列和编号,使之系统化、条理化。

2. 局部调整

对一些档案室内保存的,但不符合整理要求、质量较差、不便于保管和利用的档案进行局部改正和调整。

3. 全过程整理

由于一些特殊的原因,有时会接收或者征集一些有保存价值的零散文件,或者当室藏的体系遭受到严重的破坏时,档案工作人员就要对这些档案进行全过程的系统整理。

(三) 档案整理工作的原则

档案整理工作的原则是:保持文件之间的历史联系,充分利用原有的整理基础,便于保管和利用。

1. 保持文件之间的历史联系

文件之间的联系是多种多样的。整理档案不能任意凑合,必须根据其形成的特点,保持其固有的本质联系——历史联系。所谓文件之间的历史联系,就是文件在产生和处理过程中所形成的内部相互关系,主要表现在文件的来源、时间、内容和形式等几个方面。文件之间的这种自然联系,是由文件形成规律所决定的客观联系,不能随意打乱。在保持文件来源联系的同时,还应注意保持文件之间的时间联系。一个问题、一件工作、一项运动、一次会议、一起案件等所形成的文件,整理时都要保持它们之间的联系。

2. 充分利用原有的整理基础

所谓利用原有整理基础,是指在整理档案时,要尊重历史和继承前人的劳动,充分利用先前的整理基础。它的含义和要求主要有以下两个方面。

(1) 应充分地重视和利用原来的整理基础,以确定档案整理的任务和要求,不要轻易打乱重整。一般来说,只要不是零散文件,已经整理而且有规可循、有目可查,就应力求保持其原有的整理体系,通过完善检索工具等其他环节进行补救，或只作必要部分的加工即可。

（2）应充分研究和利用原来的整理成果，不要轻易破坏以往整理和保存的历史状况。也就是说，对必须进行一定整理的档案，也要注意分析原有的整理方法哪些是合理的，哪些是不合理的，对其中可取的方法应该适当地吸收或保留；对先前整理不当以至明显错误的地方，也要经过仔细研究，掌握了有关情况之后，再加以改动和纠正，切忌鲁莽地打乱档案体系的原貌。

3. 便于保管和利用

便于档案的保管和利用是档案整理工作的基本出发点和最终要求。一般来讲，保持文件之间的历史联系，有利于保管和利用，两者基本上是一致的。但也会有例外。例如，一次重大的专题会议，可能会产生许多相互关联的文件，比如：请示和批复、经费的预算、会议记录文稿、会议简报、录音文件和录像文件等。从保持文件联系的角度来说，把这些文件放在一起才能更全面、更准确地反映出这次会议的全貌；从便于保管的角度来说，纸质文件、声音文件、影像文件的保管要求和条件是不同的，不能笼统地放在一起保管。因此，对于不同种类的档案，应根据情况分别整理，恰当组合，如通过建立科学、完善的档案检索工具便可解决上述问题，从而保持文件最优化的联系。

二、全宗

（一）全宗和立档单位

1. 全宗

全宗是一个具有独立性的单位或个人在其社会活动中所形成的全部档案的总称，是一个表示档案范围的计量单位。全宗具有不可分散性，即同一全宗的档案不能分散，不同全宗的档案不可混淆。

2. 立档单位

构成全宗的具有独立性的单位或个人就是立档单位，也称为"全宗构成者"。确定一个形成档案的单位可否成为一个立档单位，需要依据下列条件。

（1）工作上，可以独立地行使职权，并能以自己的名义对外行文。

（2）财务上，是一个会计单位或经济核算单位，可以编制财务预算或财务计划。

（3）人事上，有一定的人事任免权，设有管理人事的机构或人员。

通常情况下，在工作上、组织上和财务上具有一定独立性的单位就是一个立档单位，它们的档案就可以构成一个全宗。

（二）立档单位发生变化与全宗的划分

（1）立档单位被撤销，其基本职能也已停止，其档案应作为一个完整的全宗对待。若立档单位撤销后，其部分职能由其他立档单位继承，则撤销之前形成的档案仍作为独立完整的全宗对待；在其他立档单位继续存在的职能活动中产生的档案，作为继承其职能的立档单位档案全宗的一部分。

（2）由几个立档单位合并组成新的立档单位，合并前的档案分别构成独立全宗，合并后形成的档案构成一个新的全宗。但若以其中的一个立档单位为中心，即兼并前的档案与兼并后的档案则应属同一全宗，被兼并的其他立档单位兼并前的档案分别构成独立全宗。

（3）由立档单位内部机构独立出来而形成新的立档单位，其独立之前的档案作为其原所在立档单位档案全宗的一部分，独立后形成的新档案构成新的全宗；原来是独立的立档单位，后并入其他单位成为内部机构所形成的档案，并入前的档案构成独立全宗，并入后形成的档案作为所并入立档单位档案全宗的一部分。

（4）内部机构直接并入（划归）其他立档单位，其并入前的档案是原所在立档单位档案全宗的一部分，并入后的档案是所并入立档单位档案全宗的一部分。在以上继承、合并、兼并、独立、并入等变动的衔接过程中，凡需要原全宗或全宗的一部分档案时，可由需要方暂代管或复制，但不允许将档案的全宗界限相混淆。这是维护档案本质特性及历史本来面貌的必然要求。

（5）合署办公的立档单位，其档案若能分开，一般应分别构成全宗。若档案实在分不开，可按全宗补充形式对待，组建联合全宗。

（三）立档单位没有发生根本性变化与全宗的划分

立档单位名称变更、职权范围扩大或缩小、隶属关系改变、内部组织机构调整、组织规模扩大或缩小、工作地点变动等，只要其基本职能和社会独立性未发生根本改变，其档案均不构成新全宗，变化前后仍作为一个全宗对待。

（四）全宗的补充形式

1. 联合全宗

联合全宗就是两个或几个关系密切的立档单位形成的，难以区分而统一整理的档案整体。它是全宗的一种特殊形式。在档案整理过程中，有时遇到两个或几个独立机关形成的档案，理应各自成立全宗。但是由于几个单位的档案已经混在一起，难以区分档案所属的立档单位，通常作为一个全宗单位进行管理。

2. 全宗汇集

全宗汇集是按照一定的特征组成的、档案数量很少的若干全宗的集合体。它也是全宗的一种特殊形式。对于那些本来能够区分和自立的"小全宗"，可以按其立档单位的性质、存在的时期和地区等特点，或其他历史联系，合编为"全宗汇集"。

3. 档案汇集

档案汇集是由不同的立档单位形成的，按照一定特征集中起来的档案的混合体。在整理档案的过程中，有时遇到一些非常凌乱和残缺不全的文件，难以准确地判明它们所属的立档单位；或者个别文件虽然能够确定归属，但其所属的整个全宗已不存在。对于这些档案，可按其基本内容、时间、地区和名称等大致可考的特征，组成"档案汇集"。

三、全宗内档案的分类

（一）分类的原则

全宗内档案的分类原则是要科学、客观、符合逻辑，能反映档案的形成特点和规律。具体如下。

（1）根据全宗的性质和特点，选择适当的分类标准。能够恰如其分地揭示档案间的内在联系，使整个分类系统具有客观性，组成一个有机的整体，系统反映出立档单位的活动面貌。

（2）分类体系的构成应具有逻辑性，遵守逻辑划分规则。一次分类只能使用一个分类标准，子类外延之和正好等于母类外延；子类之间必须界线清晰，不能互相交叉，类目概念应明确。

（3）分类层次简明，类目不宜过细、过多。一般来说，类目划分到二级至三级，使之能包容一定数量的案卷即可。另外，划分类别时应留有伸缩余地，以便随实际需要增减类别。

（4）类目名称应含义明确，具有系统性，有合理的排列顺序。必要时，对类目所指范围和归类方法应有说明，以保证分类的一致性。

（二）分类的方法

全宗内档案的分类方法有年度分类法、组织机构分类法和问题分类法三种。

1. 年度分类法

年度分类法是运用得最广泛的档案实体分类法，这是因为一个立档单位在一个年度内形成的档案往往存在着最紧密的联系。立档单位的工作常以年度为单位制订计划和进行总结，对其档案按年度分类，能够看出这个单位逐年发展情况，可以较好地维护和再现立档单位活动和档案形成的历史过程。另外，这种分类方法同现行的文书处理工作制度吻合，文书部门按年度进行立卷和移交案卷，自然而然地把档案分成不同类别。

应用年度分类法时，关键在于确定文件的准确日期。一般情况下，文件的日期比较明确，但也有一些如下的特殊情况。

（1）标有不同年度文件的归类。有些文件上标有属于不同年度的几个日期，在这种情况下，需要根据文件的特点，选择一个最能说明文件时间特点的日期归类。一般按照以下规则处理。

①收文的制发日期与收到日期属于不同年度时，一般归入收到日期所在年度。

②文件本身存在几个日期，如制发日期、批准日期、生效日期等，属于不同年度时，应根据文件的性质准确归类：一般的文件以制发日期（落款）为准，法律法规性文件一般以批准、通过或生效日期为准。

③计划、总结、预算、决算、统计报表等文件，其内容所针对的时间与制发时间属于不同年度时，应归入内容所针对的年度中。例如，2003年的工作计划，制发于2002年12月，则这份文件应该归入内容所针对的2003年度。

④如果计划、总结、预算、决算、统计报表类文件的内容涉及若干年度时，那么，计划、预算应归入其内容所针对的开始年度，总结、决算、统计报表应归入其内容所针对的结束年度。例如，××广告公司2001—2005年发展规划，应该归入2001年度；××建筑公司2001—2003年项目总结，应该归入2003年度。

⑤关系密切、不可分散的一组文件的形成日期属于不同年度时，如一个案件所形成的一组文件、请示和批复等，一般将其归入关系最为密切的年度或结案年度。

（2）专业部门的工作除了使用通用年度以外，还使用专门年度，如学年度、会计年度等。这些专业部门的档案应分别按通用年度和专门年度分类，其主要业务工作的档案分类按专门年度进行，而其他工作形成的档案仍按通用年度进行分类。同时，采取交叉设类的方法，如，2007年度与2007—2008学年，2008年度与2008—2009学年，依次类推进行交叉设类，类内统一进行整理。

（3）文件上没有标注具体时间的，要想办法考证分析出时间。考证的方法有很多，可以根据文件的内容、文件的制成材料、格式和文件上的各种标记来判定档案的准确日期或大致日期。

2. 组织机构分类法

一个单位的档案是由各个组织机构在其业务活动中形成的，每个组织机构都承担着一定的职能和任务，所形成的档案一般都具有同类性质和关联性。因此，按组织机构进行分类，能概要地反映立档单位内部各个组织机构工作活动的面貌，保持全宗内文件之间在来源方面的固有联系。

按组织机构分类一般是以立档单位内第一层组织机构作为一级类目，必要时可分到第二层机构，作为二级类目。机构名称即类名，各类的顺序按规定的顺序或习惯顺序排列。涉及几个机构的档案，在一个立档单位内应有统一规定，将之合理地分入相应类别。

3. 问题分类法

问题分类法又称事由分类法，是一种逻辑分类方法。这种分类方法能够保持档案在内容方面的联系，比较突出地反映立档单位主要工作活动面貌，便于按专题查找和利用档案。按问题分类时，要以档案内容中最基本的问题设类，反映立档单位主要面貌，类目体系应简明，符合逻辑，层次不宜过多。由于档案内容所涉及的问题十分复杂，按问题分类时主观随意性较大，分类的一致性和准确性差，因此这种分类方法不宜单独采用，应与其他分类方法结合使用。对于问题分类法的使用应特别慎重，不要轻易打乱组织机构而先按问题分类，一般是在不适宜按组织机构分类，或者每个组织机构内文件数量很多需要再分属类的情况下，才采用问题分类法。

（三）分类方法的组合应用

1. 年度—组织机构分类法

把全宗内档案，首先按照档案形成的年度分类，然后把每个年度内的档案，按照机关内部所设立的组织机构进行分类，组织机构名称即类名。如，某通信公司全宗档案按年度—组织机构分类法的分类：

2002 年　　办公室类

　　　　　财务部类

　　　　　人力资源部类

　　　　　研发部类

　　　　　……

2003 年　　办公室类

　　　　　财务部类

　　　　　人力资源部类

　　　　　研发部类

　　　　　……

……

这种分类方法，将每个年度的档案集中在一起，便于从时间的角度查找利用档案。特别适用于现行机关。即立档单位内部组织结构经常变化，但不太复杂的全宗。

2. 组织机构—年度分类法

把一个全宗内的档案，首先按照立档单位内部的组织机构进行分类，然后再把各个组织机构所形成的档案按照形成的不同年度进行分类。如，某装修公司全宗档案按组织机构—年度分类法的分类：

办公室类　2006 年

　　　　　2007 年

　　　　　……

人事部类　2006 年

　　　　　2007 年

　　　　　……

技术部类　2006 年

　　　　　2007 年

　　　　　……

……

这种分类方法可以使一个组织机构所形成的档案集中排放在一起，便于人们按照机关内的组织机构来查找利用档案。这种方法适用于立档单位的内部组织机构多年来一直固定或在比较稳定的基础上稍有调整的全宗。一般多用于撤销机关的档案。

3. 年度—问题分类法

把全宗内的档案,首先按照档案形成的年度分类,然后再把每个年度内的档案按问题进行分类。问题的名称即类名。如,某电子设备公司全宗档案按年度—问题分类法的分类:

2002 年　综合类
　　　　　人事类
　　　　　生产类
　　　　　销售类
　　　　　……
2003 年　综合类
　　　　　人事类
　　　　　生产类
　　　　　销售类
　　　　　……
……

这种分类方法主要适用于内部组织机构很不固定,常有变动,且变动很大而又比较复杂,使全宗内的档案不宜按组织机构分类;或内部组织机构变化虽然不大,但由于文书管理不正规、机构之间分工不明确,造成了档案的混淆。

4. 问题—年度分类法

全宗内档案先按照问题分类,然后在每个问题类下再按年度分类。这种方法适用于内部机构变动频繁且档案混淆而难以区分的撤销机关档案或历史档案的分类。如某服装批发公司全宗档案按问题—年度分类法的分类:

综合类　2006 年
　　　　2007 年
　　　　……
人事类　2006 年
　　　　2007 年
　　　　……
销售类　2006 年
　　　　2007 年
　　　　……
……

四、立卷

（一）立卷方法

目前，我国文书档案基本的立卷方法是"六个特征立卷法"，即根据文件在问题、作者、时间、名称、地区和通讯者特征六个方面的共同点，将文件组合成案卷的方法。比如，把同一个作者的文件组成一卷，把同一个会议的文件组成一卷等。按照文件的六个特征立卷时，一般不单一地采用某个特征组成案卷，而是综合分析文件之间的关系，选择其中最能说明客观情况的几个特征作为组卷的依据。例如，"××总公司关于2003年产品销售问题的调查报告"，是作者、时间、问题和文种四个特征相结合组成的案卷；"××省水利开发公司关于××地区水利资源情况的调查报告"是作者、地区、问题和文种四个特征相结合组成的案卷。

（二）卷内文件的整理

1. 卷内文件的排列与编号

卷内文件排列的目的是建立卷内文件之间的顺序，以便于管理和查找利用。卷内文件的排列一般采用若干文件特征相结合的方法。

（1）问题—时间相结合。是先将卷内文件按问题分开，然后再对同类问题的文件按时间顺序排列。

（2）作者—时间相结合。是先将卷内文件按作者分开，然后再对同一作者的文件按时间顺序排列。

（3）问题重要程度—时间相结合。是先将卷内文件按问题的重要程度分开，然后再对相同重要程度的文件按时间顺序排列。

此外，还有名称—时间相结合、地区—时间相结合等排列方法。

卷内文件排列完毕后，为了便于保护、统计和检索文件，还需要为文件依次编定页号或张号。

2. 填写卷内文件目录和卷内备考表

卷内目录放在卷首，列举卷内文件的主要内容和成分。其填写项目包括顺序号、文件字号、文件责任者（作者）、文件题名（标题）、文件日期、所在页号、备注。其格式如表9-1所示。

卷内备考表放在案卷最后，所以也叫"卷末备考表"，用以登记卷内文件的基本状况，监督和保护文件，并便于管理人员和利用者了解案卷的有关情况。其格式如表9-2所示。

表9-1　卷内文件目录格式

顺序号	文号	责任者	题　名	日期	页号	备注

表9-2　卷内备考表

本卷情况说明
立卷人： 检查人： 立卷时间：

（三）拟写案卷题名

案卷题名又称案卷标题，用以概括和揭示卷内文件的内容和成分，是识别、检索文件的重要标记，也是编制各种检索工具的重要依据。拟写案卷题名要遵守政治观点正确、内容概括准确、结构完整、语言精练的基本要求。

案卷题名的基本结构是：作者（责任者）—问题（内容）—名称（文种）。例如，广美电器公司（作者）关于改进家电能耗（问题）的方案（名称）。

（四）编写案卷封面

卷内文件整理完结之后，要以案卷为单位在封面上编目。国家标准规定的案卷封面项目包括：全宗名称，类目名称，案卷题名，卷内文件起止时间，保管期限，总件数、总页数，归档号，档号。如图所示。

全宗名称 类目名称 案卷题名		
自　　年　　月至　　年　　月	保管期限	
本卷共　　　件　　　页	文书处理号	
	全宗号 | 案卷目录号 | 案卷号	

案卷封面

填写封面项目时应注意，"全宗名称"栏必须用全称或通用简称填写，如"中共中央""外交部""河北省人事局"。不得简称为"本部""本委""本省人事局"等。"类目名称"栏，填写全宗内档案分类的第一级类目名称。"案卷题名"即惯称的案卷标题，是封面中最主要的项目，用以揭示卷内文件的内容与成分。"归档号"由立卷人填写文书处理号。

五、案卷的排列、编号与编制案卷目录

（一）案卷的排列

案卷排列就是根据一定的规则，将案卷组织成一个有机的整体，以保持案卷之间的历史联系，便于保管和利用。排列案卷可按案卷的作者、内容等结合时间进行。例如，内容联系密切的案卷排列在一起，再按形成时间的顺序排列；相同作者的案卷排列在一起，再按形成时间的顺序排列；按案卷的重要程度排列等。

（二）案卷的编号

案卷顺序排定后，就应对案卷逐一编写案卷号，将案卷排序固定下来。案卷编号的方法有两种：其一，一个全宗的所有案卷统一号序，从"1号卷"开始，按顺序编制流水号；其二，按全宗内档案的类别、年度或保管期限，分别从"1号卷"开始编号。

（三）编制案卷目录

案卷在排列与编号以后，还应当按照顺序登记到案卷目录上，案卷目录即案卷名册，是反映案卷内容成分并按一定次序编排的一览表。

1.编制案卷目录的作用

编制案卷目录的主要作用有：第一，固定全宗内档案的分类体系和案卷排列顺序，反映和巩固档案整理工作的成果；第二，揭示全宗内档案内容和成分，是查找、利用档案最基本的检索工具，也是编制其他检索工具的基础；第三，它是案卷清册和总账，是档案登记的基本形式，也是统计和检查档案的重要依据。

2.案卷目录的结构

案卷目录一般包括：封面和扉页，目次，序言或说明，简称表，案卷目录表和备考表六个部分。其中案卷目录表是案卷目录的主体，其基本项目包括案卷号、案卷标题、起止日期、卷内文件页数、保管期限和备注等。其格式如表9-3所示。

表9-3 案卷目录表

案卷号	案卷标题	起止日期	卷内文件页数	保管期限	备注

3.案卷目录的编制

案卷目录的编制可以根据全宗内案卷的实际情况，或者一个类编一本，或者一个全宗编一本，还可以按照案卷的保管期限、机密程度的不同分别编制。如果一个全宗内有若干案卷目录，为固定次序，则应为每本案卷目录编上号码，即

"案卷目录号"，通常简称"目录号"。

目录号主要有两种编制方法：一是将全宗内所有案卷目录按流水顺序编号，在一个全宗内没有重复的案卷目录号；二是将全宗内所有案卷目录按类别分开编号，在同一类别之内没有重复的案卷目录号。前一种方法比较简便，形成的目录号能够直接反映全宗内案卷目录的数量。但由于没有和类号保持一致，因而不能直观、清晰地反映全宗内档案分类体系。后一种方法比较复杂，形成的目录号不能直接反映全宗内案卷目录数量，但如果是按照分类体系的类别来编号，目录号就能直观、清晰地显示全宗内档案分类的主要体系结构。

目录号连同全宗号、案卷号一起标在案卷封面或脊背上，作为存取档案的依据。

六、档号

档号是在整理和管理档案的过程中赋予档案实体的一组位置号或存址号，包括全宗号、案卷目录号、案卷号、卷内文件的页号或件号。档号是档案实体最基本的秩序号，在档案管理中起着基础性的控制作用。

（一）档号的编制原则

1. 唯一性原则

档号具有唯一性。一个档号只能用于指代一个案卷或一份文件。具体地说，在一个档案室内不能有重复的全宗号，在一个全宗内不能有重复的案卷目录号，在一本案卷目录内不能有相同的案卷号，在同一个案卷内不能有相同的页号或件号。

2. 合理性原则

档号的结构应保持一定的完整性，不得随意增添或减少代码；按流水顺序编号时不应有空号；档号应留有一定的增容空间，以备不断补充档案的需要。

3. 稳定性原则

档号一经确定，一般不应随意改变。

4. 简明性原则

档号应力求简短明了，使之易识、易写和易记。

（二）档号的编制方法

1. 全宗号

全宗号是档号序列中的第一个号码。全宗号通常是为每一个全宗编定的，其编制方法主要有大流水编号法和分类流水编号法。

（1）大流水编号法，是档案馆按照全宗进馆的先后顺序从1号开始依次编定号码。

（2）分类流水编号法，是将所有全宗划分为若干大类（全宗群），并以固定的代字或代码作标志，如，用汉字的"党""政""建""革""旧"或汉语拼音字头作为代字，然后在各个大类中按全宗进来的先后顺序流水编号。

2. 案卷目录号

案卷目录号简称目录号，即每一本案卷目录的编号。需根据全宗内档案整理状况进行编制。一本目录一个顺序号，从1号开始编，不能有空号和重号。但允许在顺序号前加上表示某种特征的代字或代号。这时，在每个代字或代号下，从1号开始连续编号。

3. 案卷号

案卷号即每个案卷的编号，用于固定案卷在目录中的次序。一般用三位阿拉伯数字表示。每本案卷目录内的案卷号必须从1开始连续编，不允许有空号和重号。

4. 卷内文件的页号或件号

有文字、图表、印章等标记的每个页面均应编页号。空白页不编号。不允许有漏号、空号和重号。页号统一填写在文字材料正面的右上角和背面的左上角。

（三）档号的表示方法

全宗号标写于全宗名册、案卷目录封面和案卷封面上，案卷目录号标写于案卷目录封面和案卷封面上，案卷号标写于案卷封面和案卷目录中，页号或件号标写于卷内每一页或每一份文件的首页上。

检索工具中，如果检索级别为案卷，则要同时标写全宗号、案卷目录号、案卷号三个号码；如果检索级别是文件级，则要同时标明全部档号。其标写方法是用"—"置于各层次各号码之间，并将其连接起来，例如，革002—永7—65—9。

案例分析与点评

档案整理工作具有一套完整的程序，然而，由于各个单位的运行和调整情况不同、组织规模和结构不同，以及文件立卷归档的质量不同等原因，在对接收的档案进行整理时所采取的策略和方法也应有所不同。

本节"案例导入"中的档案工作人员针对"合并前后三个工厂以及新成立的

公司的档案管理"问题,可以采取合并前与合并后的档案分开管理,合并前的档案分别构成独立全宗,合并后形成的档案构成一个新的全宗。针对"原来三个工厂的档案管理状况较差,相当数量的档案凌乱,缺少系统性"这个问题,应该对档案进行从区分全宗到编制案卷目录的全过程整理,使其成为有秩序的整体。

第三节 电子档案的管理

案例导入

2001年9月11日是令全世界格外震惊的日子,这一天,恐怖分子在经过精心策划后,利用数架民航客机分别对美国东部主要城市纽约和华盛顿的几个重要建筑物目标实施打击,造成了震惊世界的"9·11"悲剧。"9·11"悲剧不仅夺去了数千人的生命,同时也摧毁了许多公司赖以生存的文件等数据资料,其中主要是电子文件。有人悲观地预言:某些公司可能就此永远消失。但也有公司在第二天就恢复了正常运作,著名的摩根—斯坦利就是其中之一。

一、电子档案的特点

电子档案是电子文件的转化物,具有电子文件的所有技术特性。因此,在管理上与传统档案有很大差别。电子档案具有如下特点。

(一)保管位置较分散

传统档案实行实体集中统一管理形式,单位的档案集中于本单位档案室。而电子档案则不可能按照上述方式集中管理,它的相当一部分是通过档案部门掌握其逻辑地址而进行控制;有些部分是通过下载将信息转移到保存介质上而集中于档案部门;还有一些电子档案是采用在线集中,即将信息转移到档案部门指定的地址中进行管理。电子档案管理相对分散且形式多样的特点,加大了管理的复杂程度。

(二)保管技术程度高

电子档案的生命是由载体、信息和系统三个部分所构成的。这三个部分的存在和影响因素不一致,也不同步。它们之所以能够构成完整的电子文件或电子档案,是人们通过一定的技术手段将其联结在一起的。电子档案的载体——磁盘是化工制品,老化、污染、磁场等都会影响它的质量,从而破坏信息记录;电子档案信息易受误操作、恶意更改或病毒的侵害;计算机软、硬件系统的升级换代会造成原有环境下生成的文件无法识读和利用。对上述三个方面因素进行管理和控制的艰巨性远远超过了传统档案的管理方式,是信息化环境下原始记录保管的重大课题。

(三)信息再利用及时

电子档案信息在计算机网络系统中再循环的即时性强。传统档案信息在现行活动中的转化方式有两种:一种方式是在单位使用档案的过程中将有关信息提取出来,融入现行文件当中;另一种方式是档案部门编辑一些档案参考资料,提供给单位使用。前一种方式的信息使用过程具有一次性;后一种方式的信息虽专题性、系统性强,但转化过程慢,时效性较低。在计算机网络系统中,电子档案信息可以同时以不同的形态分流,即电子档案归档的同时,那些具有数据价值的信息被数据库采集,有资料价值的进入资料库,又成为新的电子文件的来源。

(四)可以在线利用

电子档案的利用可以采用非在线方式,但是更多的情况下是采用在线方式。电子档案在线利用的方式对于用户来说,基本上摆脱了地域和时间限制,调阅文件的主动性强、批量大和表现方式多种,使文件查找速度快,可以实现信息或数据的共享,因此这种方式能够充分发挥信息系统的优越性。由于在线利用是一种信息管理者与用户非接触式利用方式,所以,利用过程中的信息真实性证实方式、信息复制和公布的权限、信息拥有者及内容涉及者权益的保护等问题等,都是在管理中需要加以解决的。

二、电子档案的种类

(一)按电子档案的存在形式划分

1. 文本文件

指利用文字处理技术生成的文字文件、表格文件等。

2. 数据文件

数据文件一般以数据库的形式存在。

3. 图形文件

指运用计算机辅助设计或绘图等手段生成的静态图形文件。

4. 图像文件

指借助视频设备获得的动态图像文件，如使用扫描仪扫描的各种原件画面、用数码相机拍摄的照片等。

5. 声音文件

指采用音频设备录入或用编曲软件生成的文件。

6. 多媒体文件

指借助计算机多媒体技术制作的由文本、图像、影像、声音等若干种文件合成的多种媒介的文件。

7. 命令文件

指为处理各种事务用计算机语言编写的程序，是一种计算机语言。

（二）按电子档案的功能划分

1. 主文件

指表达作者意图、行使职能的文件。

2. 支持性文件

主要指生成和运行主文件的软件，如文字处理软件、表格处理软件、图形软件、多媒体软件等。

3. 辅助性、工具性文件

主要指在制作、查找主要文件过程中具有辅助和工具作用的文件。如，计算机程序类文件往往附带若干辅助设计文件、图形文件，数据库往往附带若干辅助数据库和相应的索引文件、备注文件等。

（三）按电子档案产生的环境划分

按电子档案产生的环境划分，可分为一般办公室工作中产生的文件、计算机辅助设计和制造中产生的文件。

（四）按电子档案的属性划分

按电子档案的属性划分，可分为普通文件、只读文件、隐含文件、加密文件和压缩文件等。

（五）按电子档案的生成方式划分

按电子档案的生成方式划分，可分为由计算机直接产生的文件、对传统文件用扫描仪和数码相机等输入设备处理后生成的文件。

三、电子档案的管理

（一）收集工作

1. 收集要求

电子档案有文本文件、图形文件和图像文件。对电子档案的收集积累应按照纸质档案收集范围的规定，考虑电子档案的特点。要收集积累电子档案的软硬件系统设备材料，记录重要文件主要修改过程和办理情况、有查考价值的电子文件及其电子版本的定稿。为了实现对正式的纸质档案进行全文信息自动检索，与正式文件定稿内容相同的电子档案也应收集积累。

2. 收集方法

电子档案的收集往往是在计算机网络系统上进行的，由于系统有自动记录的功能，可用来记载电子档案的形成、修改、删除、责任者和入数据库时间等。用载体传递的电子档案，要按规定进行登记、签署，更改处要填写"更改单"，按更改审批手续进行，并存储备份件，防止出现差错。电子档案的收集积累应由形成部门集中管理，不得由个人分散保管。对于网络系统，应建立积累数据库，或在电子档案数据库中将对应在收集积累范围内的电子档案注明积累标识。

3. 档案备份

电子档案收集工作还应注意：及时按照要求制作电子档案备份，每份电子档案均需在"电子档案登记表"中登记，电子档案登记表应与电子档案的备份一同保存。电子档案登记表如果制成电子表格，应与备份文件一同保存，并附有纸张打印件。

（二）归档工作

1. 归档方式

电子档案的归档方式有物理归档和逻辑归档两种。

（1）物理归档，是将计算机及其网络上的电子档案集中传输至独立的或可脱机保存的载体上，向档案部门移交的过程。

（2）逻辑归档，是指文件形成部门将归档电子档案的逻辑地址通知档案部门，档案部门通过网络接收、控制与管理电子档案。

2. 归档时间

电子档案的归档时间有实时归档和定期归档两种。

（1）实时归档，是在电子档案形成后即时归档。

（2）定期归档，是按规定的归档周期归档。

采用逻辑归档的单位，应尽可能实时进行，以免发生失控；采用物理归档方式的单位，电子档案的归档时间可借助纸质文件归档经验，遵照有关规定定期完成；双套归档的电子档案和纸质档案，归档时间应统一。

3. 归档要求

（1）归档的电子档案应完整齐全，凡是归档范围内的文件均应及时归档，不得分散保存。

（2）归档的电子档案应真实有效，文本文件应是最后定稿，图形文件如经更改，应将最新版本连同更改记录一并归档。各种文件的草稿，根据需要决定是否归档。

（3）归档的电子档案要整理。文件形成部门应对文件载体进行整理，在其包装盒表面粘贴说明性标签，注明编号、名称、密级、软硬件环境等，填写"归档电子文件登记表"。

4. 归档手续

电子档案经检验合格后，形成部门或档案部门要履行归档手续，即形成部门与档案部门均应在"归档电子文件登记表"和"归档电子文件检验登记表"上签字或盖章。这两张表格各应一式两份，移交双方各留存一份备查。

（三）鉴定工作

电子档案的鉴定工作是指鉴别档案的价值，确定其保管期限，并据此删除已收集积累但无保存价值的电子档案，并予以销毁。也可以说，它是保证归档电子档案准确、完整、系统，确定档案属性的工作。电子档案的鉴定内容，主要体现在以下两个方面。

（1）归档电子档案的原始性、准确性和完整性。即是否是形成时的，或通过审批更改的电子档案；是否是产品定型技术状态或经过事务处理并有结果的电子档案；是否是组成完整的系统的电子档案。

（2）确定电子档案的价值和保管期限。这主要取决于电子档案内容所含信息的价值及社会对它的需要，要根据国家的档案保管期限表确定其保管期限。

电子档案归档的鉴定主要是在归档前，由电子档案形成部门在档案部门的协助下，对归档的电子档案内容进行鉴定。主要工作有：鉴别电子档案的价值，同时对其记录载体进行检查、检测，对所需的软硬件环境作出说明，并根据电子档案的内容价值划分保管期限，提出在保管期限内配套的技术环境要求。在电子档案管理过程中也有鉴定问题，其主要任务是对已到保管期限的电子档案重新审查鉴定，把失去保存价值的电子档案剔除销毁。这两个阶段的鉴定工作是互相联系、相辅相成的。

（四）保管工作

1. 存放方式

电子档案的各种磁带、软硬磁盘和光盘应垂直放置，防止变形和受重物挤压。电子档案整理、保管和利用过程中，禁止用手直接触摸载体表面，不允许使用其他物品捆绑、固定载体，防止划伤载体。

2. 库房温湿度控制

电子档案各种磁性载体库房的温度应为 15～27℃，相对湿度为 40%～60%。光盘档案保管的环境温度应为 14～24℃，相对湿度为 45%～60%。

3. 预防有害因素的影响

电子档案应放在一定的器具内，防尘、防光、防火、防磁、防有害气体。

4. 检查保存状况

每年对电子档案的读取、处理设备的更新情况进行检查登记，发现问题应采取恢复措施。

（五）利用工作

1. 供电子阅览室阅览

电子阅览室配备专用的计算机阅览设备，为利用者提供良好的阅档环境，方便对利用者进行指导，利于控制电子档案使用情况和保护电子档案。不便在计算机网络上浏览的以及具有机密性的电子档案，可以在电子阅览室提供利用。要建立相关的阅览制度，对利用者阅览、拷贝、摘抄档案的手续和权限等作出明确的规定，保证电子档案的安全。

2. 复制

按照有关规定，向利用者提供复印文件以及拷贝在各种载体上的电子档案复制件的利用方式。

3. 出借

在单位内部，因工作的特殊需要，会有借出电子档案磁盘或光盘在工作岗位上利用的方式。电子档案的出借必须建立严格的审查与借阅制度。借出电子档案要履行借阅手续。

4. 在线利用

在线利用是指在网络上进行电子档案的利用活动，包括局域网服务和互联网服务。

（1）局域网有特定的服务范围，主要用于电子档案的查询。尚未开放的档案信息应在局域网进行利用，根据利用者的利用权限提供利用。

（2）互联网用于开放档案的提供利用，其服务的具体形式多样，包括提供档案信息检索、开放的档案目录、公布档案原件、网上展览和电子档案汇编成果展示等。

四、注意事项

（1）可以采用双套制归档。为了在计算机系统或网络系统出现意外故障时能够确保电子档案的完整性和真实性，可以采取双套制归档。双套制归档指采取物理归档或逻辑归档的电子档案，同时制成纸质档案予以归档的方式。实行双套制归档的主要是具有法律凭证作用的、需要确保其安全、秘密和真实性的电子档案。

（2）电子档案在归档时要进行技术鉴定。鉴定的内容包括：档案的技术状况是否完好；支持软件以及配套的纸质文件和登记表格是否完整等。检验的结果应填写"电子档案接收检验登记表"。

（3）要维护电子档案信息的安全。应运用电子信息安全防护的技术手段，如信息加密、电子签名、身份识别、防止计算机病毒、信息备份和信息迁移等，保护电子档案信息的安全。

> **案例分析与点评**

　　本节"案例导入"中摩根—斯坦利的办公室在"9·11"事件中毁于一旦，但该公司却在第二天就正常运转了。摩根—斯坦利"打不死"的秘诀就在于它采用了先进的技术对电子文件等数据资料实施了防灾难备份。除了与其他公司一样，在公司内部建立起正常的文件数据的备份之外，摩根—斯坦利还在离世贸中心数公里之外专设了一个办事处，不间断地即时备份它们的电子商务文件数据，如果文件数据形成地的原始数据被毁，通过异地保存的备份数据，公司仍然可以很快地继续运转。摩根—斯坦利的电子文件数据是通过光纤传输来实现电子文件数据的异地实时在线备份的。由于使用光纤，其传输速度很快，可以达到1000兆级，因此在世贸大厦倒塌前，摩根—斯坦利能够通过高速通信线路即时地从世贸中心的服务器和主机上源源不断地向位于新泽西州的公司电脑传输数据，实施在线备份。

第十章

常见办公设备的使用

　　随着现代办公节奏的加快,办公自动化渐渐地深入人心,复印机、传真机、打印机、扫描仪和刻录机等走进了办公室,成为人们平时办公所必需的辅助工具。虽然现在很多人都提倡无纸化办公,但出于资料存档等方面的特定需要,不少文件还是需要以纸质的形式保存下来,有些文件则需要传输给客户,这就需要一些办公辅助设备。本章主要介绍这些常见办公设备的基本知识、使用方法、常见故障与日常维护,以提高现代办公效率。

第一节　打印机的使用

案例导入

当人们在处理一些重要文件时，有时需要将文档直接打印到纸张上进行版面校准，但如果使用的是喷墨打印机，并且文档中含有大量的图片，那么打印样稿就要耗费大量的墨水，如果是彩打就更不得了，从而会造成不必要的浪费与开支。那么如何实现在打印文档的时候不打印出图片，但仍然保留图片的位置，在节约打印开支的前提下，保证页面排版的完整性？

一、打印机的种类

打印机按其工作方式可分为击打式和非击打式两大系列，按有无色彩可分为单色和彩色两种。目前常用的打印机有针式打印机、喷墨式打印机和激光打印机三种。喷墨打印机和激光打印机又称为喷墨式印字机和激光式印字机，这是因为它们属于非击打式打印机的缘故。

（一）针式打印机

针式打印机顾名思义是通过打印针来进行工作的，当接到打印命令时，打印针向外撞击色带，将色带的墨迹打印到纸上。针式打印机按针数可分为9针和24针两种。打印速度一般为50～200个汉字/秒，该类打印机按宽度可分为窄行（80列）和宽行（132列）两种，目前在我国使用最广泛的是带汉字字库的24针打印机。

针式打印机的优点是结构简单，耗材省，维护费用低，可打印多层介质（如银行等需打印多联单据）；缺点是噪声大，分辨率低，体积较大，打印速度慢，打印针易折断。

（二）喷墨打印机

喷墨打印机按喷墨形式可分为液态喷墨打印机和固态喷墨打印机两种。

1. 液态喷墨打印机

液态喷墨打印机是让墨水通过细喷嘴，在强电场作用下，以高速墨水束喷出，在纸上形成文字和图像。从技术上看可以分为：

（1）佳能公司专利的气泡式，其工作原理是利用加热产生的气泡，使墨水通过喷嘴喷到打印纸上。

（2）爱普生公司专利的多层压电式技术，对喷出的墨水进行严密完整的控制，使墨粒微小而均匀，改善了因墨点不均匀而导致的喷墨打印不清晰的问题。

（3）惠普公司的热感式技术，采用这种技术是将墨水与打印头设计为一体，受热后将墨水喷出。

人们平常所说的喷墨打印机均为液态喷墨打印机。

2. 固态喷墨打印机

固态喷墨是泰克公司 1991 年推出的专利技术。它所使用的相变墨在室温下是固态，打印时墨被加热液化，之后喷射到纸上并渗透其中，附着性相当好，色彩也极为鲜亮，打印效果有时甚至超过热蜡式打印机。

喷墨打印机的优点是噪声低，打印质量比针式好，彩色效果好，速度快；缺点是不能打印多层介质，打印成本较高。

（三）激光打印机

激光打印机是利用电子成像技术进行打印的。当调制激光束在硒鼓上沿轴向进行扫描时，按点阵组字的原理，使鼓面感光，构成负电荷阴影，当鼓面经过带正电的墨粉时，感光部分就吸附上墨粉，然后将墨粉转印到纸上，纸上的墨粉经加热熔化形成永久性的字符和图形。

激光打印机的优点是印字质量高，分辨率高，噪声低，速度快，色彩艳丽，缓冲区大时占用主机的时间将相对减少；缺点是价格高，打印成本较高，不能打印多层介质，体积较大。

（四）其他类型打印机

除以上三种打印机之外，还有热蜡式、热升华式和染料扩散式打印机。

1. 热蜡式打印机

热蜡式打印机也叫做热转印式打印机，它是利用打印头上的发热元器件加热浸透彩色蜡的色带，使色带上的固态油墨转印到打印介质上。

2. 热升华式打印机

热升华式打印机是利用加热，将染料熔化后转印到纸张上，染料直接从固态升华到气态，打印效果最好。

3. 染料扩散式打印机

染料扩散式打印机是把油墨加热成液态后，生成均匀色素扩散到纸上。

这三种打印机的输出质量都非常好，但成本高、速度慢。主要用于出版、制作精美画册、广告和美工等有高档彩色输出的场合。

二、打印机的安装

（一）连接打印机

新购买的打印机一般都附带有两根线：一根是电源线；另一根是数据线。把电源线插入插座中接通电源，再把打印机数据线两头分别插入打印机通信端口和计算机上的 LPT 接口中。

（二）安装打印机驱动程序

（1）选择【开始】｜【设置】｜【控制面板】命令，将打开【控制面板】窗口。在其中双击【打印机和传真】图标，然后在打开的窗口中双击【添加打印机】图标，将弹出【添加打印机向导】对话框，如图10-1所示。

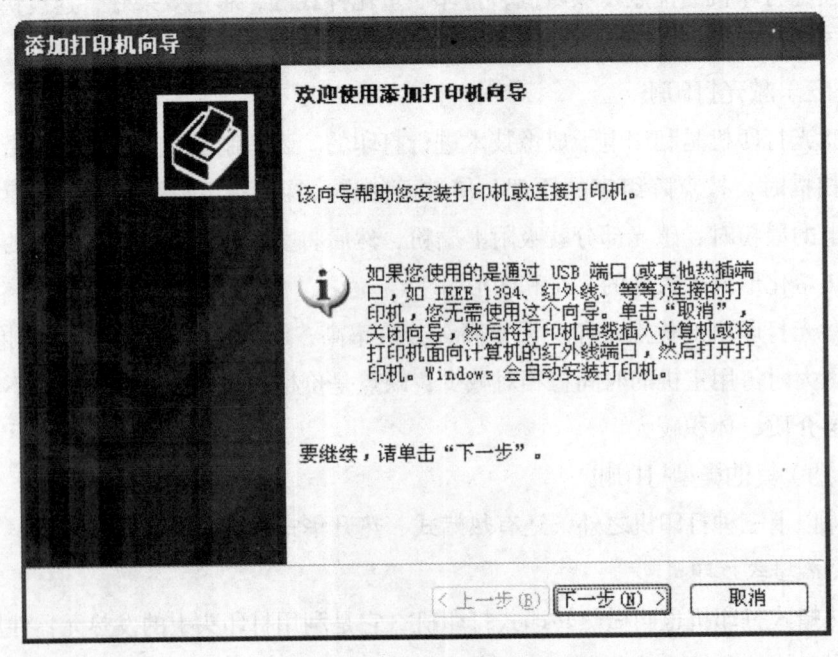

图10-1 添加打印机向导

第十章　常见办公设备的使用

（2）单击【下一步】，在弹出的对话框中，如果打印机直接连在本计算机上，则选择"连接到这台计算机的本地打印机"；如果打印机连在网络的其他计算机上，则选择"网络打印机，或连接到另一台计算机的打印机"，如图10-2所示。

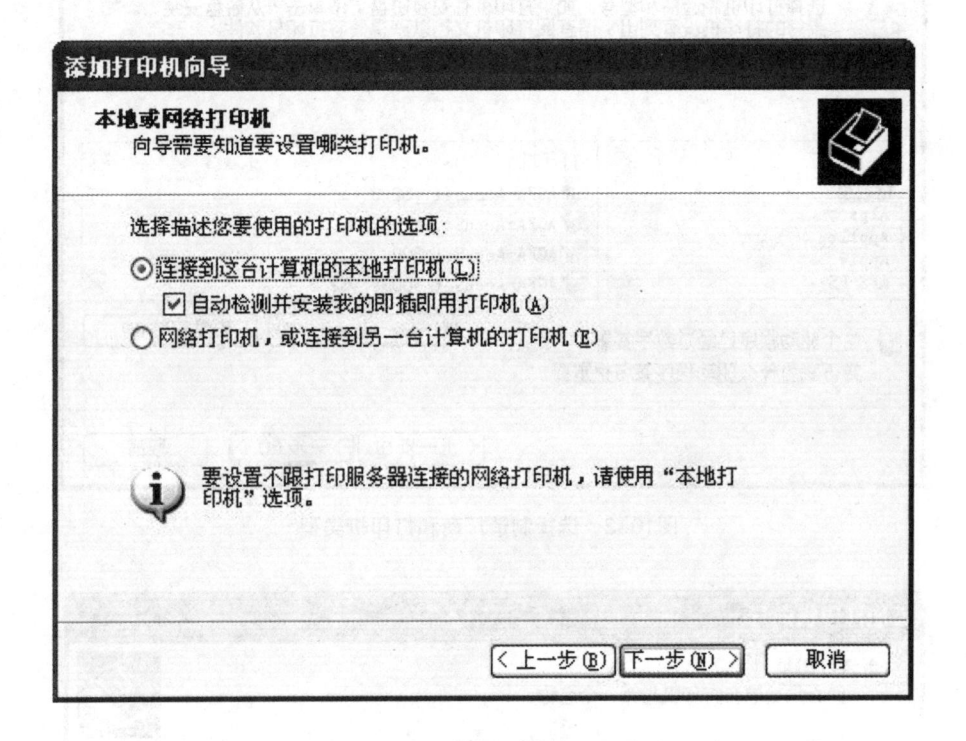

图10-2　设置本地打印机

（3）单击【下一步】，在弹出的对话框中，可以在其中选择使用的端口，建议接受计算机的默认设置。然后单击【下一步】，弹出如图 10-3 所示的对话框，可以从中选择打印机的厂商和型号。如果打印机自带安装盘，可以选择"从磁盘安装"。

（4）单击【下一步】，在弹出的对话框中，输入打印机名，以便以后共享该打印机，如图 10-4 所示。并且可以选择是否将该打印机设置为默认打印机。

（5）设置相应的选项后，单击【下一步】，将弹出【打印测试页】对话框，选择【是】，进行打印测试。

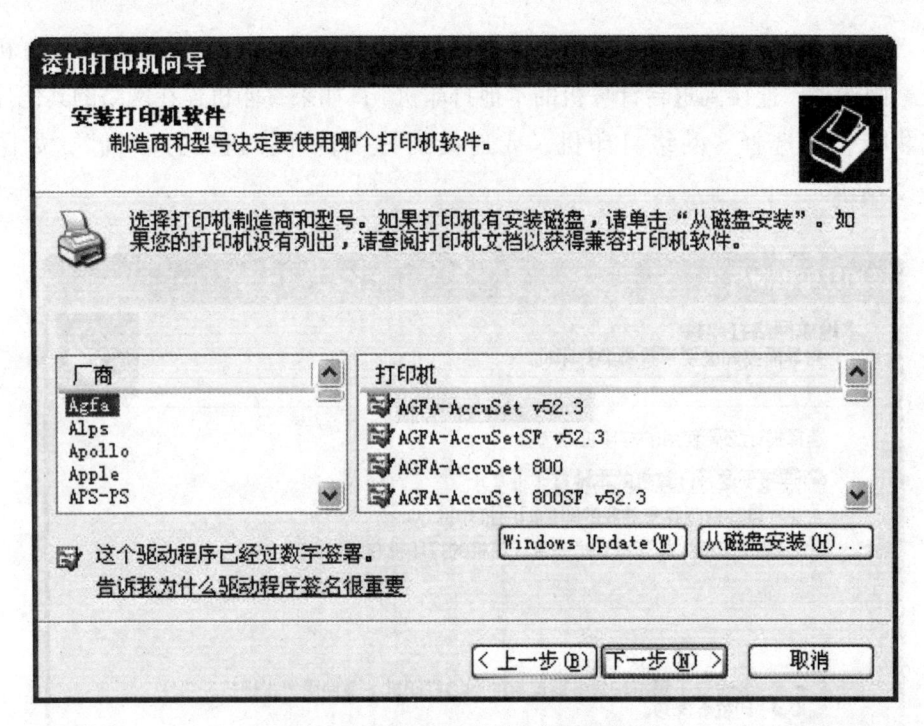

图10-3 选择制造厂商和打印机类型

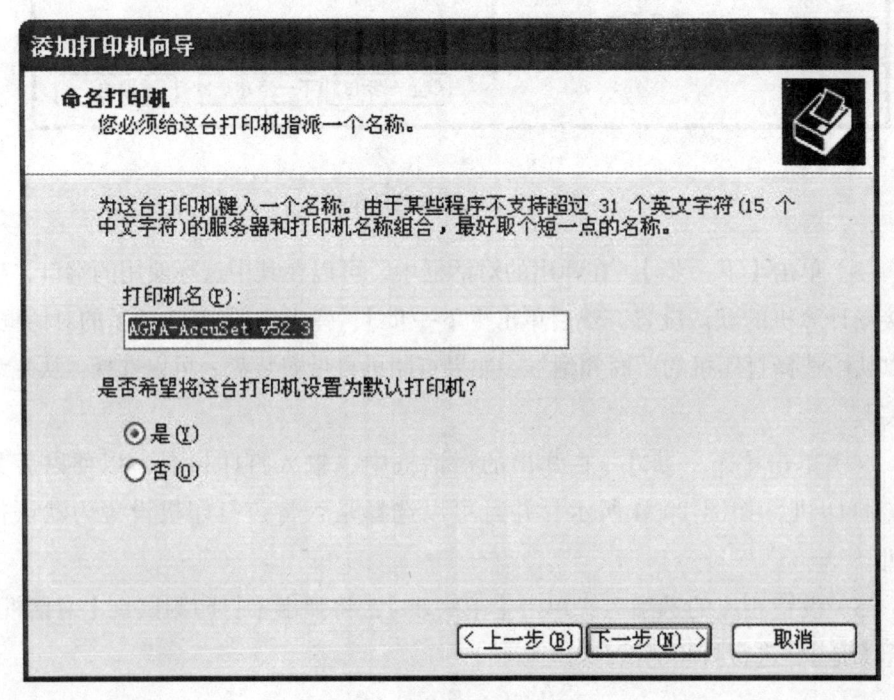

图10-4 设置打印机名字

（6）此时将弹出【完成】对话框，在此对话框中，显示所有关于此打印机设置的信息。单击【完成】，计算机自动进行打印机驱动程序的安装。

三、打印机的设置

（一）设置打印机属性

安装打印机时，系统会按照默认状态进行设置，用户也可以改变打印机的属性，其具体操作方式如下。

（1）单击【开始】菜单中的【打印机和传真】命令，打开【打印机和传真】窗口。

（2）右击【打印机】图标，显示快捷菜单，在快捷菜单中选择【属性】命令，屏幕显示如图10-5所示的对话框。

（3）在该对话框中可以进行以下设置。

①常规：设置打印机的备注和打印测试标准页等。

图10-5　打印机属性设置

②共享：设置当前打印机是否共享。

③端口：添加和删除打印机的端口、安装新的打印机驱动程序和设置后台打印机等。

④高级：设置可使用此打印机的时间、优先级、更改驱动程序、打印质量、页数，打印处理以及打印管理等。

⑤设备设置：可以设置纸张输入盒的纸张类型、手动送纸纸张类型、替换的字体和打印机内存等。

（4）设置完毕后，单击【应用】，然后单击【确定】。

（二）设置默认打印机

单击【开始】菜单中的【打印机和传真】命令，打开【打印机和传真】窗口，在该窗口中可能有多台打印机图标，选择需要设置为默认打印机的打印机图标，单击右键，在出现的快捷菜单中选择【设为默认打印机】命令，此时一个复选标记出现在默认打印机文件夹的旁边。

四、打印文档的操作

在使用打印机进行文档打印时，可以对打印队列中等待打印的文档执行某些操作，如暂停、继续或者取消打印等，还能查看待打印文档或更改打印文档的优先级等。

（一）查看待打印的文档

在打印文档时，可以在打印队列中查看待打印的文档，操作步骤如下。

（1）在执行打印操作时，WindowsXP 窗口状态栏右下角会出现一个打印机图标，双击该图标，将弹出如图 10-6 所示的对话框。

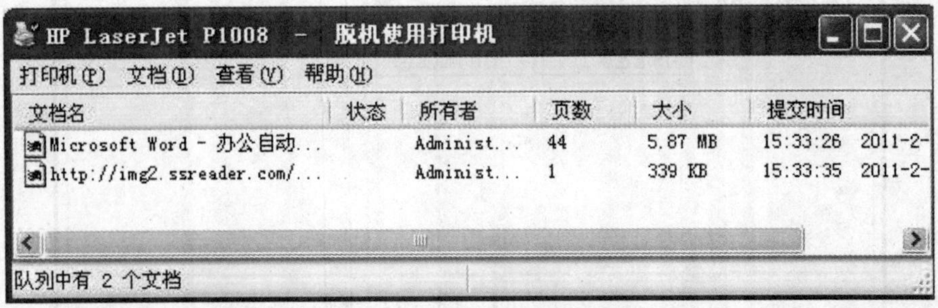

图10-6 显示待打印文档列表框的打印机队列窗口

（2）从列表框的【状态】栏中可以看出正在执行打印的文档和等待打印的文档。

（二）更改待打印文档的优先级

在打印多个文档时，如果想更改打印顺序，对重要文档提前执行打印，就可以通过提高其打印优先级来提前打印。更改打印文档优先级的操作如下。

（1）双击WindowsXP窗口状态栏右下角的打印机图标，打开打印机队列窗口（图10-6）。

（2）在待打印文档列表框中，右键单击要移动的文档，从弹出的快捷菜单中选择【属性】命令，弹出如图10-7所示的对话框，默认显示【常规】标签页。

图10-7 待打印的文档属性对话框

(3)在该选项卡的"优先级"选项组中,拖动其中的滑块,即可更改待打印文档的优先级。只要其优先级设置得比前面待打印文档的优先级高,就可以在打印完正在打印的文档后,立即打印该文档。

(4)单击【确定】,保留设置。

(三)取消文档打印

在将文档发送给打印机执行打印时,如果想取消某个文档的打印操作,可按如下步骤进行。

(1)双击WindowsXP窗口状态栏右下角的打印机图标,打开打印机队列窗口(图10-6)。

(2)右键单击要取消打印的文档,从弹出的快捷菜单中选择【取消】命令,如图10-8所示,即可取消该文档的打印。

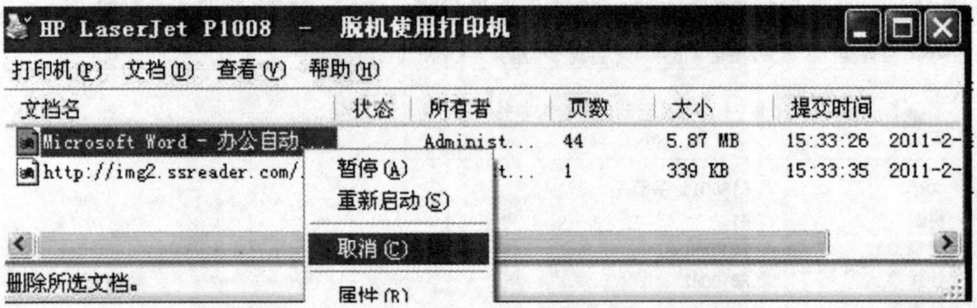

图10-8 取消文档打印

(3)执行取消操作后,该文档就从打印队列中消失了。

(四)暂停和继续打印文档

由于种种原因,可能需要暂停打印某些正在等待打印的文档,可按如下步骤操作。

(1)双击WindowsXP窗口状态栏右下角的打印机图标,打开打印机队列窗口(图10-6)。

(2)右键单击要暂停打印的文档,从弹出的快捷菜单中选择【暂停】命令,即可暂停该文档的打印,同时还会在【状态】栏中显示"已暂停"字样。

对暂停打印的文档,如果要继续打印,右键单击该文档,从弹出的快捷菜单中选择【继续】命令即可。不过有优先级更高的文档在等待打印,则优先打印这些文档。

（五）重新开始打印文档

如果在文档打印过程中，由于种种原因需要从开始处重新进行打印，可按如下步骤操作：

（1）双击 WindowsXP 窗口上具栏右下角的打印机图标，打开打印机队列窗口（图 10-6）。

（2）右键单击要重新开始打印的文档，从弹出的快捷菜单中选择【重新启动】命令，即可从开始处重新打印该文档。

五、打印机的常见故障排除

打印机最常见的故障是不打印，具体表现为：在软件中选择【打印】命令时，打印机不响应，产生这一问题的原因及解决方法是：

（1）电源线未接到打印机上或没有电源。检查电源线连接和电源。

（2）打印机和计算机之间的数据线连接不正确。断开并重新连接打印机和计算机之间的数据线。

（3）打印机可能处于手动送纸方式。按一下面板即可。

（4）打印机可能被暂停。在状态窗口中，取消【打印机】菜单下的"暂停打印"选项前的对钩。

（5）打印机软件未配置正确的打印机端口。检查软件中打印机选择菜单，确保它在访问正确的打印机端口。若计算机有多个并行端口，要确保并行电线连在正确的端口上。

（6）默认打印机型号不对。有时同一台计算机中安装了几种打印机的驱动程序，要保障当前使用的打印机与计算机中默认打印机是同一型号的，否则不能打印。

相关链接

打印机的性能指标

1. 打印分辨率

打印分辨率是判断打印机输出效果好坏的一个很直接的依据，也是衡量打印机输出质量的重要参考标准。打印机分辨率其实就是指打印机在指定打印区域中可以打出的点数。打印分辨率一般包括纵向和横向两个方向，它的具体数值大小决定了打印效果的好坏。

2. 打印速度

打印速度表示打印机每分钟可输出多少页面，通常用 ppm 和 ipm 这两种单位来衡量。ppm 通常用来衡量非打击式打印机的输出速度，可以分为两种类型：一是打印机可以达到的最高打印速度；二是打印机在持续工作时的平均输出速度。ipm 用来衡量打印机打印图像的平均速度。

3. 打印成本

打印机不是一次性办公设备，因此打印成本是必须关注的指标之一。打印成本主要考虑打印所用的纸张价格和墨盒或墨水的价格，以及打印机自身的购买价格等。当然，也不能片面追求打印成本的低廉，从而使用一些伪劣的打印耗材，这样做表面上是节省了打印费用，实际上，会给打印机的寿命带来潜在的危险。

4. 打印幅面

不同用途的打印机所能处理的打印幅面是不相同的，在正常情况下，打印机可以处理的打印幅面包括 A4 幅面以及 A3 幅面两种；对于规模较小的办公用户来说，使用 A4 幅面的打印机是绰绰有余的；对于使用频繁或者需要处理大幅面的办公用户来说，可以考虑选择使用 A3 幅面的打印机甚至更大。

5. 打印可操作性

打印可操作性指标对于用户来说非常重要，因为在打印过程中，经常会涉及如何更换打印耗材、如何让打印机按照指定要求进行工作，以及打印机在出现各种故障时如何处理等问题。面对这些可能出现的问题，就必须考虑到打印机的可操作性是不是很强。因此，设置方便、更换耗材步骤简单、遇到问题容易排除的打印机应该成为首选。

6. 纸匣容量

纸匣容量表示打印机输出纸盒的容量与输入纸盒的容量，换句话说就是打印机到底支持多少输入、输出纸匣，每个纸匣可以容纳多少打印纸张。它是打印机纸张处理能力大小的一个评价标准，同时还可以间接说明打印机的自动化程度的高低。

案例分析与点评

本节"案例导入"中提到的问题其实 Word 办公软件已经为我们解决了。Word 有一个"草稿输出"功能，可以在打印文档的时候不打印出图片，但仍然保留图片的位置，在节约打印开支的前提下，保证页面排版的完整性。这只是一个简单的操作，却能够节约打印的成本。具体步骤：在 Word 窗口中执行【工具】—【选项】命令，弹出选项对话框。然后选择【打印】选项卡，在【打印选项】下面将"草稿输出"进行√，同时，在"打印文档的附加信息"这一栏，将"图形对象"前面的√去掉。然后，直接点击【打印】，即可在不打印图片的前提下完整地将页面作为草稿输出到纸张上。

第二节 复印机的使用

案例导入

公司王经理准备到银行办理有关业务，需要带上身份证原件及复印件。王经理让办公室小李帮其复印一下身份证。接到任务后，小李思考着如何把身份证的正反两面复印到同一张纸上。

一、复印机的分类

（一）根据复印工作原理划分

根据复印工作原理的不同，复印机可分为模拟复印机和数码复印机两种。市面上的复印机大多数为模拟复印机。数码复印机是近几年来兴起的数字化办公潮流所带来的必然结果。数码复印机具有高技术、高质量、组合化、增强生产能力和可靠性极高等一系列优点。

（二）根据复印的速度划分

根据复印的速度不同，复印机可分为低速复印机、中速复印机和高速复印机三种。低速复印机每分钟可复印 A4 幅面的文件 10～30 份，中速复印机每分钟可复印 30～60 份，高速复印机每分钟可复印 60 份以上。

（三）根据复印的幅面划分

根据复印的幅面不同，复印机可分为普及型复印机和工程复印机两种。一般的办公场所用的复印机均为普及型，也就是复印的幅面大小为 A3～A5。需要复印大幅面的文档（如工程图纸等），则需使用工程复印机进行复印，工程复印机复印的幅面大小为 A2～A0，甚至更大。

（四）根据复印使用的纸张划分

根据复印使用的纸张不同，复印机可分为特殊纸复印机和普通纸复印机两种。特殊纸一般指可感光的感光纸，而普通纸是指普遍使用的复印机复印的纸。

（五）根据复印的显影方式划分

根据复印的显影方式不同，复印机可分为干法显影复印机和湿法显影复印机两种。其中干法显影复印机又分为单组份显影和双组份显影两种。

（六）根据复印的颜色划分

根据复印的颜色不同，复印机可分为单色复印机、多色复印机和彩色复印机三种。

二、复印机的安装与工作环境

一般来说，复印机对工作环境、场地的要求并不大高，通常情况下都能正常工作。但并不是说复印机的安放可以不考虑场合随便乱放，因为不良的环境对机器的寿命和复印质量会有较大的影响，给操作带来不便，因此在安放和安装复印机前，先要认真阅读说明书，并按说明书中提出的具体要求来执行。

（一）电源接地

一般复印机的电源电压为 220V±10%，采用单相交流电，电源频率 50Hz。复印机应避免接在电源电压变化较大的电网中，因为电压波动会造成复印机工作不稳定或复印性能变化，复印质量难以得到保证。为了保证复印机正常工作，应考虑给复印机配备交流稳压电源。

复印机在接电时应将复印机可靠接地，否则复印纸在充电、转印过程中会带有大量电荷，而这些电荷是通过纸路静电消除装置消除的。若没有可靠接地，纸与光导体会粘在一起，不易分开，造成卡纸。另外，复印机金属外壳不接地，易造成触电事故，所以复印机一定要可靠接地。

（二）环境温度

复印机使用的环境温度应保持在 10～35℃。温度过低，会对光导体有影响，造成复印质量差；温度过高，会造成机器散热困难，大大缩短连续工作时间。

（三）环境湿度

复印机应在室内相对湿度 20%～35% 的环境中使用。如果湿度偏高，会出现以下现象：

（1）引起高压电极打火花现象。轻者影响复印质量，严重时会损坏光导体，使光导体表面电位不易保持，引起显影后的色粉图像浓度降低。

（2）引起色粉结块，造成载体搅拌不匀，色粉图像线条粗糙，复印品的分辨率下降。

（3）造成复印纸受潮，引起输纸装置发生卡纸现象。

（4）影响转印质量，造成复印品图像不全或图像偏淡，定影时复印纸起皱。

（四）通风防尘

复印机在复印过程中会产生大量对人体有害的臭氧，因此复印机房内要保持良好的通风。同时机房内又要保持干净，因为灰尘会污染复印机的光学系统，使反射率和解像度降低，造成复印品的底灰增大。

（五）安置条件

复印机的安置应保证处于水平位置，要保持平稳，无晃动，机器四周要留有一定的空间，后部距离墙至少在10cm以上。复印机安置的空间既要便于操作，又要利于保养。除此以外，复印机安置的地方不要受阳光直射，附近不要有氨、酸等有害物质，更不能有明火。

三、复印机的操作

各种型号复印机的复印操作方法大体相同。使用人员在操作前应认真阅读随机附带的操作手册，掌握操作方法，方可进行操作。基本过程如下。

（一）预热

打开电源开关，此时复印机进入预热状态，操作面板上指示灯亮，出现预热等待信号，这个状态将持续1分钟左右。当定影温度上升到规定温度时，操作面板上相应的指示灯亮或发出声音，表示机器预热结束，接下来便可以进行复印。如果机器没有装入纸盒、纸盒没有纸或机器有卡纸等故障时，复印机将不能进入待机状态，操作面板将显示相应的符号或故障代码。

（二）检查原稿

（1）检查原稿的纸张尺寸、质量和数量等，做到心中有数。

（2）检查原稿的装订方式，装订一起的原稿应当拆开，这样复印时不会产生阴影。

（3）检查原稿上字迹、图像的清晰度和色浓度，以作为调节复印浓度的参考。对原稿上不清晰的字迹，应当在复印前描清楚。

（4）检查原稿是否完整，如果有破损或需要拼接的地方，应用胶条连接好，并抚平卷皱的地方，便于复印。

（5）检查原稿上的修改液或墨水是否完全变干。原稿湿的就复印，会在曝光玻璃上留下痕迹，导致复印成品也带有痕迹。

（三）放置原稿

1. 原稿放置在原稿台玻璃板上

不同型号的复印机有不同放置原稿的方法。一般有两种：一种是将原稿放置在稿台的中间；另一种是靠边放置在定位线上。复印前应对复印机的放稿方式进行了解。原稿正面朝下向着玻璃板放置，轻轻盖紧原稿盖板，以防漏光而出现黑边。

2. 使用原稿自动输送装置

原稿自动输送装置是用来自动输送原稿的器材，它可以连续地逐一将原稿输送托盘内的原稿送入复印机，提高复印效率。使用原稿自动输送装置，先要将原稿正面向上对齐放置于原稿输送托盘，完全推入托盘，然后根据原稿的尺寸调整侧边导板，并选择自动输送模式。

（四）选择复印纸尺寸

一般复印机具有自动选择纸张模式，在这种模式下，若将原稿放置在原稿输送装置或玻璃板上，复印机会自动检测到原稿的尺寸，并选用与原稿相同的纸张。这种模式只适用于按实际尺寸复印。当复印尺寸不规则，如复印报纸、杂志时，不能自动检测到纸张尺寸，可以指定所要的尺寸。方法是：根据所需复印件的尺寸要求，将纸装入相应的纸盒里，按纸盒选择键，选中所需复印纸尺寸的那个纸盒即可。

（五）缩小与放大

通常复印机都带有复印缩放功能，复印机的复印倍率有以下几种方式。

（1）固定的缩放倍率，缩放只有固定的几档，将一种固定尺寸纸上的稿件经过放大或缩小后印到另一种固定尺寸的纸上去。如，A4 ← A3，即将 A3 规格的原稿复印到 A4 上。

（2）使用无级变倍键进行无级变倍复印。使用这种方式，可对原稿进行 50%～200%、级差为 1% 的无级变倍缩放。

（3）使用自动无级变倍键，实行自动无级变倍。使用这种模式，复印机会根据原稿和供纸盒内的纸尺寸自动设置合适的复印倍率。

（六）调节复印浓度

根据原稿纸张、字迹的色调深浅，适当调节复印浓度。可以选择自动浓度选择方式进行调整。当采用自动方式仍不能满足复印的要求时，可以用手动的方式进行调整：原稿纸张颜色较深的，应将复印浓度调浅些；字迹线条细、不十分清晰的，则应将浓度调深些。

（七）设定复印份数

用数字键输入所需要的份数，可以将一份原稿复印多份。

（八）开始复印

设置完成，按下"复印"键，复印机开始复印操作，自动复印出设定数量的复印件。复印数量显示屏的数值将逐渐递增或递减计数，直至复印结束，显示复位。在连续复印过程中，需暂停复印或需插入新的文件复印时，可以按下"暂停"键或"插入"键，这时机器将在完成一张复印的全过程后停止运转。

（九）节电停机

目前大部分复印机都具备节电功能。在一次操作复印后，如机器暂时不用，机器将在一定的时间里自动进入节电状态。这时，机器操作面板上除了电源指示灯或节电指示灯点亮以外，其余显示将全部熄灭。在需要重新使用时，只需按一下"节电"键，机器将立即进入待机状态。

四、复印机的日常维护

（一）预热烘干

每天上班后，要打开复印机预热，以烘干机内的潮气。

（二）纸张防潮

保持纸张干燥，在复印机纸盒内放置一盒干燥剂，以保持纸张的干燥。在每天用完复印纸后应将复印纸包好，放于干燥的柜子内。每次使用复印纸时应尽量避免剩余。

（三）电源

每天下班，关掉复印机开关后，不要拔下电源插头，以使复印机内晚间保持干燥。

（四）阴雨天气

在阴雨天气情况下，要注意复印机的防潮。

五、复印机常见故障及处理

复印机偶尔会出现故障。了解常见故障的处理方法，便于使用者对所产生的故障进行判断分析并作适当的处理。对于小故障，可以自己解决，但是如果出现较大的故障，还是应该请专业维修人员进行修理。

（一）复印机故障的种类

复印机的故障依其产生的原因、性质的不同，可简单分成以下几种。

（1）由于多次复印造成复印机磨损、变形、电器件性能变化或老化形成的故障。这种故障一般表现在复印品质量的变化，如底灰大、图像文字不清等。另外还表现为运行状态方面的性能稳定性差，如易卡纸、复印品不平整、双张或多张复印、复印品质量时好时坏等。

（2）由于某种原因使电器件造成短路或断路的复印机故障。在复印质量和运行状态上表现不明显，因此不易被发现，修理后还可以恢复复印。但是如果出现不能再进行复印、机器停止运转，或无任何反映、操作面板也不显示的问题时，再接通电源后，可能会烧坏零部件或使复印机带有220V的交流电，此时应尽快与维修人员联系，不要自己修理。

（3）由于不正确的保养、安装调试、更换消耗材料和零部件，造成复印机出故障。如果因不正确的清洁方法损伤了光导体硒鼓、光学系统，将会影响复印的效果。不正确地更换显影材料，也会造成墨粉与载体的比率失调或使异物进入显影箱内。这种故障通常表现为复印时没有图像，复印品全黑或全白，图像变形，复印品上有伤痕和不断地卡纸等。

（二）复印过程中常见故障的处理

1. 卡纸

复印机面板上的卡纸信号出现后，需要打开机门或左右侧板，取出卡住的纸张。然后应检查纸张是否完整，如不完整应找到夹在机器内的碎纸。分页器内卡纸时，需将分页器移离主机，压下分页器进纸口，取出卡纸。复印机偶尔卡纸是不可避免的，但是如果经常卡纸，说明机器有故障，需要进行维修。

2. 纸张用完

纸张用完时，机器将自动停机，面板上纸盒空的信号灯会亮，需将纸盒取出装入复印纸后，再按下"复印"键。复印机将继续完成尚未复印的份数。

3. 墨粉不足

墨粉不足时，面板上墨粉不足的信号灯就会闪烁，表明机内墨粉已快用完。如果不及时补充，复印机的复印质量将下降，甚至无法工作。

4. 废粉过多

复印机在成像过程中，会产生很多废墨粉，收集在一个盒中。废粉装满后，会在面板上显示信号，此时必须及时倒掉，否则将影响复印质量。

案例分析与点评

本节"案例导入"中的小李要将王经理的身份证正反两面复印在一张纸的同一面上，为了避免复印区域的重叠，先将平板扫描单元划分为上下两个区域。一般来说，复印机的平板扫描位上都会有一个角标注一个三角的符号，这表示这个角是复印文件的左上角。因此将身份证置于靠近这个标识的位置，方便确定打印位置。需要注意的是，尽量不要将身份证紧贴扫描板的边缘，因为大多数的复印机在复印时都会出现缺边的现象，紧贴扫描板的边缘会丢失一部分内容。在上区找好合适的位置，把身份证的正面反扣好，按下"复印"键，复印完后，把复印好身份证正面的复印纸再次装入纸盒，一定要注意纸的正反面和进纸方向。然后把身份证反面反扣好，放置于下区的合适位置，复印即可。

第三节　传真机的使用

案例导入

大洋电器公司小李在上班期间接到公司的一个大客户电话，对方需要了解一下本公司的 A 类产品性能情况。小李打算通过传真的方式，把资料传给对方，请问她将如何使用传真机？

一、传真机的传送方式

传真机具有复印、发送传真和接收传真三项基本功能。这三项功能都离不开扫描与记录。

（一）传真机的扫描方式

传真机按扫描方式可分为电荷耦合扫描（CCD扫描）和接触式图像扫描（CIS扫描）两种方式。

1. CCD扫描方式

CCD是使用一种专用器件实现图像转换的扫描方式，采用CCD扫描方式的中间色调（灰度级）一般为16～64级。

2. CIS扫描方式

CIS是将感光器件和光学系统集成一起的扫描方式，采用CIS扫描方式的中间色调一般为8～32级。

对具有图像的稿件进行复印和发送时，CCD扫描方式优于CIS扫描方式，得到的图像更加清晰，层次更加丰富。

（二）传真机的记录方式

传真机按记录方式可分为热敏纸记录方式和普通纸记录方式两种。

1. 热敏纸记录方式

热敏纸记录方式是以热敏纸作为载体，依靠热敏头发热，使热敏纸变色而记录传真内容。目前传真机大多采用热敏纸记录方式。采用热敏纸记录方式的优点是费用便宜，缺点是文件保存时间不长。

2. 普通纸记录方式

普通纸记录方式可分为激光静电复印方式、喷墨记录方式和热传导方式。

（1）激光静电复印方式，是靠激光束照射硒鼓将墨粉附着在复印纸上。

（2）喷墨记录方式，使用液体墨水通过喷墨头记录在复印纸上。

（3）热传导方式，是通过热敏头加热色带将内容印在复印纸上。

采用普通纸记录方式的成本稍高，但文件可长期保存。目前采用普通纸记录的传真机普遍采用激光静电复印方式。普通纸记录方式是传真机未来的发展趋势。

二、发送传真的准备工作

不同类型传真机的操作方法略有差别，因而在使用时应按其说明书进行。

（一）调整传真机的工作状态

在传真通信前，要根据发文要求和传输信道质量对传真机工作状态进行调整。

第十章　常见办公设备的使用

（二）装入记录纸

目前，有的传真机使用热感纸，有的传真机使用普通的复印纸。

使用热感纸的传真机要注意记录纸的幅宽必须符合规格要求，纸卷两端不要卡得太紧；注意记录纸的正反，纸的正面应对着感热记录头；记录纸的纸头应按说明书上的规定装到指定的位置。

使用普通纸的传真机要注意检查墨盒，防止因墨用光而打印不出来的现象。

（三）检查原稿

要保证原稿的质量，选择原稿文件时最好使用打印机打印的或用黑墨水写的原稿，并且使用白色或浅色的纸作为介质。过大、过小、过薄、过厚的原稿都不能使用。另外，发送传真前一定要取下原稿上的大头针、回形针或其他硬物。

（四）放置文件

将待发送的文稿按传真机的所示方向，放入传真机的进纸槽，并按尺寸调整导纸器，使之紧挨文件边缘。注意：一次放置的文件页数不能超过规定页数，文件顶端要推进到能够启动自动输纸的地方。

三、传真机的操作

（一）发送文件

1. 手动拨号发送文件

（1）装入文件。把将要发送的文件放入文件进稿器上，选择好清晰度和对比度。

（2）呼叫对方。拨对方的电话号码，若占线可重拨，直至拨通。

（3）等待对方"准备好"的回音。此时可能出现两种情况：

①对方传真机处于自动接收状态，用户会听到"准备好接收"的"哔"音信号（CED 信号）。

②对方传真机处于手动接收状态，请对方按下"启动（START）"键，你将听到类似"哔"音的信号。

（4）启动发送操作。当听到对方传来的"哔"音信号，立即按下"启动"键，挂下话筒，文稿会自动地进入传真机并被发送给对方。此时，如果传输成功，将会显示"成功发送"；倘若传输失败，则会有出错信息显示。

2. 用缩位拨号或单触键拨号发送文件

如果传真机具备快速拨号功能，且用户所需的电话号码已存入传真机，这时，将文稿放进文稿进纸器中，且选择好分辨率和对比度，按下相应的缩位拨号键或单触键，传真机将开始自动拨号，拨通以后的操作方法同上面的手动发送。

（二）接收文件

1. 自动接收

（1）自动接收时，传真机必须是处于自动接收状态，可用键选择或者通过编程设置；通常会有自动接收指示灯指示或在显示屏上显示现时为自动接收状态。

（2）对方发送的传真到来时，电话铃在响若干声后（可按要求设置）即转入自动接收，接收对方传来的传输文稿。

（3）接收完毕，若成功，则会有通信成功的信息显示；不成功，则会有出错信息显示或告警。

2. 手动接收

在传真机处于手动接收的状态下，电话铃声响声后，即可进行接收操作，具体可分两种情况。

（1）对方是手动发送，回答呼叫，按照对方要求，按下"启动"键，挂下话筒，便可接收对方来的传真文件。

（2）对方是自动发送，在拿起话筒时，会听到类似"哔"音的 CNG 信号，这表明对方是自动发送传真状态，这时按下"启动"键便能接收文件。

通信双方在启动传真通信后，不要挂机，这样在传真结束后，可再进行通话。有时，传真机亦可能会出现"噗，噗……"的声音，这时只要按下"通话请求"或"停止"键，便可消除这个声音而进行正常的通话。

（三）复印

传真机具有简化的复印功能，其操作步骤如下。

（1）将要复印的稿件按规定放置于传真机进纸口处。

（2）按下传真机上的"复印"键，即可开始复印。

注意：应尽量避免用传真机的复印功能来复印资料，对于热敏记录方式的传真机更是如此。因为热敏纸记录方式的传真机完成复印功能的主要部件是热敏间，它是传真机最重要的部件之一，靠自身发热工作，应尽量减少其工作时间，以延长传真机的使用寿命。此外，热敏纸记录的文件不宜长期保存，这是因为传真纸上的化学染料不稳定，时间长了或受阳光照射后，传真纸上的字会逐渐褪色。因此，对于重要的、需要长期保存的文件，最好采用静电复印机进行复印。

四、传真机的常见问题及日常维护

（一）传真机的常见问题及处理

1. 传真机打印时，纸张全白

使用的传真机为热感式传真机，则可能是记录纸正反面安装错误，将记录纸反面放置再重新试一试。热感式传真机所使用的传真纸只有一面涂有化学药剂，如果安装错了，在接收传真时就不会印出任何文字或图片。

使用的传真机为喷墨式传真机，则有可能是喷嘴头堵住，清洁喷墨头或更换墨盒即可。

2. 纸张无法正常馈出

检查进纸器部分是否有异物阻塞，原稿位置扫描传感器是否失效，进纸滚轴间隙是否过大等。检查发送电机是否转动，如不转动则需检查与电机有关的电路及电机本身是否损坏。

3. 电话正常使用却无法收发传真

如果电话与传真机共享一条电话线，检查电话线是否连接错误。将电信局电话线插入传真机标示"LINE"插孔，将电话分机插入传真机标示"TEL"插孔。

4. 机器卡纸

卡纸是传真机经常出现的故障，特别是使用新的纸张或用过的纸张都较容易产生卡纸故障。如果发生卡纸，在取纸时要注意，只可扳动传真机说明书上允许动的部件，不要盲目拉扯上盖。而且尽可能一次将整纸取出，不要把破碎的纸片留在传真机内。

5. 传真、打印时纸张出现黑线或白线

接收到的文件或复印时打印的文件出现一条或数条黑线。如果是CCD传真机，可能是反射镜头脏了；如果是CIS传真机，可能是透光玻璃脏了。根据传真机使用手册上的说明，用棉球或软布蘸酒精擦清洁即可。如果清洁完毕后仍无法解决问题，需将传真机送修检查。

接收到的文件或复印时打印的文件出现白线，通常是由于热敏头（TPH）断丝或沾有污物所致。如果是断丝，则应更换相同型号的热敏头。如果是有污物，可用棉球清除。

6. 传真机功能键无效

传真机出现功能键无效的现象,应先检查按键是否有被锁定,然后检查电源,并重新开机让传真机再一次进行复位检测,以清除某些死循环程序。如果还不能解决问题,需送修检查。

7. 接收到的传真字体变小

一般传真机会有压缩功能,将字体缩小以节省纸张,但会与原稿不同或版面不同,可参考手册将"省纸功能"关闭或恢复出厂默认值即可。

8. 接通电源后响起报警声

出现报警声通常是主电路板检测到整机有异常情况,可按下列步骤处理:检查纸仓里是否有记录纸且记录纸是否放置到位,纸仓盖、前盖等是否打开或合上时不到位,各个传感器是否完好,主控电路板是否有短路等异常情况。

9. 更换耗材后传真或打印效果差

如果是更换感光体或铁粉后,传真或打印效果没有原先的好。检查磁棒两旁的磁棒滑轮是不是在使用张数超过 15 万张还没更换过,而使磁刷摩擦感光体,从而导致传真或打印效果及寿命减弱。建议每次更换铁粉及感光体时,要一起更换磁棒滑轮,以确保延长感光体寿命。

如果是更换上热或下热后,寿命没有原先长,可检查是否因为分离爪、硅油棒及轴承老化,而致使上热或下热寿命缩短。

(二)传真机的日常维护

(1)不频繁地开关传真机。否则会加速传真机内部电子元件的老化,导致缩短传真机的使用寿命。

(2)使用标准的传真纸。如果传真机的光洁度不够,会造成热敏头和输纸辊的磨损。

(3)不在高温、强磁或强腐蚀气体环境中使用传真机,否则会影响传真机记录的印字质量,或对电子线路造成损坏、干扰通话等现象。

(4)不传真带有装订针、大头针之类的文件以及墨迹或胶水未干的稿件,否则,硬物质会引起传真机发生故障;稿件上的墨迹或胶水易弄脏扫描玻璃,导致传真的效果下降。

(5)不在打雷下雨时使用传真机,否则,雷电容易通过电话线损坏传真机。因此在打雷下雨时要关掉传真机的电源,将电话线插头拔掉。

> **相关链接**

传真机的主要技术指标

1. 分辨率

分辨率又称扫描密度,可分为垂直分辨率和水平分辨率。垂直分辨率是指垂直方向每毫米的像素点数。传真机国际标准的水平扫描密度为8像素/毫米。垂直方向的扫描密度则可分为标准:3.85线/毫米;精细:7.7线/毫米;超精细:13.4线/毫米。一般中高档传真机均具有超精细功能。无超精细功能的传真机在复印或发送时,对细小文字、复杂图像的处理可能会丢掉某些细节,造成副本的可读性不强。

2. 有效记录幅面

有效记录幅面可分为A4(210毫米)和B4(252毫米)。有效记录幅面为A4的,其有效扫描宽度为216毫米;有效记录幅面为B4的,其有效扫描宽度为256毫米。A4幅面每行为1728像素,B4幅面每行为2048像素。B4幅面的传真机较适合于办公室使用,可用于B4幅面文件的复印与收、发传真。

3. 发送时间

发送时间指传真机发送1页国际标准样张所需要的时间,发送时间一般在6~45s。发送时间的长短取决于传真机所采用的调制解调器速度、电路形式及软件编程,中低档传真机的调制解调器速度最高为9600bit/s,可自动调节为7200/4800/2400bit/s;高档传真机的调制解调器最高速度为14400bit/s,发送时间最快可达6s。发送时间在9s以下的均为高档传真机。

4. 中间色调

中间色调又称灰度级,是反映图像亮度层次、黑白对比变化的技术指标。传真机具有的中间色调级数越多,其所记录与传输得到副本的图像层次就越丰富、越逼真。采用CCD作为扫描器的传真机,其中间色调可达64级;而采用CIS作为扫描器的传真机,其中间色调最多可达32级,一般均在16级以下。因此,对于经常需要对图像信息进行传真和复印的使用者来说,采用CCD扫描方式的传真机当为首选,并且应选择具有64级中间色调的传真机。

> **案例分析与点评**

本节"案例导入"中的小李打算用传真的方式将资料传给对方,他要做的是：首先把相关资料放入传真机的进稿器上，然后拨对方的电话号码。若占线，可重拨，直至拨通。等待对方"准备好"的回音，当听到对方电话传来"哔"音信号时，立即按下"启动"键，挂下话筒。此时资料会自动地进入传真机并被发送给对方。

第四节 扫描仪的使用

案例导入

办公室小王近期接到一个任务，公司领导让他把某类产品的系列资料进行汇编。小王到公司有关部门收集电子资料，却发现有些电子资料已经不存在了，只有文本资料。要是把文本资料一点一点地打出来，可能需要很长时间，于是他想到使用扫描仪会快得多。请问如何使用扫描仪将文本资料转化为电子资料？

一、扫描仪的分类

（一）按接口方式分

1.SCSI 接口

SCSI 接口的扫描仪需要一块 SCSI 卡将扫描仪与计算机相连接（所需的 SCSI 卡一般在扫描仪中自带），早期的扫描仪大都是 SCSI 接口。优点是传输速度较快，扫描质量高。缺点是需要开机箱安装一块 SCSI 卡，要占用一个 ISA 或 PCI 槽以及相应的中断，安装相对复杂，有可能与其他配件发生冲突。

2.EPP 接口

就是打印口（并口）。与 SCSI 的扫描仪相比，速度较慢，扫描质量稍差；但安装方便，兼容性好。大多采用 EPP 接口的扫描仪后部都有两个接口：一个接计算机；另一个接其他的并口设备（一般是打印机）。

3.USB 接口

USB 接口是最新出现的接口形式。一般的 ATX 主板都自带 USB 接口，老式的 AT 主板一般不带（一些较新的 AT 主板上有 USB 的连接端口，但需另买连接线）。优点是速度较 EPP 快，可带电插拔，即插即用；较新的 USB 扫描仪可直接由 USB 口取电，无须另加电源。缺点是旧型号的机器用不了。

行业及专业用户或对效果要求严格的用户可尽量选用 SCSI 和 USB 的扫描仪，一般的办公使用可选择 EPP。

（二）按工作原理分

1. 手持式

现在几乎见不到了。光学分辨率一般在 100～600DPI 之间，大多是黑白的。

2. 平板式

又称 CCD 扫描仪，主要扫反射稿。光学分辨率 300～2400DPI，色彩位数可达 48 位。

3. 胶片扫描仪

主要用来扫描幻灯片、摄影负片、CT 片和专业胶片。高精度、层次感强，附带的软件较专业。

4. 滚筒式

扫描仪以点光源一个一个像素地进行采样，采用 RGB 分色技术，优点当然明显，真正的专业级。

5.CIS 扫描仪

CIS 扫描仪是新型扫描仪。CIS 的意思是"接触式图像传感器"，不需光学成像系统。优点是结构简单，成本低廉，轻巧实用。缺点是对扫描稿厚度和平整度要求严格，成像效果比 CCD 扫描仪差。

二、扫描仪的安装

（一）连接扫描仪

扫描仪一般都附带有两根线：一根是电源线；另一根是数据线。把电源线两头分别插入扫描仪电源接口和电源插座；再把扫描仪数据线两头分别插入扫描仪数据端口和计算机上的 LPT 接口或 USB 接口。

（二）安装扫描仪驱动程序（以 CanoScan 5000 驱动为例）

（1）将扫描仪驱动程序盘放入光驱，光盘自动运行，显示光盘内容。如图

10-9所示。

（2）点击【安装软件】，进入安装软件选择界面，选中要安装的驱动程序和相关的软件，点击【开始安装】。如图10-10所示。

（3）点击【下一步】，如图10-11所示，系统就会自动引导完成安装过程。点击【退出】则完成扫描仪驱动程序的安装，如图10-12所示。这时一般需要重新启动计算机，以更新系统设置。

图10-9　佳能扫描仪光盘浏览

图10-10　扫描仪安装软件界面

图10-11　扫描仪驱动安装过程

图10-12　扫描仪驱动安装完毕

三、扫描仪的操作

（一）扫描图像

计算机安装了扫描仪驱动程序后，并不能完全实现图像的扫描，它需要与一些影像软件（如 photoshop、photostudio 等）相配合使用。下面介绍如何使用扫描仪和 photostudio 程序进行图片扫描，以获取图像的工作。

（1）选择【开始】|【程序】ArcSoft PhotoStudio 命令，打开 photostudio5 程序窗口，如图 10-13 所示。

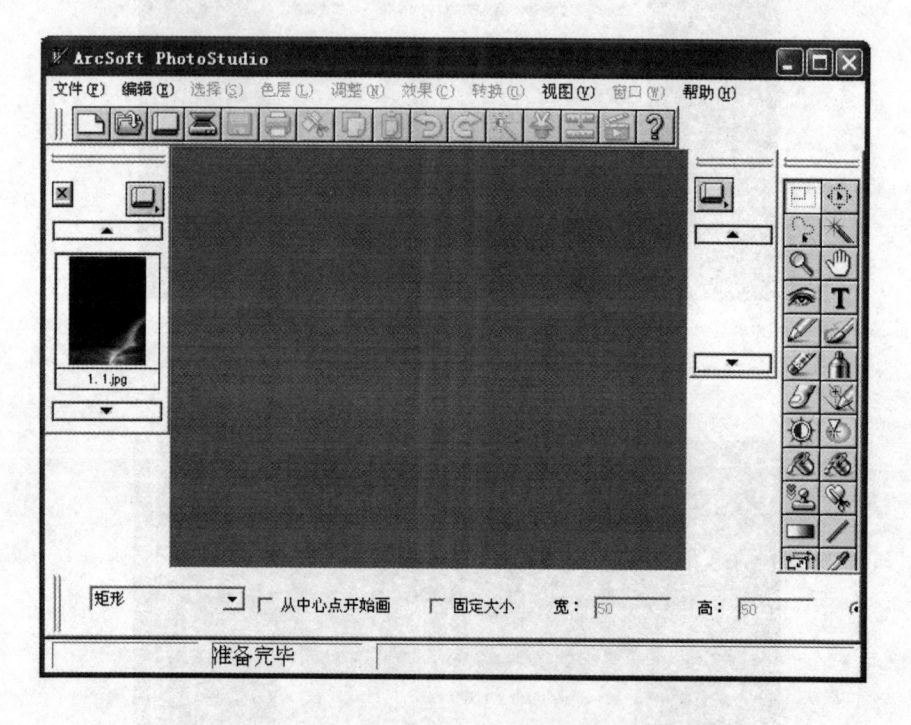

图10-13　photostudio5程序窗口

（2）单击【文件】菜单，选择获取命令，屏幕上弹出了 ScanGear CS 对话框。如图 10-14 所示。

（3）在 ScanGear CS 对话框中，进行有关参数的设置。设置完毕后，点击【扫描】命令，开始扫描。扫描完毕后，关闭此窗口。如图 10-15 所示。

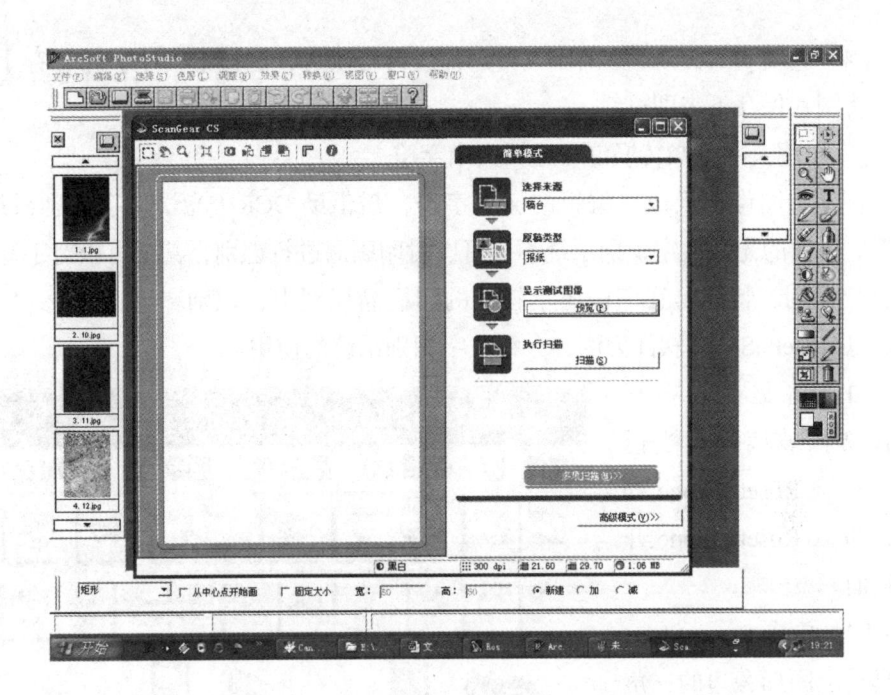

图10-14 设置扫描参数

图10-15 photostudio5扫描后的窗口

（4）利用 photostudio5 的工具对图片进行修改后，选择【文件】|【保存】命令，将图片保存下来即可。

（二）将文本图像转换成可编辑文本字符

将文本图像转换成可编辑的文本字符，需借助 OCR（光学文字识别系统）程序。目前的光学文字识别系统不仅可以对印刷品进行识别，甚至可以对手写原稿进行识别，特别是在印刷质量较好的印刷品识别中，识别率高达 95% 以上。下面以 RosettaStone 软件为例，介绍文字识别系统的使用。

（1）将文本放在扫描仪文档玻璃的适当位置，打开 RosettaStone 程序，进入 RosettaStone 开始画面。

（2）单击 RosettaStone 工具栏上图标旁边的三角形，将"自动执行的选择"设置为"Auto OCR"，将"图像输入的选择"设置为"从扫描仪输入"。如图 10-16 所示。

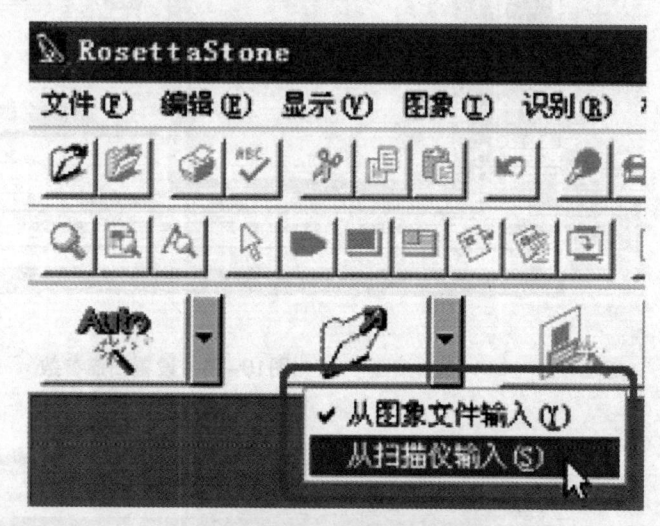

图10-16 选择"从扫描仪输入"

（3）在工具栏上，单击"Auto OCR"图标，如图 10-17 所示。显示 ScanGear CS 窗口，如图 10-18 所示。

（4）将"原稿类型"设置为"报纸"，如图 10-19 所示。

（5）单击【预览】按钮，预扫描文档，并在窗口中预览。在预览窗口拖动鼠标选择要扫描的区域，然后单击【扫描】按

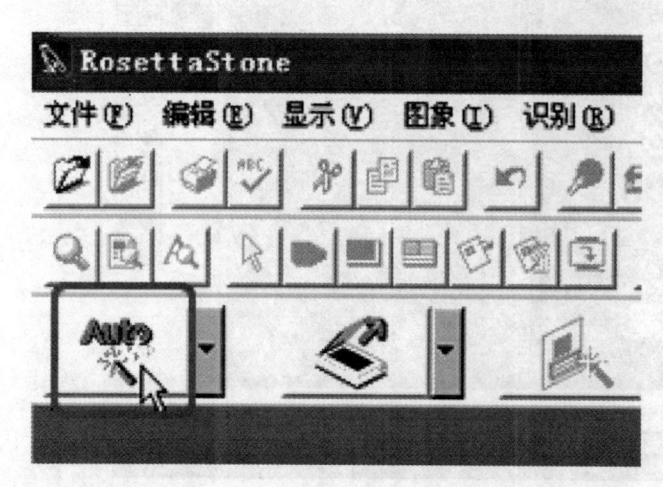

图10-17 单击"Auto OCR"图标

第十章 常见办公设备的使用

钮，如图10-20所示。

（6）扫描仪将启动扫描文件。然后程序自动设置分析区域，并开始字符识别过程。当"保存文本"窗口出现时，指定"保存在""文件名"和"保存类型"，然后单击【保存】保存转换文档，并关闭 RosettaStone 窗口。

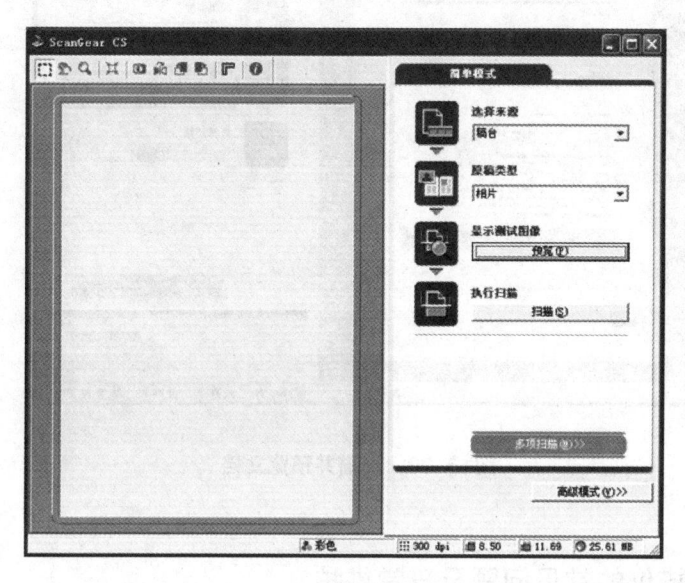

图10–18 ScanGear CS 窗口

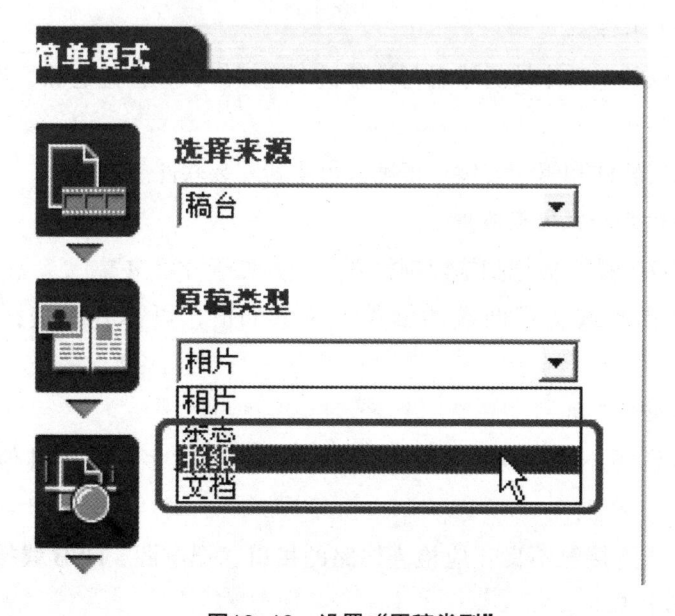

图10–19 设置"原稿类型"

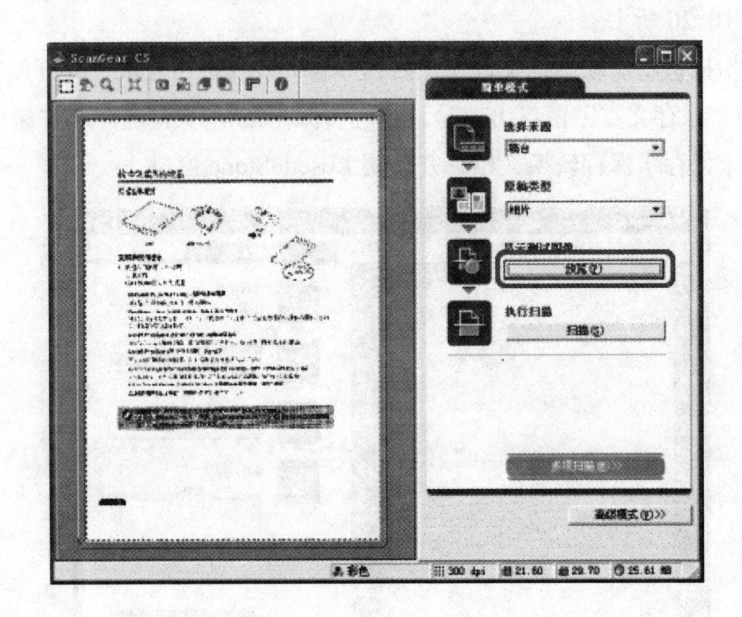

图10-20　扫描并预览文档

四、扫描仪的常见问题及日常维护

（一）扫描仪的常见问题

1. 扫描仪不工作

（1）扫描仪的电源未接通或者与计算机未连接好，应检查电源、各类插头是否已经接好。

（2）扫描仪软件和驱动安装不正确，可重新安装软件。

2. 扫描仪打开后发出摩擦声

（1）扫描仪上锁，应把扫描仪锁打开，使其处于开启位置。

（2）传动齿轮或皮带两端的轴承上不够润滑，可拆开机盖，适当加润滑油。

3. 扫描时出现死机

（1）内存资源不足，应检查运行的程序是不是太多，关闭其他程序释放内存。

（2）接口线路接触不良，应检查线路的接口，把电源、USB线接好，或者更换一个USB接口。

（3）进纸传感器没有感应，应检查两个进纸传感器是否正常，能不能活动自如，人工干预一下传感器。

4. 扫描的画面颜色模糊

（1）扫描仪上的平板玻璃脏了，可将玻璃用干净的布或纸擦干净。

（2）扫描仪使用的分辨率太低，可重新设置分辨率。

（3）计算机显示器屏幕色彩设置分辨率过低，应检查显示器设置是否为 16bit 色或以上。

（二）扫描仪的日常维护

（1）扫描仪要摆放在平整、震动小的地方，这样扫描仪电机工作时就不会有额外的负荷，可以保证达到理想的垂直分辨率。

（2）保持扫描仪玻璃的干净，它关系到扫描仪的精度和识别率。

（3）把要扫描的图像摆放在起始线的中央，这样可以最大限度地减少由于光学透镜导致失真。

（4）不宜用超过扫描仪光学分辨率的精度进行扫描，因为这样不仅对输出效果的改善不明显，还会大量消耗电脑资源。

（5）保存图像要选用 JPG 格式，压缩比为原图像大小的 75%～85%。过小，会严重丢失图像的信息，出现失真。

（6）防高温、防尘、防湿、防震荡和防倾斜。

相关链接

扫描仪的技术指标

1. 分辨率

分辨率是扫描仪最主要的技术指标，它表示扫描仪对图像细节上的表现能力，即决定了扫描仪所记录图像的细致度，其单位为 PPI。通常用每英寸长度上扫描图像所含有像素点的个数来表示。目前大多数扫描的分辨率在 300～2400PPI 之间。PPI 数值越大，扫描的分辨率越高，扫描图像的品质就越好。

2. 灰度级

灰度级表示图像的亮度层次范围。级数越多，扫描仪图像亮度范围越大、层次越丰富，目前多数扫描仪的灰度为 256 级。256 级灰阶中以呈现出比肉眼所能辨识出来的层次还多的灰阶层次。

3. 色彩数

色彩数表示彩色扫描仪所能产生颜色的范围。通常用表示每个像素点颜色的数据位数即比特位（bit）表示。bit 是计算机最小的存储单位，以 0 或 1 来表示比特位的值，比特位数越多，图像的表现越复杂；色彩数越多，扫描图像越鲜艳真实。

4. 扫描速度

扫描速度有多种表示方法，因为扫描速度与分辨率、内存容量、软盘存取速度以及显示时间、图像大小有关，通常用指定的分辨率和图像尺寸下的扫描时间来表示。

案例分析与点评

本节"案例导入"中的小王要将文本图像转换成可编辑的电子资料，需借助扫描仪及 OCR（光学文字识别系统）程序。首先将扫描仪连接到计算机，然后再安装驱动程序，接着再安装 OCR 程序。准备工作做好以后，便可以开始工作：先将资料反扣在扫描仪文档玻璃的适当位置，打开 OCR 程序，对程序进行相关设置，就可以扫描文档了。

第五节 刻录机的使用

案例导入

公司张经理在网上看到一个关于企业管理的视频，感觉很不错，想让公司的管理人员都看看，但又担心网上的资料存在时间不确定，可能过几天就没了。于是，他让办公室的小高把资料下载下来，然后刻录到光盘上，给公司管理人员一人发一张。请问小高将如何把相关资料刻录到光盘上？

一、刻录机的种类

（一）CD-R

CD-R 是一种可录式光盘。CD-R 驱动器是一次写入多次读出的驱动器。

CD-R 与 CD-ROM 类似，非常适合存储量大的数据文件。CD-R 的尺寸和 CD-ROM 盘相同，只是多了一层记录介质层。记录的介质是有机染料或者是金属。CD-R 有两种记录方式：一种是用激光在金属记录层烧熔出凹坑；另一种是利用激光加热使染料型记录层发生变色，变色部分的反射率比附近区域低得多。读出数据时，就是根据反射激光的强弱变化来实现的。

（二）CR-RW

CR-RW 的刻录原理与 CD-R 大致相同，只不过盘片上镀的是一层 200～500 埃（1 埃 = 10^{-8}cm）厚的薄膜，薄膜的材质多为银、铟、硒或碲的结晶层。这种结晶层能够呈现出结晶和非结晶两种状态，等同于 CD-R 的平面和凹坑。通过激光束的照射，可以在这两种状态之间转换，所以 CD-RW 盘片可以重复写入。

（三）DVD-RAM

DVD-RAM 可记录式光盘的工作原理与 CD-RW 的差别不大，主要区别就是 DVD-RAM 光盘中数据排列的密度更大，这样，在一张 DVD-RAM 盘片上能存储好几个 GB 的数据量。DVD-RAM 最大的缺点是与普通 DVD 机不兼容，DVD-RAM 碟片不能在普通 DVD 机上播放，限制了 DVD-RAM 的可交换性，也严重影响了 DVD-RAM 的推广。

（四）COMBO

COMBO 是指 CD-ROM、DVD-ROM、刻录机（CD-RW）三者为一体的一种新型光盘驱动器。在功能方面，它既能读 CD-ROM 光盘，又能读 DVD-ROM 光驱，甚至还可以刻录 CD-R 和 CD-RW 光盘。正因为它具有这么多的功能，也有不少人将其称之为全能光盘驱动器。

二、刻录盘

（一）刻录盘的分类

1. 从刻录后能否擦除上划分

刻录盘可分为一次刻录盘（CD-R，DVD+R，DVD-R 等）和可擦写刻录盘（CD-RW，DVD-RW，DVD+RW 等）两类。

2. 从容量上划分

刻录盘可分为 CD-R（700MB）、DVD-R（4.7GB）、DVD+RDL（8.4G）等。

3. 从功能上划分

刻录盘可以刻录为数据盘（用来刻录各种数据，如文档资料备份、程序备份等）、CD音乐、VCD视频、DVD视频、操作系统光盘和各种应用系统光盘等。

（二）刻录盘的选用

1. 观察正面印刷层面

看刻录盘的标签层有没有涂上防护漆。若没有防护漆或很少，则刻录的数据保存得不到保障。

2. 观察内圈涂料层面

看盘片最内圈的涂料是否均匀、是否形成规则的圆形。如果最内圈边缘的涂料已经形成灰黑色，那么这样的盘片就不要用。

3. 观察整体涂料层面

检查盘片上的涂料是否有涂漏的地方。如有涂漏的地方，当光驱读取到这张盘片的时候，就会发生文件毁损或程序不能进行读取的情况。

4. 观察盘片最外边缘

用手触摸刻录盘的最外边缘是否平整，如平整，在进行刻录或读取数据的时候，盘片的高速旋转就不会造成乱摆与晃动的情况。

5. 观察盘片涂料层次

刻录盘的好坏还在于涂料的层次，一般层次越多、光圈越分明的即是好的盘片。

三、刻录机的安装

（一）连接刻录机

刻录机一般都附带有两根线：一根是电源线；另一根是数据线。先把电源线两头分别插入扫描仪电源接口和电源插座，再把刻录机数据线两头分别插入刻录机数据端口和计算机上的USB接口。

（二）安装刻录机驱动程序（以Sonic RecordNow DX为例）

（1）将刻录机驱动程序盘放入光驱，点击光盘运行图标，出现光盘安装初始画面（图10-21），选择中文简体。

图10-21 安装语言的选择

（2）系统将运行到下一个画面（图10-22），点击【安装程序】。

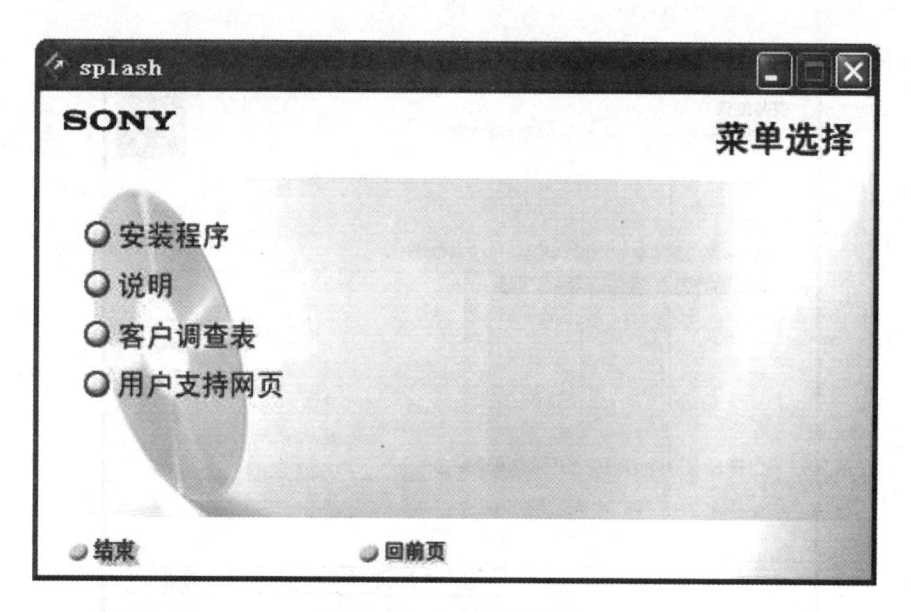

图10-22 安装菜单的选择

（3）系统运行到下一个画面，点击【RecordNow DX】，如图10-23所示。

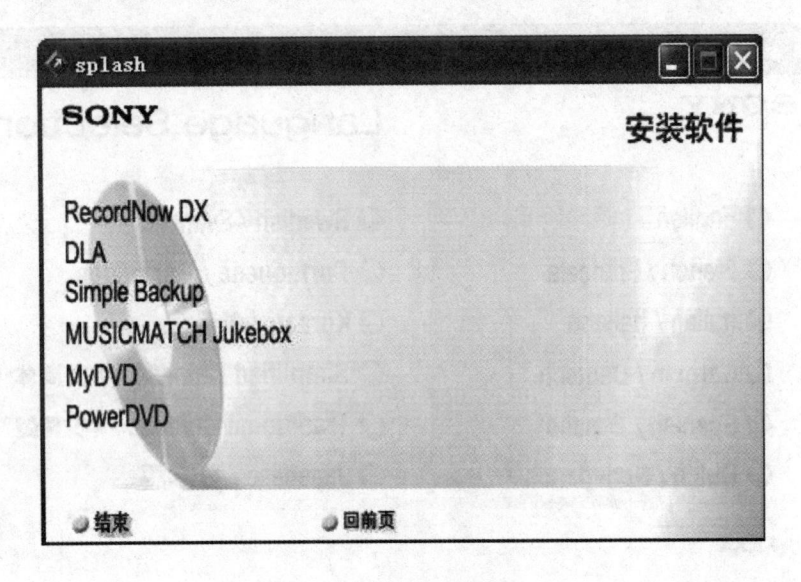

图10-23 安装软件的选择

（4）系统运行到下一个画面，输入安装程序路径，点击【下一步】（图10-24），然后系统就会自动引导完成安装过程。

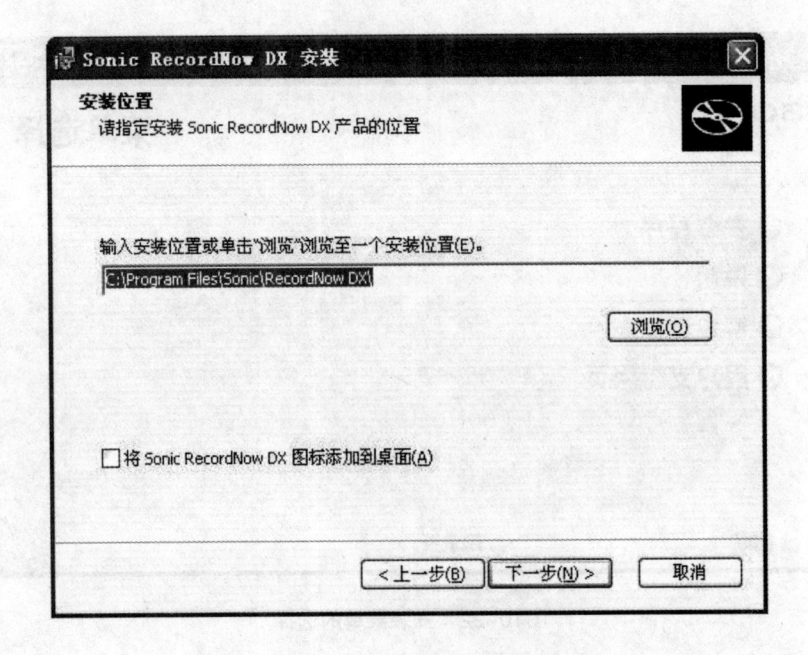

图10-24 安装位置的选择

（5）安装完成后，需要重新启动计算机，以更新系统设置。

四、刻录机的操作

（一）制作光盘的副本

（1）打开 Sonic RecordNow DX 程序，单击主菜单中的【Wizard】（精确复制），系统将自动打开制作光盘画面，如图 10-25 所示。

（2）点击【按原样制作副本】，如图 10-25 所示。系统将进入复制光盘第一步：插入要复制的光盘，如图 10-26 所示。点击【下一步】。

（3）系统将进入复制光盘第二步：将空白光盘插入刻录机，点击【下一步】。

（4）系统将进入复制光盘第三步：复制光盘，复制完后，点击【完成】。

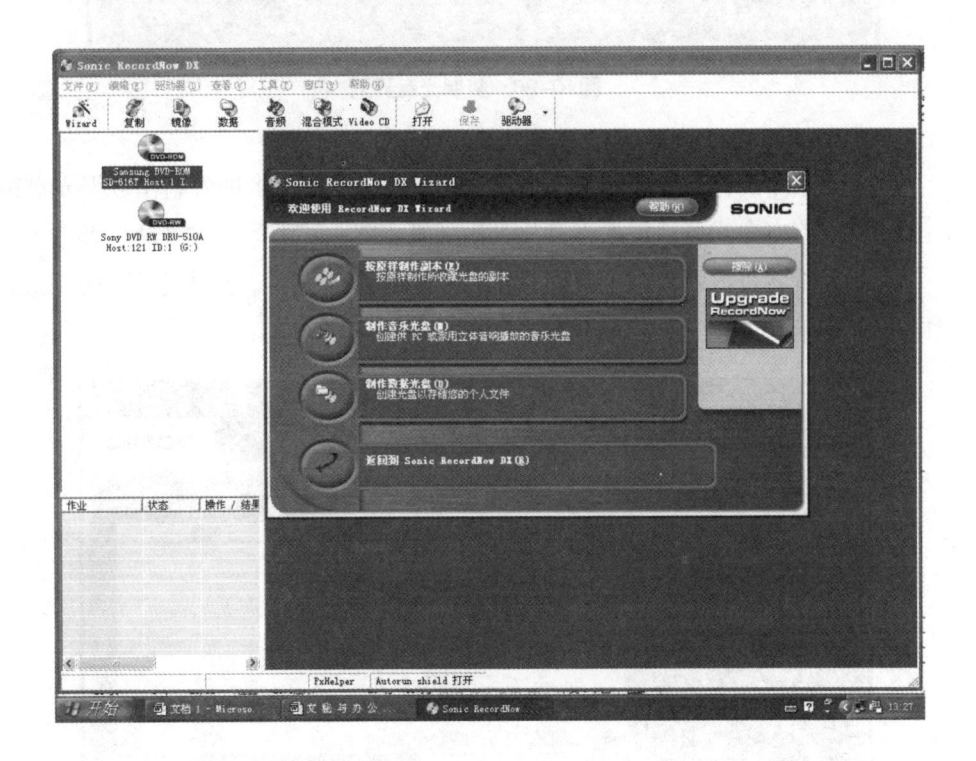

图10-25　制作光盘界面

（二）制作数据光盘

（1）打开 Sonic RecordNow DX 程序，单击主菜单中的【Wizard】（精确复制）按钮，系统将自动打开制作光盘画面，如图 10-25 所示。

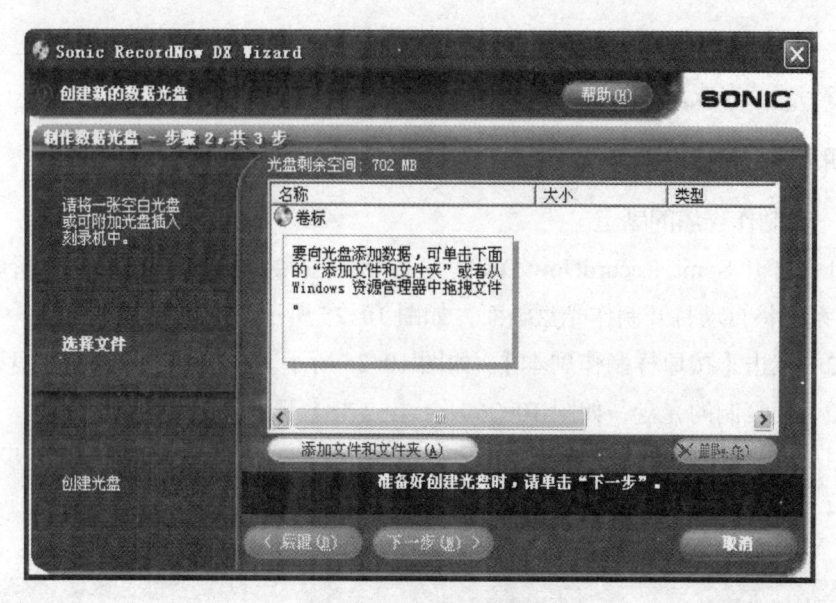

图10-26 复制光盘界面

（2）点击【制作数据光盘】，如图10-25所示。系统将进入制作数据光盘第一步：将一张空白或可追加的光盘放入刻录机（图10-27）。点击【下一步】。

（3）系统将进入制作数据光盘第二步：选择数据文件，点击【下一步】。如图10-27所示。

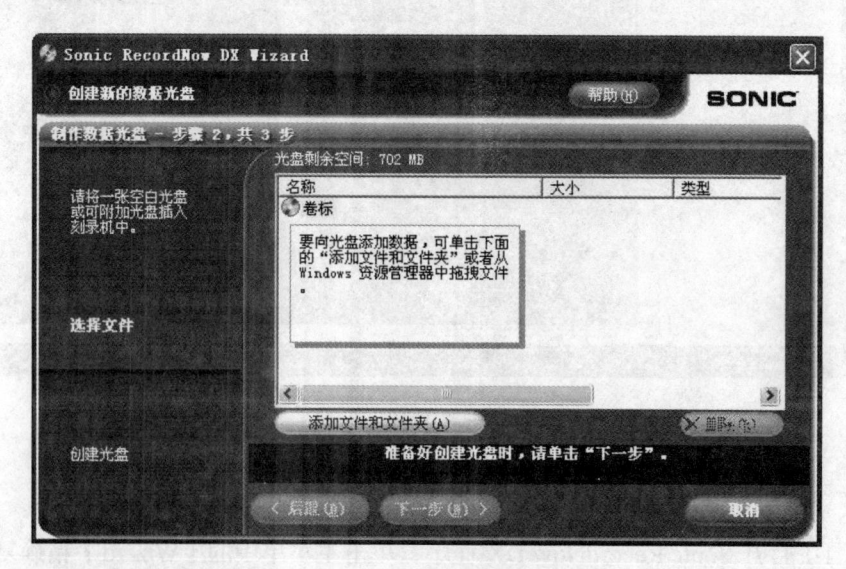

图10-27 制作数据光盘界面

（4）系统将进入制作数据光盘第三步：写光盘状态，写完后，点击【完成】。

五、刻录机的常见问题及日常维护

（一）刻录机的常见问题

1. 刻录时提示缓冲区数据不足

刻录时提示缓冲区数据不足发生的原因有两种：一是在刻录时运行了其他较大的应用程序，导致 CPU 资源被其他程序大量占用。二是被其他应用程序中断了数据传输，如计划任务、屏幕保护等程序的启动等。为了避免出现这种错误，在进行刻录时不要进行其他的额外工作，尤其是那些占用系统资源大的程序。

2. 刻录失败导致盘片不能弹出

刻录机在刻录盘片时，刻录软件会自动将刻录盘锁住，此时无论怎样按刻录机上的"退盘"键，也无法将光盘取出。要想解决这个问题，可以重新启动计算机，在进入操作系统之前按刻录机上的"退盘"键，即可弹出光盘。

3. 刻录时发出"喀喀"的声音

刻录时发生"喀喀"的声音一般是光头组件的机械故障。解决这个问题有两种方法：一是拆开刻录机外壳，在光头组件与电动机外垫上一块长 5mm、宽 2mm、高 3mm 的海绵，并用双面胶纸将它贴住，让它们能够充分啮合；二是把计算机中多余或不经常使用的硬件拆下，使 CD-RW 能在正常的电压下工作。

4. 刻录软件无法识别刻录机

发生刻录软件无法识别刻录机的问题，可以从三个方面来考虑：一是刻录软件版本太旧，此时可以尝试安装最新版本的刻录软件；二是安装过程中出现了意外错误，此时将刻录软件卸载并重新安装，或者换用其他刻录软件试试；三是系统 ASPI 驱动程序不全，需要根据计算机所使用的操作系统来下载相应版本的 ASPI 驱动程序并进行安装。

（二）刻录机的日常维护

1. 尽量避免进行读取操作

刻录机主要是用来刻录光盘的，如果经常用来读取光盘，就会破坏刻录机的光头，从而造成在刻录时发生数据定位错误等问题，导致刻录失败，并且影响刻录机的正常寿命。

2. 合理选用不同的刻录速度

刻录机一般都具备自动纠错功能，在高速刻录时会自动检测和纠正写入错误，但这种功能并非十分保险。如果刻录机和刻录盘的质量都不是很好，应采用较低速度来刻录。

3. 刻录间隔时间要长

刻录机在刻录时产生的热量会损害元件，如果长期处于高温工作环境下，就会急剧增加光头等重要元件的磨损，从而直接影响刻录机的寿命。

4. 尽量避免使用"超刻"

通过"超刻"，可以给容量有限的刻录盘写入更多的数据，而"超刻"要在光盘的边缘地带写入数据，但在此区域写入的数据往往很不稳定。

5. 保持刻录机内部清洁

灰尘会对刻录机造成很大伤害，如果灰尘等微粒进入刻录机内部，在刻录时就很容易吸附到高速旋转的盘片上，从而影响到光盘的刻录质量，甚至使盘片报废。

6. 选择质量好的盘片

在刻录时，最好使用质量较好的盘片，否则可能会造成刻录机不能识别刻录盘，或者出现刻好的 DVD 盘无法在一般的 DVD 播放机中播放的问题。

相关链接

刻录机的技术指标

1. 接口规格

目前，刻录机与主机相连的接口主要有 IDE、SCSI、USB 和 IEEE1394 等。采用 USB 接口的外置式产品，由于其具有支持热插拔、携带安装方便的优点，逐渐成为刻录机的主流。

2. 刻录速度

刻录机与普通光驱一样也有倍速之分，只不过刻录机有三个速度指标：刻录速度、复写速度和读取速度。比如，某刻录机标称速度为 32×12×40，说明此刻录机刻录 CD-R 盘片的最高速度为 32 倍速，复写和擦写 CD-RW 盘片的最高速度为 12 倍速，读取普通 CD-ROM 盘片的最高速度为 40 倍速（1 倍速 =

150Kbit/s)。

3. 缓存

为保证刻录质量，高速刻录时除了对盘片的要求较高外，缓存大小也十分重要。在刻录前，刻录机需要先将一部分数据载入到缓存中。刻录过程中，不断从缓存中读取数据刻录到盘片上，同时缓存中的数据也在不断补充。一旦数据传送到缓存里的速度低于刻录机的刻录速度，缓存中的数据就会减少。缓存完全清空之后，就会发生缓存欠载问题，导致盘片报废。

案例分析与点评

本节"案例导入"中的小高要完成将资料下载后刻录成光盘的任务，需要做好以下几步：首先将刻录机正确连接到计算机上，并安装好刻录软件；然后选择合适的空白刻录光盘；最后打开刻录软件，按照操作步骤，制作视频光盘。

参考文献

［1］胡鸿杰.办公室事务管理［M］.北京：中国人民大学出版社，2008.
［2］黄海.办公室工作实务［M］.北京：电子工业出版社，2009.
［3］陈泓，李立民.IMS 文秘［M］.南京：南京大学出版社，2007.
［4］张强，王玉霞.办公室工作实务［M］.北京：北京航空航天大学出版社，2008.
［5］王萍，张卫东.现代文秘工作实务［M］.北京：机械工业出版社，2007.
［6］杨素华.秘书实务［M］.北京：北京大学出版社，2008.
［7］李洪喜.办公室管理实务［M］.上海：上海交通大学出版社，2009.
［8］周蓓新.秘书文案工作与实训［M］.北京：中国人民大学出版社，2008.
［9］杨锋，周蓓新.秘书实用写作［M］.广州：暨南大学出版社，2007.
［10］王健.文书学［M］.北京：中国人民大学出版社，2005.
［11］徐飙.文秘实习实训教程［M］.北京：高等教育出版社，2005.
［12］郭建平.现代文书学［M］.沈阳：辽宁大学出版社，2002.
［13］韩英.文书学［M］.济南：山东大学出版社，2001.
［14］张煜明.简明文书学教程［M］.武汉：武汉大学出版社，1998.
［15］陈鸿滨.文书学［M］.北京：中国广播电视大学出版社，1998.
［16］松世勤.文书学基础［M］.北京：中国人民大学出版社，1998.
［17］赵映诚.实用文书学［M］.兰州：兰州大学出版社，1997.
［18］洪坚毅，张玲，赵爱华［M］.实用文书写.北京：清华大学出版社，2008.
［19］潘月杰，刘琪.如何做秘书工作［M］.北京：首都经济贸易大学出版社，2006.
［20］葛红岩.新编秘书实务［M］.北京：高等教育出版社，2007.
［21］向国敏.会展实务［M］.上海：上海财经大学出版社，2006.
［22］林朝龙.秘书工作一本通［M］.广州：广东经济出版社，2009.
［23］周裕新.现代办公礼仪［M］.上海：同济大学出版社，2006.
［24］孙荣，杨蓓蕾，袁士祥，等.秘书工作案例［M］.上海：复旦大学出版社，2005.

[25] 胡荣华，曾洁.国际商务秘书模拟实训教程[M].北京：中国商务出版社，2007.

[26] 罗燕，景国成.秘书理论与实务[M].南昌：江西高校出版社，2007.

[27] 钱放.商务礼仪[M].武汉：武汉理工大学出版社，2009.

[28] 王曙光，赵永秀.商务助理岗位职业技能培训教程[M].广州：广东经济出版社，2007.

[29] 李付庆.公共关系学[M].南京：南京大学出版社，2008.

[30] 王敏杰.商务会议与活动管理实务[M].上海：上海交通大学出版社，2008.

[31] 张丽荣.办公室实务[M].北京：机械工业出版社，2010.

[32] 张虹，姬瑞环.档案管理基础[M].北京：中国人民大学出版社，2005.

[33] 肖秋惠.档案管理概论[M].武汉：武汉大学出版社，2009.

[34] 中国就业培训技术指导中心[M].秘书国家职业资格培训教程.北京：中央广播电视大学出版社，2006.

[35] 郭春燕.办公自动化[M].北京：高等教育出版社，2007.

[36] 北京东方人华科技有限公司.现代办公[M].北京：清华大学出版社，2004.

[37] 刘士杰.现代办公设备的使用与维护[M].北京：电子工业出版社，2003.

[38] 孔维.浅谈如何做好新形势下的信息工作[J].办公室业务，2013（8）.

[39] 程骁飞.秘书工作中的信息研究[J].办公室业务，2013（3）.

[40] 吴志送.试论秘书与调查研究[J].广西政法管理干部学院学报，2012（6）.

[41] 蒋文杰，程宏.基于网络的家族企业商务信息收集方法[J].科研管理，2008（12）.

[42] 马宝国，张志艳.企业信息收集浅谈[J].企业与管理，2008（20）.

[43] 董鹏，李光勤，纪文翰，等.刍议现代秘书工作中的信息管理[J].办公自动化，2013（6）.

[44] 白星.浅谈新时期企业办公室人员素质的培养[J].办公室业务，2012(3).